先端刑法 総論

現代刑法の理論と実務

松宮孝明——著

日本評論社

はしがき

　本書は、主として刑事司法の専門家として実務で活躍したいと考えている読者が、刑法総論をよりよく理解するために書かれた教科書である。その基となったのは、法学セミナー誌上で759（2018年4月）号から771（2019年4月）号までの13回にわたった連載「現代刑法の理論と実務——総論」である。

　刑法総論の分野では、すでに優れた教科書が多数出版されている。しかし、そのいずれも、なぜ刑法総論ではこのような学習をするのか、それは実務的にはどのような意味を持つのかを分かりやすく提示するものではないため、端的に実務に出ようとする読者には、理論を学ぶ意義が理解しにくいものとなっている嫌いがないではない。その結果として、解釈や立法において痛恨の事態が生じることもある。

　本書の目的は、そのような悲劇を繰り返さないために、実務を目指す読者に「実務にとって刑法総論の理論がどういう意味で重要か」を理解して、考えることを楽しんでもらうことにある。もっとも、そのために大部なものになっては、そもそも本書を手に取ってもらうことさえ困難になるであろう。そのため、本書で扱うテーマは13に絞り、あとの問題については、そこから応用してもらうことにした。これは、筆者が、教育というものは教えすぎてはならず、読者に自分の頭で考える余地を残しておかなければならないものだと考えるからである。また、そのために、読者には全くの初学者は想定していない。本書を読んで分からない基礎的な知識については、これまですでに公刊されている優れた教科書類で学習されることをお勧めする。

　同時に、本書を読んでいただければ分かることであるが、本書には、それらの教科書類に書かれている説明とは異なることも書いてある。それは、意図してのことである。したがって、読者には、そこになぜ異なる説明が書かれているのかをも考えていただくことを期待する。それが分かれば、本書の楽しさが真に理解されるであろう。もちろん、本書には、そうする理由も書かれてあるのであるが。

　なお、本書の内容に関し、1点、ご理解いただきたいことがある。それは、本書には「責任能力」ないし「責任の本質」を扱う章がないことである。ま

た、不真正不作為犯についても、独立の1章を設けなかった。その理由は、前者については、「責任の本質」にかかわるかなりの部分は「第6章　緊急避難の法的性質」のところで扱ったことと、「責任能力」について論じるためには「刑罰と処分の二元主義」につき、もっと研究を深める必要があったことにある。これは、筆者の現在の研究テーマでもある。後者の理由は、これもまた、不真正不作為犯についての研究が不十分であることにある。比較的最近では、2002年にスイス刑法が、ドイツ刑法にならって、その総則に「保障人説」に依拠した不真正不作為犯の規定を新設した。これは、スイスにおいて、不真正不作為もまた作為と同じく結果を惹起する因果力があるとする見解が敗れたことを意味する。その立法経緯は、「保障人説」と不作為の因果力との関係を未だに理解し得ない日本の刑法学にとっても大いに参考になるものと思われる。しかし、その研究を差し置いて、今すぐに不真正不作為犯を論じるのは憚られたのである。機会があれば、これらの部分については補訂したいと考えている。

　最後に、本書の刊行に当たっては、日本評論社法学セミナー編集長の柴田英輔氏のお手を煩わせた。記して謝意を表する。

2019年7月

松宮孝明

目次

第1章　理論は実務にとってなぜ重要なのか 001
- 1 ｜ 本書の目的——理論と実務の架橋の重要性 001
- 2 ｜ 「共謀罪」を例に 005
- 3 ｜ 刑罰目的論と自由刑の一本化 010
- 4 ｜ 身分犯の共犯・間接正犯 014
- 5 ｜ 簡単なまとめ 016

第2章　「行為」論と「構成要件」論 017
- 1 ｜ 犯罪体系を論じる意味 017
- 2 ｜ 「行為」論の課題 018
- 3 ｜ 「構成要件」論の課題 029
- 4 ｜ 簡単なまとめ 036

第3章　因果関係と客観的帰属 038
- 1 ｜ 「結果」はどのような場合にどの人物の所為にされるか 038
- 2 ｜ 「相当因果関係説の危機」とは何か 039
- 3 ｜ 客観的帰属論は相当因果関係説をどのように批判したか 044
- 4 ｜ 日本の判例における「客観的帰属論」 047
- 5 ｜ さらなる展開 053

第4章　違法性 054
- 1 ｜ 違法性という段階でなすべきこと 054
- 2 ｜ 構成要件と違法性の関係 055
- 3 ｜ 責任と違法性の関係 059
- 4 ｜ 法秩序の統一性と可罰的違法性 063

5 │ 違法性阻却原理の多元性 070

第5章　正当防衛の正当性 072

1 │「刑法36条の趣旨」と急迫性 072

2 │「官憲に救助を求める義務」？ 076

3 │「必要最小限度」と「法益の相対的均衡」 080

4 │「防衛の意思」の機能──「過剰防衛」による刑の減免の適否 084

5 │ 自招侵害 086

6 │ 盗犯防止法による特例の趣旨 088

第6章　緊急避難の法的性質 090

1 │ サンデルの「白熱教室」 090

2 │ 緊急避難に対する正当防衛および緊急避難 093

3 │ 現行刑法37条の趣旨 096

4 │ 防御的緊急避難 101

5 │「強制による緊急避難」 103

6 │ 過剰避難と免責的緊急避難 106

第7章　故意と錯誤 108

1 │「意図」、「確定的認識」、「未必の故意」 108

2 │ 反対動機となるべき事実の認識があって行為をする意思 113

3 │ 異なる構成要件にまたがる「客体の錯誤」の意味 116

4 │「同一構成要件」内の「方法の錯誤」 120

5 │「規範的要素の認識」と「違法性の意識」 123

第8章　過失と「客観的帰属」 126

1 │「客観的帰属」と故意犯、過失犯 126

2 │「客観的注意義務違反」と過失──「新」過失論とは何か？ 135

3 │「具体的予見可能性」と「予見の対象」 137

4 │「危惧感を抱くべき状況」と「情報収集義務」 142

5｜「過失の標準」と責任非難の根拠 147

6｜業務上過失 150

第9章　未遂・未完成犯罪 153

1｜刑法総論の「未遂」 153

2｜「実行の着手」と「形式的客観説」・「実質的客観説」 154

3｜「客観説」と犯行計画 161

4｜「不能犯」 162

5｜「中止未遂」減免の根拠──「刑罰消滅・減少事由」となる根拠 168

6｜「共謀罪」が生み出す混乱──中止行為、「客観的処罰条件」と共犯 172

第10章　共同正犯 174

1｜刑法60条の趣旨 174

2｜「共謀のみの共同正犯」？──「重要な役割」と「正犯意思」 176

3｜「水平的」共同正犯と「垂直的」共同正犯 178

4｜「意思の連絡」──過失犯の共同正犯と現場共謀 180

5｜「実行行為をする従犯」？ 183

6｜刑法60条の「犯罪」？ 185

7｜共犯の成立要件の裏返しとしての「共犯関係の解消」 190

第11章　狭義の共犯 195

1｜共犯と「刑罰拡張事由」 195

2｜共犯の「従属性」 200

3｜「共犯の処罰根拠」 209

第12章　間接正犯および共犯論の諸問題 215

1｜間接正犯 215

2｜共犯と身分 221

3｜承継的共犯 227

4｜共犯と錯誤 231

5 | **共犯の中止** 233

6 | **必要的共犯** 234

7 | **「中立的行為」と共犯** 237

第13章　**罪数論と刑罰論** 242

1 | **罪数論と刑罰論の重要性** 242

2 | **「一罪」を決めるものは何か？** 243

3 | **「包括一罪」の性格** 247

4 | **科刑上一罪と併合罪** 251

5 | **罪数と刑訴法** 254

6 | **刑罰の目的と社会復帰** 257

7 | **「自由刑の単一化」** 259

事項索引 263

判例索引 273

凡例

［法令］

＊法令の略称は、以下のとおりとする。

＊刑法は、原則として条文数のみ表記する。

刑	刑法
警職法	警察官職務執行法
刑訴法	刑事訴訟法
憲法	日本国憲法
国公法	国家公務員法

［判例・裁判例］

＊日本の判例については、学習者の便宜を考えて元号表記にしたほか、一般の例にならい以下のように略記した。

例：最判平成30・3・22刑集72巻1号82頁

※裁判所名、掲載判例集は、以下のように略記した。

大判	大審院判決
最判	最高裁判所判決
最決	最高裁判所決定
高判	高等裁判所判決
高決	高等裁判所決定
地判	地方裁判所判決
地決	地方裁判所決定
刑録	大審院刑事判決録
刑集	大審院刑事判例集または最高裁判所刑事判例集
集刑	最高裁判所裁判集刑事
刑月	刑事裁判月報
高刑集	高等裁判所刑事判例集
高刑速	高等裁判所刑事判決速報集
東高刑時報	東京高等裁判所判決時報（刑事）
判特	高等裁判所刑事裁判特報
下刑集	下級裁判所刑事裁判例集
判時	判例時報
判タ	判例タイムズ
LEX/DB	LEX/DBインターネット TKC 法律情報データベース

[文献]

＊主要な文献の略称は、以下のとおりとする。

浅田・総論	浅田和茂『刑法総論〔第2版〕』（成文堂、2019年）
井田・総論	井田良『講義刑法学・総論〔第2版〕』（有斐閣、2018年）
大塚・総論	大塚仁『刑法概説総論〔第4版〕』（有斐閣、2008年）
大谷・総論	大谷實『刑法講義総論〔新版第5版〕』（成文堂、2019年）
小野・総論	小野清一郎『新訂刑法講義総論』（有斐閣、1948年）
佐伯千仭・総論	佐伯千仭『四訂 刑法講義（総論）』（有斐閣、1981年）
佐伯仁志・考え方	佐伯仁志『刑法総論の考え方・楽しみ方』（有斐閣、2013年）
高橋・総論	高橋則夫『刑法総論〔第4版〕』（成文堂、2018年）
団藤・総論	団藤重光『刑法綱要総論〔第3版〕』（創文社、1990年）
西田・総論	西田典之（橋爪隆補訂）『刑法総論〔第3版〕』（弘文堂、2019年）
西田・各論	西田典之（橋爪隆補訂）『刑法各論〔第7版〕』（弘文堂、2018年）
西原・総論	西原春夫『刑法総論　改訂準備版（下巻）』（成文堂、1993年）
平野・基礎	平野龍一『刑法の基礎』（有斐閣、1966年）
平野・総論I	平野龍一『刑法総論I』（有斐閣、1972年）
平野・総論II	平野龍一『刑法総論II』（有斐閣、1975年）
平場・総論	平場安治『刑法講義総論』（有信堂、1952年）
福田・総論	福田平『全訂刑法総論〔第5版〕』（有斐閣、2011年）
藤木・総論	藤木英雄『刑法総論講義』（弘文堂、1975年）
前田・総論	前田雅英『刑法総論講義〔第7版〕』（東京大学出版、2019年）
松宮・総論	松宮孝明『刑法総論講義〔第5版補訂版〕』（成文堂、2018年）
山口・総論	山口厚『刑法総論〔第3版〕』（有斐閣、2016年）

香川法学	香川法学（香川大学法学会）
刑政	刑政（矯正協会）
刑法雑誌	刑法雑誌（日本刑法学会）
研修	研修（誌友会）
産大法学	産大法学（京都産業大学法学会）
法学教室	法学教室（有斐閣）
法学論叢	法学論叢（京都大学法部）
法曹時報	法曹時報（法曹会）
法律時報	法律時報（日本評論社）
民商法雑誌	民商法雑誌（有斐閣）
立命館法学	立命館法学（立命館大学法学会）
立命館法政論集	立命館法政論集（立命館大学大学院法学研究科）
論究ジュリスト	論究ジュリスト（有斐閣）

第1章

理論は実務にとってなぜ重要なのか

1 │ 本書の目的——理論と実務の架橋の重要性

　本章から13章にわたり、刑法総論の理論と実務との関係を「理論と実務の架橋の重要性」というテーマで解説する。より正確には、実務にとって刑法総論の理論がどういう意味で重要かを、13の個別テーマに即して説明するのが、本書の目的である。

　その際には、想定読者を、刑法の学習を一通り終えている方にしようと思う。というのも、第1に、全くの初学者を想定するものには、本書の基礎となる連載を掲載した法学セミナー誌のこれまでの連載にも多くの優れたものがあったし、初学者向けの教科書・解説書の類も多数出版されているからである。したがって、本書を読んで分からない基礎的な知識については、それらのもので学習されることを期待する。第2に、初学者向けの説明から始めていたのでは、本書のテーマである「理論と実務の架橋の重要性」の話にまでたどり着かないからである。

[1] ところで「実務」とは

　さてしかし、ここにいう「実務」とは何かが、すでに問題である。裁判や検察の実務家と話をする機会の多い方は、「実務」というと**裁判実務**ないし**法廷での検察実務**を連想されるであろう。そこで連想されるのは、一般にこのタイプの事件はこの罪で処理をするとか、共犯関係で大事なのは「共謀」の立証であるがその際重要なのはこういった事実であるとか、はたまた同種前科は量刑を重くする方向に働くとかの実務経験である。

　しかし、「法曹三者」という言葉があるように、「実務」には**刑事弁護の実**

務もある。異議申立てはこういったタイミングでするとか、「公訴権濫用」の主張は裁判所が採らなくても主張するとか、被告人が若年であることは更生の可能性を高くするので量刑上有利な事情として必ず主張するとかである。

　また、裁判官から見える実務とは別に、**起訴前の事件処理の実務**もある。たとえば、裁判所は「妄想」に支配された犯行であっても、その「妄想」が実体験に近似したものであったり犯行に駆り立てるほどの切迫性のないものであったりした場合には「心神喪失」の判断をなかなかしてくれないが、検察実務では、起訴前鑑定によって統合失調症などの精神障害であることが明らかとなった事件の多くを不起訴にして、「心神喪失等の状態で重大な他害行為を行った者の医療及び観察等に関する法律」に基づく医療観察制度や「精神保健及び精神障害者福祉に関する法律」に基づく措置入院に回す例が多い。そのため、実際には、裁判所の「実務」から見えるものよりも心神喪失ないしその疑いとされる場合は多いのである。

　加えて、**立法を促す実務**というものもある。たとえば、明治13年制定、同15年施行の旧刑法では「執行猶予」の制度がなく、そのため多数の初犯者を含む多くの者が監獄に過剰に収容された。明治40年制定・同年施行の現行刑法は、この問題を解決するために、その25条以下に、当時としては比較的広範囲に、執行猶予の制度を採り入れたのである。比較的最近では、刑法240条前段の強盗致傷罪の刑の下限が、2004年の改正によって、7年の懲役から6年の懲役に引き下げられた。これは、刑法238条の事後強盗罪規定によって窃盗犯人が逮捕を免れるなどのために他人に軽傷を負わせた場合でも強盗致傷罪となってしまい、初犯者であっても執行猶予が付けられなくなるという弊害を除去し、刑法66条による酌量減軽をすれば執行猶予が言い渡せるようにしたものである。これについては、改正前は、執行猶予を付けるために、検察官が、事後強盗による致傷ではなく、窃盗罪と傷害罪の併合罪として起訴をしていた例もあったのである。

　そこで、本連載では、理論と架橋すべき「実務」には、これらの弁護実務、起訴前実務、立法を促す実務も含まれるものとする。

[2] 次いで「理論」とは

　他方で、学者の述べる「理論」とは何かも問題となる。ここでは、「理論」を「学説」と言い換えてもよい。そして、刑法「理論」では、とくに「学説

の役割は、裁判官にはたらきかけて法をつくらせることにある。[1]」といわれることがある。この「裁判官にはたらきかけて」の部分に目を奪われると、「学説」つまり「理論」というのは**法解釈論**のことだという誤解に陥る。

しかし、他方で「学説は、もともと立法論である[2]」といわれる。しかし、**立法論**なら、はたらきかける対象は「立法者」である[3]。なのに、なぜ、「学説の役割は、裁判官にはたらきかけて法をつくらせることにある」と断言されるのであろうか。

これは、論者特有のマジックであろう。立法論、とくに刑法典の全面改正が刑法学の喫緊の課題となっていないのであれば、学説は主に現行法の解釈論に集中し、制定法を具体化した法である「裁判例」の「評釈」に没頭してよい。

しかし、もともと刑法「教義学」つまり「ドグマーティク（Dogmatik）」と呼ばれていたものは、今日のような充実した総則を伴った刑法典のない時代に、理想とされる刑法典を産み出すための学問であった。今日通用している因果関係論や共犯論、刑罰目的論は、それに従って刑法典を産み出すために、今日の刑法典ができる前に、その原型が作られていたのである。だから、「理論」つまり「学説」は「もともと立法論」なのである。そしてそれが、対立する理論や現実との妥協を経つつも、刑法典に結実したときには、その刑法典が裁判所によって正しく理解され適用されているかどうかを検討するという「判例評釈」になる[4]。また、理論が結実した刑法典が現実から乖離する場合には、それを修正するための新たな理論が提唱され、かつ、法改正を導くのである。

つまり、「理論」ないし「学説」とは、単なる現行法の解釈論──まして

---

1) 平野・基礎243頁。
2) 平野・基礎247頁。
3) 平野・基礎243頁も「立法論の場合、それが立法者へのはたらきかけ」であることを明記している。
4) したがって、「判例評釈」は、単なる判例解説にとどまってはならない。同時に、自説の検証の場であってもならない。解釈・適用される法規定の──立法者意思を手掛かりとした──客観的な意味内容を、具体的事件に即して明らかにし、裁判所の結論の是非を問うものでなければならず、同時に、当該法規定に問題があれば、立法提案をも伴うものでなければならない。

や裁判例の解説——にとどまるものではなく、制定法の背後にある「ドグマーティク」を探究し、その客観的な意味内容を具体的事件に即して明らかにして、裁判例や現行規定の問題点を明らかにし、必要に応じて立法提案も行うものなのである。

[3] ついでに「判例」とは

「判例評釈」に言及したので、ついでに「判例」も定義しておこう。「判例」という言葉には2つの意味がある。1つは、具体的な**裁判例**という意味である。「平成29年11月29日の最高裁大法廷判例によれば」といった使い方は、その具体例である。これに対して、刑訴法405条の2号や3号にある「……の判例と相反する判断をしたこと」にいう「判例」は、そのような具体的な裁判例ではなくて、それらから抽出される、**類型化された事例に対する法適用の類型化された結論である**[5]。なので、「裁判例」の判決理由がそのまま「判例」になるわけではない。

たとえば、昭和24年5月21日の最高裁判決（刑集3巻6号858頁）は、刑法244条の「親族間の犯罪に関する特例」について、「本条は、窃盗罪の直接被害者たる財物の占有者と犯人との関係についての規定であって、その所有権者と犯人との関係についての規定ではない。」と述べたことがあった。しかし、その後、平成6年7月19日の最高裁決定（刑集48巻5号190頁）は、**判例変更**の手続を取らずに、244条が適用されるためには、「同項所定の親族関係は、窃盗犯人と財物の占有者との間のみならず、所有者との間にも存することを要する。」と判断した。

これが判例変更でない理由は、次の点にある。昭和24年判決の判断は、窃盗犯人と物の所有権者との間に親族関係があるので刑法244条を適用すべき

---

5) 「判例もまた法」であるという人がいる。しかし、憲法39条の「何人も、実行の時に適法であった行為……については、刑事上の責任を問われない。」いう規定を解釈する際には、「適法」であったか否かの判断は、行為当時の「法令」いかんによるのであって、その解釈例である「判例」によるのではない。現に、「判例の不利益変更」に憲法39条の適用を認めなかった最判平8・11・18刑集50巻10号745頁は、その趣旨である。反対に、「被告は原告に100万円支払え」という民事の確定判決は、訴訟当事者間における具体的な「法」である。このように、「判例もまた法」か否かという問いは、どの文脈でのものかによって解答が変わるものなのである。

だとする上告を斥けるためのものであった。この上告を斥けるためには、
244条の適用には最低限、窃盗犯人と物の占有者との間に（も）親族関係が
必要であると述べれば足りる。言い換えれば、窃盗犯人と所有権者との間に
親族関係が必要か否かは未解決にしておいてよかったのである。「所有権者
と犯人との関係についての規定ではない。」という判断は、その意味で、こ
の事案の結論にとってよけいな部分である（これを**傍論**という）。これに対し、
平成6年決定の事案は、犯人と占有者との間には親族関係があったが、所有
権者との間には親族関係がなかったというものであった。ここでは、「犯人
と所有権者との間に（も）親族関係が必要か」という問題の解答が、結論に
とって不可欠であった。このようにみれば、昭和24年判決の「本条は、……
その所有権者と犯人との関係についての規定ではない。」という傍論部分は
「判例」でないこと、したがって判決や決定の「理由」そのものが「判例」
となるわけではないことが理解されるであろう。

　そこで、以下では、近年の立法例ないし裁判例を素材として、このような
理論のもつ意味を明らかにしよう。

2 ｜ 「共謀罪」を例に

[1]「共謀罪」における「準備行為」

　2017年の「組織的犯罪処罰法」（「組織的な犯罪の処罰及び犯罪収益の規制等
に関する法律」）改正により、その6条の2に「共謀罪」（「テロリズム集団そ
の他の組織的犯罪集団による実行準備行為を伴う重大犯罪遂行の計画」の罪）が
設けられた。これは、本法の別表第4に掲げる277もの罪につき、「テロリズ
ム集団その他の組織的犯罪集団……の団体の活動として、当該行為を実行す
るための組織により行われるものの遂行を二人以上で<u>計画</u>した者は、その計
画をした者のいずれかによりその計画に基づき資金又は物品の手配、関係場
所の下見その他の計画をした犯罪を実行するための<u>準備行為</u>が行われたと
き」（下線筆者）に、計画された犯罪が「死刑又は無期若しくは長期10年を
超える懲役若しくは禁錮の刑が定められているもの」であれば5年以下の懲
役または禁錮に処し、「長期4年以上10年以下の懲役又は禁錮の刑が定めら
れているもの」であれば2年以下の懲役または禁錮に処するというものであ
る。

第1章 理論は実務にとってなぜ重要なのか　005

この規定には、多くの解釈論上の問題（というより矛盾）があるが、その
１つに、「計画をした犯罪を実行するための準備行為」（以下、「準備行為」と
記す）は、いわゆる「構成要件」の要素（つまり「共謀罪」の犯罪行為）か、
それとも「客観的処罰条件」（つまり「共謀罪」の犯罪行為ではなく「共謀罪」
として処罰するための必要条件）なのか、という問題がある。そして、国会で
の政府の答弁や法務省の解説[6]では、それは「構成要件」の要素であるとさ
れている。

　しかし、そのように解すると、「計画」ではなく「準備行為」にのみ関わ
った人物もまた、準備行為が本来処罰されない窃盗罪などについて、その
「共謀罪」の実行行為の途中から加担した承継的共犯として処罰されるとい
う矛盾が生じる。それも、「準備行為」は「その計画をした者のいずれか」
を主体とするという点で、犯罪の行為主体が制限されている「身分犯」とい
うことになり、「共謀罪」は「計画」については非身分犯だが「準備行為」
は身分犯というように、途中から犯罪の性格が変わるもので、それへの「非
身分者による承継的共犯」になることになってしまうのである。これは、な
かなか奇妙な結論だといわなければならない[7]。

[2] 「構成要件要素」と「客観的処罰条件」との本質的な相違点

　むしろ、「構成要件要素」と「客観的処罰条件」との本質的な相違は、行
為と条件充足との間の厳密な意味での「因果関係」の要否や公訴時効の起算
点、そして既遂時期や共犯の成立可能時期のいかんにあった。とくに問題と
なるのは、既遂時期と共犯の成立可能時期である。

　既遂時期に関しては、「客観的処罰条件」を「構成要件」の要素とすると、
既遂時期がその成就の時期まで遅れる。ゆえに、未遂処罰が可能な犯罪では、
「客観的処罰条件」が成就しなくても未遂処罰は可能という結論が出てくる。

---

6)　堤良行・櫛清隆「組織的な犯罪の処罰及び犯罪収益の規制等に関する法律等の一部を改正
　　する法律について」法曹時報69巻11号（2017年）87頁参照。その121頁は「構成要件の一
　　部」と明言している。

7)　そんな規定ではなく、「計画をして準備をした者は」と規定しておけば、単なる結合犯の
　　承継的共犯として処理できたであろう。でも、それなら、「共謀罪」ではなく、単なる予
　　備罪の拡張で済んだのである。このことは、松宮孝明「組織的犯罪処罰法改正の問題点」
　　論究ジュリスト23（2017年）110頁で指摘した。

「客観的処罰条件」を「構成要件」の要素に還元すべきだとする学説でも、さすがにこの結論を認めるものはない。しかし、「構成要件の要素」でありながらそれが成就しない場合に未遂処罰はあり得ないという結論を説明することは不可能である[8]。

さらに深刻なのが、共犯の成立時期である。「客観的処罰条件」を「構成要件の要素」でないとする通説では、処罰条件成就とは関係なく犯罪は既遂ないし終了するので、その後に「客観的処罰条件」の成就に関与した人物は当該犯罪の共犯とはならない。しかし、これを「構成要件の要素」とすると、処罰条件の成就によって初めて当該犯罪は既遂になるので、「客観的処罰条件」の成就に関与した人物は当該犯罪の承継的共犯となり得ることになる。

ということは、事前収賄罪（197条2項）において「公務員となった場合」を「構成要件の要素」と解すると[9]、公職の立候補者が賄賂を受け取ったことは知っていたにもかかわらず、その人物に投票して当選させた有権者が、同罪の承継的共犯になるということである。また、詐欺破産罪（破産法265条1項）において「破産手続開始の決定が確定したとき」を「構成要件の要素」とすると、財産隠匿行為があったことを知りながら「破産手続開始の決定」をした裁判官が同罪の承継的共犯とされるのである[10]。

そんな珍妙な結論を避けるためには、やはり、「客観的処罰条件」は「構成要件の要素」に還元してはならない。

[3] 捜査・訴訟の対象としての「刑罰法令の適正且つ迅速な適用実現」

「共謀罪」に関しては、「準備行為」は「客観的処罰条件」ではなく「構成要件の要素」だと解したほうが、あるいはそう解するからこそ、「計画」だけでは刑訴法197条1項但書の「強制処分」の対象にならないという結論が出るのだという「善意の」主張もある。しかし、少し待ってほしい。

---

8) 佐伯千仞「客観的処罰条件」同『刑法の理論と体系　佐伯千仞著作選集第一巻』（信山社、2014年）530頁。初出は1937年。佐伯先生は、すでにこの難問に挑んでいたが、未遂としても処罰されないという結論の根拠づけに成功しているとは思えない。

9) 実際、各論の教科書などで、「公務員となった場合」を「構成要件の要素」とするものはかなりある。

10) これらの問題に関する詳細は、松宮孝明「構成要件の概念とその機能」『三井誠先生古稀祝賀論文集』（有斐閣、2012年）30頁以下を参照されたい。

刑訴法1条は、この法律の目的を「刑罰法令を適正且つ迅速に適用実現すること」とする。ここには、「犯罪の成否を認定すること」とは書いていないことに注意されたい。端的に言えば、刑事訴訟の目的は、「犯罪の成否を認定すること」そのものではなくて、それを通じて、「犯罪の成立」が認定された場合にはそれに見合った法効果つまり刑罰を言い渡すことで（さらに、実刑ではそれを執行することで）、「刑罰法令を適正且つ迅速に適用実現すること」にあるのである。民事訴訟では「請求権の有無と程度」が訴訟物とされるように、刑事訴訟では「刑罰請求権の有無と程度」が訴訟物（＝訴訟対象）なのだと解してもよい。そして、捜査は、単に「犯罪の有無」を調べることではなく、この「刑罰請求権の有無と程度」を調べることなのである[11]。

　したがって、たとえば事前収賄をした人物が公務員になれなかったときは、刑罰請求権はないのであるから、捜査も「強制処分」も許されない。ゆえに、「準備行為」を「客観的処罰条件」と解しても、「計画」のみで「強制処分」が可能となるという結論は出てこないのである。

[4] 「客観的処罰条件」と「罪となるべき事実」

　このことは、刑訴法335条1項で有罪を言い渡す際に示さなければならない「罪となるべき事実」からも明らかになる。一般に、「客観的処罰条件」は、この「罪となるべき事実」に含まれると解されているからである[12]。つまり、「刑罰」という法効果を発生させるためには、「犯罪」の構成要素でない「客観的処罰条件」も、有罪にそれを必要とする罪では、無条件にその存在が――それも「厳格な証明」という方法で、合理的な疑いを容れない程度に――証明されなければならいのである[13]。

　その結果として、「共謀罪」は、「計画」についても「準備行為」についても、「できる限り日時、場所及び方法を以て罪となるべき事実を特定し」（刑訴法256条3項）て訴因を明示しなければならない。これは、「共謀罪」の立証では、単なる予備罪の共謀共同正犯より高いハードルを超えなければなら

11）だから、明らかに公訴時効が完成している事件では、捜査も「強制処分」も行われない。

12）裁判例でこれを明言するのは、たとえば大判大6・4・19刑録23輯8巻401頁。

13）付言すれば、このことは、小野清一郎博士のように、刑訴法上の「罪となるべき事実」を刑法上の「構成要件」と同視する見解が、妥当でないことを例証するものでもある。

ないということを意味する。

　しかし、重大犯罪にはすでにかなりの予備処罰規定があるし、軽微な犯罪については、その「共謀」を起訴するほど検察も暇ではないであろう。だから、「共謀罪」は実際上不必要な立法だと批判されたのである。

[5]「客観的処罰条件」と司法試験

　ところで、「客観的処罰条件」に関わる解釈問題は、おそらく現在の司法試験ではほとんど出題されないであろう。「客観的処罰条件」を要する犯罪は、珍しいからである。そのため、実務家のほとんどは、そして理論家のかなりの部分も、これについて十分な考察を行っていないように思われる。しかし、基礎理論の学習をいい加減にすると、「共謀罪」のような立法に際して思わぬしっぺ返しを食う。だから、実務上よくある事例か否かという観点で出題するだけではなく、犯罪体系論の基礎をしっかり押さえているか否か[14]を試す問題が、実務家にも必要なのである[15]。

[6] 中止未遂制度と「共謀罪」

　なお、「共謀罪」規定の解釈上の大きな矛盾の1つは、従来、未遂すら処罰されていなかった傷害罪（204条）や横領罪（252条）についても、組織によって行われるものを2人以上で計画した場合には、そのうちの誰かが何らかの「準備行為」をしただけで処罰されることになり、その際、計画関与者がたとえ反省して犯罪実行を中止したとしても処罰されるので、中止未遂制度（43条但書）が狙いとするような犯罪の自発的中止促進[16]が妨げられることである[17]。

---

14) そのためには、体系論に関する学者の論文も読んでほしい。それは、立法のときに役に立つのだから。

15) だから、たまには、司法試験において、「いわゆる『客観的処罰条件』の具体例を挙げ、それを『構成要件の要素』に還元する見解について論評せよ。」といった類の出題も必要なのである。

16) 現行刑法の提案理由では、中止未遂の必要的減免がないと「一旦犯罪の実行に着手したる後は自己の意思に因り之を中止したるときと雖も尚ほ未遂罪と為るを以て或は既に犯罪の実行に着手したる者は決して之を中止することなく常に遂行する虞なしとせず」と記されている。「刑法改正政府提案理由書」倉富勇三郎ほか監修、松尾浩也増補解題『増補刑法沿革綜覧』（信山社、1990年）2147頁参照。なお、仮名遣いは現代風に改めた。

第1章　理論は実務にとってなぜ重要なのか　009

たしかに、「実行に着手する前に自首した者は、その刑を減軽し、又は免除する。」という但書はあるが、これは、「自首」なしでも成立する犯罪の中止を意味するものではない。ゆえに、ここでは、「共謀罪」による処罰時期の不用意な前倒しが、犯罪の自発的中止促進という刑法の刑事政策を妨げるという矛盾を生み出しているのである。

3 | 刑罰目的論と自由刑の一本化

[1] 矯正の強制

刑事政策の話が出たので、ここで、刑罰目的論と、現在法制審議会で議論されている自由刑――懲役刑と禁錮刑――の一本化[18]との関係についても触れておこう。

この議論では、少年法の適用年齢を18歳に引き下げるべきかという問題に加えて、犯罪者一般に対する処遇を「一層充実させるための刑事の実体法及び手続法の整備の在り方」も検討されている。その中では、――18歳で成人となるであろう――若年受刑者の改善更生を図るために、懲役刑で行わせることとされている作業（12条2項）に加え、あるいは代えて、学力の不足により社会生活に支障がある者に対しては教科指導に重点を置いた矯正処遇を行わせることなどが提案されているのである[19]。そこでは、懲役刑・禁錮刑を一本化した上で、その受刑者に対し、作業を含めた各種の矯正処遇を義務付けることができることとする法制上の措置を採ることが考えられており、これにより、若年受刑者のみならず、現在その数が増えている高齢受刑者や障害を有する受刑者への対応をも柔軟化することが可能になるとされている。

しかも、ここにいう矯正処遇を義務付けることができるとは、受刑者が矯

---

17) 未遂が処罰される犯罪では、「共謀罪」が成立しても未遂罪に吸収されると解することで、中止未遂規定による刑の必要的減免がなお可能である。

18) これは、2017年2月9日の、法制審議会に対する法務大臣諮問第103号に基づくものである。

19) すでに、2016年12月に公刊された法務省内での「若年者に対する刑事法制の在り方に関する勉強会」による「『若年者に対する刑事法制の在り方に関する勉強会』取りまとめ報告書」において、このようなことが提案されている（http://www.moj.go.jp/content/001210544.pdf〔2018年2月3日参照〕）。

正処遇を拒否した場合に、これに対して懲罰を科すことができることを意味するようである[20]。そして、これは、自由刑における受刑者の処遇目的が「その改善更生と社会復帰にある[21]」ことを理由とするというのである。

[2] 刑罰内容と刑罰目的

しかし、少し待ってほしい。懲役刑は「刑事施設に拘置して所定の作業を行わせる」（12条2項）ことがその内容であるし、禁錮刑に至っては「刑事施設に拘置する」（13条2項）ことだけが、その内容なのである。それを超えて、改善更生と社会復帰のための処遇を受けない者は懲罰の対象となるというのは、一体どういう刑罰目的に根拠を有するのであろうか。

刑罰の目的には、これを犯行についての犯人の責任に対する報いであり、責任に見合った刑罰を加えることが正義であるとする**応報刑論**と、犯人に刑罰という害悪を加える以上、それは何らかの意味で社会にとって有益な目的に資するものであるとする**目的刑論**が対立している。その目的の内容については、これを犯罪の予防であるとする**予防刑論**と、社会を構成する規範を確証するものであるとする**規範確証論**ないし**積極的一般予防論**がある。さらに、予防刑論には、これを社会一般の人々の犯罪行動を予防するものだとする**（消極的）一般予防論**と、犯人自身の犯罪行動を予防するものだとする**特別予防論**がある。

さらに、予防の手段に関しては、刑罰は社会の人々ないし犯人を威嚇するものだとする**威嚇刑論**ないし**抑止刑論**と、人々の規範意識を強化するものだとする**社会教育論**、何らかの方法で犯人に犯罪ができないようにするものだとする**無害化論**、刑罰は犯人の改善更生ないし社会復帰を目指すものだとする**改善更生ないし社会復帰論**がある。

そして、今日では、刑罰は犯人の責任に応じたものでなければならないが、その責任の範囲内で一般予防や特別予防の目的を考慮するという**相対的応報刑論**が通説だとされている。

---

20) 小澤政治『行刑の近代化——刑事施設と受刑者処遇の変遷』（日本評論社、2014年）278頁参照。

21) 川出敏裕「自由刑における矯正処遇の法的位置づけについて」刑政127巻4号（2016年）18頁以下参照。

第1章　理論は実務にとってなぜ重要なのか　011

しかし、問題は、これらの刑罰論がどのような相互関係に立つのかというところにある[22]。執行猶予制度採用に関する現行刑法の提案理由をみると「報復主義を採る刑法は既に数世紀前の遺物」とされており、現行刑法は、報復主義すなわち応報刑論を廃し目的刑論を採っていることがわかる。しかも、そこにいう目的は、「社会団体の秩序を維持する」こととされており、それゆえに、「秩序維持に必要なる限度以外に犯人に痛苦を与えんとするに在らず……秩序の維持上罰せざる可からざる犯人のみを罰する」としているのである。その上で、提案理由では、初犯の短期囚は「一時の欲情に誘惑せられて」罪を犯すものであり、短期の自由刑を執行しても秩序維持[23]に何等の効果もなく、かえって犯行を為す習性を助長するだけであり、また常習犯から犯行の手口の指導を受けることによって犯行が巧妙になると述べている[24]。これは、「短期自由刑の弊害」として知られているものである。

　ここで見落としてならないことは、**現行刑法は自由刑を執行することで犯人の改善更生や社会復帰を目指すものではない**ということである。むしろ、初犯者には、刑を執行しないことで犯行の助長という弊害を防止すべきであり、かつ、それでも秩序維持には十分だと考えているのである。ここでは、犯人に罪を犯させないという**特別予防は、刑を執行しない理由にされている**。つまり、改善更生・社会復帰による特別予防は、現行刑法においては刑を執行する理由とはされていないのである。刑の執行は、社会の秩序維持のためにそれが必要不可欠であることを根拠とする[25]。

[3]「国連被拘禁者処遇最低基準規則」(「ネルソン・マンデラ・ルールズ」)

　刑事施設の中で、刑罰の内容として処遇が強制されることを禁じる国際ル

---

22) その結果として、相互に排他的な刑罰目的論であれば、組合せは不可能ということにもなる。相対的応報刑論というだけでは、何の解答にもならないのである。

23) おそらく、ここにいう秩序維持は、現実に犯人や社会の人々の犯行を防止するという意味ではなく、当該社会において「罪を犯してはならない」とする行為規範が大筋で維持できていることをいうのだと思われる。

24) 倉富ほか監修・前掲注16)「刑法改正政府提案理由書」2135頁参照。

25) そう考えると、秩序維持のためには、犯人に罰としての刑が執行されるか、場合によってはそれが宣告されるだけでも足り、刑事施設の中で、刑罰の内容として改善更生・社会復帰のための積極的な処遇がなされる必要はないことになる。

ールもある。「国連被拘禁者処遇最低基準規則」（通称「ネルソン・マンデラ・ルールズ」）[26]は、その規則 3 において、「犯罪者を外界から隔離する拘禁刑その他の処分は、自由の剥脱によって自主決定の権利を奪うものであり、正にこの事実の故に、犯罪者に苦痛を与えるものである。それゆえ、正当な分離または規律維持に付随する場合を除いては、拘禁制度は、右状態に固有の苦痛を増大させてはならない。」と定める。さらに、その規則39の 1 は、「いかなる被拘禁者も、規則37において述べられた法律ないし規則の文言、および、公正さと適正手続の原則にしたがう場合でなければ、制裁を科されることはない。被拘禁者は、同一の違反について二度罰せられてはならない。」と定め、かつ、規則39の 2 は、「刑事施設当局は、規律上の制裁と、制裁の対象となる違反行為との間の均衡を図らなければならず」と規定する。

　つまり、「最低基準規則」は、拘禁刑については、自由を奪うこと自体が刑であって、「正当な分離または規律維持に付随する場合を除いては、拘禁制度は、右状態に固有の苦痛を増大させてはならない。」と定めることにより、そしてまた、正当な分離または規律違反に対するもの以外では「制裁を科されることはない」と定めることにより、矯正処遇等に従わないことに対して制裁を科すことを禁じているのである。

　これに対しては、懲役刑は作業も刑罰の内容としているのだから、作業を矯正処遇に置き換えてもよいではないかという反論も考えられる。しかし、まずいことに、2013年の国連社会権規約委員会「日本に対する第 3 回総括所見」の14では、「委員会は、締約国の刑法が、強制労働の禁止に関する規約の規定に違反して、刑の一つとして懲役を規定していることに、懸念をもって留意する。[27]」と述べられてしまった。つまり、今や国際人権法の世界では、作業を刑罰の内容として強制する**懲役刑自体が、時代遅れで人権侵害的**とみなされているのである。

　他方で、「最低基準規則」の97の 1 は「刑務作業は、苦痛を与えるものであってはならない。」とし、97の 2 は「受刑者は、隷属状態に置かれ、ある

26）以下、「最低基準規則」と呼ぶ。なお、これについては、http://www.cpr.jca.apc.org/news/2016-12-22t000000-147（2018年 2 月 3 日参照）。

27）邦語訳につき、http://www.nenkinsha-u.org/04-youkyuundou/pdf/syakaiken_syoken3-2001.pdf（2018年 2 月 3 日参照）。

第 1 章　理論は実務にとってなぜ重要なのか　013

いは苦役を科されてはならない。」と定めている。ここには、拘禁刑における処遇は受刑者に「法を遵守する自立した生活を営む意志と能力を持たせること」を目的としなければならず、その「自尊心を高め、責任感を向上させる」ものでなければならず、受刑者にとって「社会復帰に積極的に参加する機会を有するもの」でなければならないとして、**国家の側を義務づけること**により、抽象的にではあるが、**受刑者に対して社会復帰を目指す処遇に能動的に参加する権利が保障されている**[28]。

このようにみると、矯正を強制する方向を目指す「自由刑の一本化」は、現行刑法や国際準則から読み取れる刑罰目的論と逆方向のものであることが明らかとなろう。刑罰に関する立法作業においても、最先端の理論を考慮することが不可欠といえる。

4 │ 身分犯の共犯・間接正犯

[1] 私設秘書が業者から贈り物を受け取る事例

最後に、(真正)**身分犯の共犯**という問題から、実務における理論の重要性を例証しよう。「身分のない故意ある道具」という論点が、**間接正犯**の1つにある。これは、たとえば公務員が自分の私設秘書に、業者からの賄賂としての現金を——自分に代わって——受け取るようにと指示し、この指示に従って秘書が業者から現金を受け取ったという場合に、秘書は、事情は知っているが公務員という「身分のない故意ある道具」であり、背後で受取りを指示した公務員自身が賄賂収受罪の間接正犯だとするものである。

しかし、「道具」というのは、本来、責任能力があって故意もあり、抗拒不能な強制も受けていないのに犯罪に関与した人物には認められないものである[29]。ゆえに、近年では、「収受」という行為は「受取り」とは異なり、その利益を自らに帰属させることをいうといった理由により、上記の例では、

---

28) したがって、社会復帰のためのプログラムは、この「社会復帰を目指す権利」に対応した、拘禁という状態を利用した社会復帰のための国家の責務たる便宜供与だと考えるべきことになる。なお、「社会復帰を目指す権利」は、受刑者に固有のものではなく、一般的な生存権（憲法25条）を、受刑者という状態に即して具体化したものと考えるべきであろう。ゆえに、国家の責務とは、単に自由刑に伴う弊害を中和するだけにはとどまらない、更生保護を含む積極的な生存権保障の責務である。

背後の公務員に「収受」の直接正犯を認める見解が有力になってきた[30]。

　にもかかわらず、学説の一部には、非身分者も刑法65条1項を介せば身分犯の**共謀共同正犯**になれるという解釈[31]を手掛かりに、――「誰が収受したのか」を特定せずに――秘書も公務員も共同正犯とするものがある[32]。しかし、そうなると、業者が私設秘書に贈り物をしたときも、秘書がその受取りの是非について背後の公務員の指示を仰いでいた場合には、――「秘書が利益を収受した」にもかかわらず――同じく賄賂収受罪の共謀共同正犯が成立することになってしまう。

[2] 破産法の虚偽説明罪の場合

　これは、笑い話ではない。仄聞するところでは、破産法の**虚偽説明罪**（破産法268条、40条）につき、破産管財人たる弁護士が、破産法40条1項に定める説明義務者でない人物に破産者の財産について問い合わせ、それに対して虚偽の説明を受けたとして同罪で告訴をした事件があるとのことである。この場合、説明義務のない者は、たとえ説明義務者と共謀した上で虚偽の説明をしたとしても、そもそも本罪の成立はない。彼には真実を説明する義務はないからである。つまり、仮に非身分者は刑法65条1項を介して真正身分犯の共謀共同正犯になれると解しても、身分者自身が身分犯を犯していない限り、そもそも犯罪の成立自体がないのである。

　「誰が収受したのか」をあいまいにしたまま身分犯の成立を認める見解には、このような落とし穴が待っている[33]。

---

29) 「道具」でありながら、少なくとも収賄罪の従犯として処罰されるということ自体が矛盾である。「道具」は――少なくとも故意犯としては――処罰できない。

30) 実際、「ロッキード事件」でも、秘書が現金を受け取った事実について、背後の（元）首相に受託収賄罪が認められているが、そこでは、間接正犯という言葉は用いられていない（東京地判昭58・10・12判時1103号3頁）。

31) そう述べたのは大判昭9・11・20刑集13巻1514頁。しかし、この解釈自体が、現行法立法当時の政府委員の説明に反するものであったことは、倉富ほか監修・前掲注16) 944頁以下から明らかなのであるが。

32) 西原・総論363頁、西田・総論354頁など。

第1章　理論は実務にとってなぜ重要なのか　015

5 │ 簡単なまとめ

　本章では、「共謀罪」の「準備行為」と「客観的処罰条件」、刑罰目的論と
自由刑の一本化、身分犯の共犯・間接正犯を素材にして、実務における理論
の重要性を解説した。読者に刑法の基礎知識があることを前提とした説明で
あるため、難しく感じられた方もおられるかと思う。しかし、分からないと
ころは自分で調べるという努力もお願いしたい。そうすれば、理論の魅力が
真に理解されると思うからである。

33）この点では、虚偽説明罪に関する最決平29・6・7 LEX/DB25546821の原判決である高
　松高判平29・2・7 LEX/DB25545029の「罪となるべき事実」が、単に「被告人は、
　……Dの清算人でもあるC……と共謀の上、……Dの破産管財人であるMから、各破産手
　続開始申立ての際に…D名義の普通預金口座を各申立書添付の預貯金目録に記載しなかっ
　た理由等について書面で説明を求められた際、……虚偽の事実を記載した同日付け報告書
　を、……上記破産管財人に受領させ、もって、破産管財人の請求があったときに破産に関
　し虚偽の説明をした。」と記載されていることには問題がある。これでは、説明義務者で
　ある清算人Cが虚偽説明罪を犯したことが明らかでないため、本罪の成立自体が疑わしい
　からである。この問題を、上記最決平成29・6・7は見過ごしている。

第2章

「行為」論と「構成要件」論

1 | 犯罪体系を論じる意味

　刑法総論では、罪刑法定主義や刑法の適用範囲などの基礎理論の後に、いよいよ「犯罪論」と呼ばれる犯罪の一般的な成立・不成立の要件を学ぶ部分に入る。日本では、近年の多くの教科書において、犯罪は「構成要件」、「違法性」、「責任」の三段階から構成されると説明している。

　しかし、世界には、それとは異なる体系を持つ刑法もある。英米法では、犯罪の成否は、その積極的要素として、犯罪の客観的な要素である actus reus と主観的な要素である mens rea、そして、日本での違法性ないし責任の阻却事由に当たる defense（「抗弁」）などで論じられる。フランス刑法では、物的要素、心的要素、法的要素の3要素である。さらに、ロシア刑法、中国刑法では、従来、客体、客観的要素、主体、主観的要素の4つの要素ないし要件からなる体系が用いられてきた。

　このような体系論の意味は、個々の事件を裁く裁判では、なかなか感じにくい。多くの事件では、事実の有無、量刑などが争点となっているだけであるし、認定事実が特定の犯罪を構成するか否かが争われる場合でも、「構成要件」のすべてが問題となるわけではなく、「違法性」や「責任」の阻却事由が問題となることも多くない。体系論は、せいぜい、「裁判官の思考を整理し、その判断を統制するための手段として存在する[1]」とされるにすぎない。つまり、個々の事件から現行法の解釈を眺めるだけでは、犯罪体系論の

1）　平野・総論 I 88頁。ちなみに、筆者は寡聞にして、平野龍一博士の教科書を超える総論教科書を知らない。

第2章　「行為」論と「構成要件」論　017

意味はわからないのである。

　しかし、目を刑法典の作成に転ずるなら、話は異なる。ドイツのクラウス・ロクシンは、体系的思考が総則規定の整備による法の単純化と裁判官による操作性の向上をもたらすことを挙げ、さらに法的素材を体系化することで創造的な、法の発展的形成が可能となると述べている[2]。つまり、体系論は、ひとり裁判官の思考の整理のためにあるだけでなく、むしろ新しい解釈論ないし体系論の発展を基礎に総則規定を整備することによって、より単純かつ操作性の高い使いやすい刑法をつくることに資するもの、つまり立法者にも奉仕するものなのである[3]。

　そこで、まず刑法総則を作るないし現行法を基礎にしてこれを改正するということを念頭に置いて、「犯罪体系」の基本概念と、その組み合わせ方を考えてみよう。

2 ｜ 「行為」論の課題

[1] 犯罪体系論における基本概念

　日本では、「犯罪とは構成要件に該当し違法で有責な（＝責任のある）行為である」という命題が、刑法総論の冒頭で教示される[4]。ここには、**構成要件、違法性、責任、行為**という基本的な概念が使われている。そこで、違法性と責任は次章以降で扱うこととして、今回は行為と構成要件というものを検討してみよう。

---

2) クラウス・ロクシン著・平野龍一監修・町野朔＝吉田宣之監訳『刑法総論第1巻［基礎・犯罪論の構造］〔第3版〕（翻訳第一分冊）』（信山社、2003年）206頁以下、同・山中敬一監訳〔第4版〕（2019年）274頁以下参照。具体的には、違法性阻却事由としての「超法規的緊急避難」を認めた裁判例（RGSt 61, 242）などが、現行ドイツ刑法34条の違法性阻却事由としての緊急避難の規定に結びついたことが挙げられている。

3) 以上につき、松宮孝明『刑事立法と犯罪体系』（成文堂、2003年）58頁、123頁以下参照。

4) 筆者がはじめて刑法総論の講義を担当した際の試験に、「犯罪とは○○に該当し、○○で○○な行為である」の空欄を埋める問題を出したところ、「犯罪とは法律に該当し悪質でけしからぬ行為である」という解答があった。思わず満点を付けそうになったが、刑法の答案としては、これは間違いである。

018

[2] 二つの「行為」概念

「行為」でないものは犯罪でないといわれる。これは、構成要件に該当するものは行為でなければならないことを前提としている。ゆえに、現行刑法には、構成要件に該当するものでも、「法令又は正当な業務による行為は、罰しない。」（35条）とか、「心神喪失者の行為は、罰しない。」（39条1項）としているのである（下線筆者）。

しかし、後述するように、「目的的行為論」という考え方では、「行為」でないもの（不行為）でも犯罪となるものがある。なぜなら、不作為や過失（または過失不作為）は「目的的行為」ではないからである[5]。そこで、「行為以外のものも処罰するのなら、何も、行為とは何かを議論する必要はない。[6]」という批判が出てくることになる。

このわけのわからなさは、「行為」という概念がもともと二種類あったことを知れば、解消する。というのも、「行為」でないものは犯罪でない、つまり「犯罪は行為でなければならない」という命題は、ドイツ語で Tatprinzip（行為原理）といい、そこにいう「行為」は Tat という単語を翻訳したものであるのに対し、「目的的行為論」にいう「行為」は Handlung というドイツ語を訳したものだからである。そして、Tat という場合は客観的な犯行ないし所為という意味合いが強まるのに対し、Handlung は有意的な動作ないし作為という意味合いが強まるのである。ゆえに、犯罪の中には Handlung でないものがあるとしても、それが Tat といえるものであるなら、それは**行為原理**に反しない[7]。

---

5) 平場・総論43頁以下が、このような考え方を明示していた。もっとも、犯罪となる「不行為」は、あくまで、行為者が支配可能であったことを必要とする。その平場先生は、京大法学部の刑法総論の試験において、3年連続で、「忘却犯（＝過失不作為犯の一種）」について論ぜよ。」という出題をされていた。もちろん、当時の筆者には、その出題意図はわからなかったが、ここからは、今なら、平場先生が真の「目的的行為論者」であったことがわかる。

6) 平野・総論 I 106頁。

7) なお、第1章で扱った「共謀罪」が本当に「共謀」＝「二人以上での犯罪の計画」だけで処罰しようとするものであるなら、それは行為原理に反する。「準備行為」でこの問題を回避できたかどうかは、「準備行為」の客観的・実質的な有害性による限定の有無に左右される。

[3] 責任能力は「行為」の前提か？

　前述のように、刑法は「心神喪失者の行為は、罰しない。」（39条1項）としている。これは、刑法が責任能力のない者にも「行為」ができると考えていることを意味する。したがって、責任能力は「行為」の前提ではない[8]。

　しかし、学説には、「行為」を「行為者人格の主体的現実化」だとする「人格的行為論」というものがある[9]。そうすると、心神喪失者にも「人格の主体的現実化」があるというか、あるいは、心神喪失者にはそれがないから「人格的行為論」では心神喪失者に行為は観念できず、それゆえ「人格的行為論」は現行刑法の採るところではないかのいずれかになる。後者であるとすれば、解釈論においては、この見解は採用できないことになる。

　さらに、反射運動の場合も、事前に何らかの措置を執ることでそれを押さえつけることができたときには罪責が問えるとなれば、「行為」は人間の意思に基づいたものである必要もなくなる。そこで、「行為」を「単なる身体の動静」とすることが適当だとする見解もある[10]。現に、下級審判例では、覚せい剤依存症の後遺症として妄想性被害念慮に囚われていた被告人が浅眠状態のときに男に首を絞められる夢を見てその男の首を絞めつけたと思ったところ、隣に寝ていた妻の首を絞めて死亡させてしまったという事案につき、第1審は「行為」がないとして無罪とした[11]が、控訴審は「行為」はあるが「責任能力」がないとして無罪とした[12]。

　しかし、「単なる身体の動静」が「行為」だとすると、「行為」でないものには何が残るのであろうか。というのも、過失不作為犯、つまり動作もなく意識もないものでも「犯罪」となる場合があり得るのだから、ひょっとする

8）　ちなみに、旧刑法78条は「罪を犯す時知覚精神の喪失に因って是非を弁別せざる者は其罪を論ぜず。」（表記は現代風に改めた）と定めており、「行為」という言葉を用いていない。

9）　団藤・総論106頁。

10）　平野・総論Ⅰ113頁。

11）　大阪地判昭和37・7・24下刑集4巻7＝8号696頁。そこでは、「行為者のある外部的挙動がその者の行為と許価され得るのは、その挙動が行為者の意思によって支配せられているからであって、右の意思支配が存しない場合には行為も存しないと言うべきであり、……ある行為が刑罰法規の構成要件に該当するか否かは、右法規によって要求される規範に従って行為者が自らの行動を統制し得る意思の働らき即ち規範意識の活動に基づい（ママ）てなされた行為を対象としてなされるべきである」とされている。

12）　大阪高判昭和39・9・29公刊物未登載。

020

と、今、アフリカのどこかで餓死する子供たちも、ユニセフに寄付しなかった人物の「行為」の結果かもしれないのである。

この場合に、事実的な意味での「行為者の支配可能性」を要求することも助けにはならない。なぜなら、事実としてユニセフにいくらかを寄付していれば、餓死するはずだった何人かの子供たちを数日間は確実に延命することもできたからである。ゆえに、この部分の「結果」は、支配可能である。

こうなると、「行為」というのは、犯罪的だと評価される可能性のある事態（広義の結果）を、その事実的支配可能性（＝回避可能性）を前提としつつ、規範的な意味でその人物に帰属できること、簡単にいうと「そうなったのはその人物の所為だ」といえるような関係を意味するものと解するしかないであろう。それは、違法評価の先取りではない。正当防衛によって襲われた人物を救ったのはあの人の功績だという場合もそうであるし、本日のコンサートの成功は、ひとえに、演奏者の腕前によるという場合もそうである（「功績的帰属」）。この場合、正当防衛やコンサートの成功は、防衛者や演奏者をその場に送り届けたタクシーの運転手の所為ではない。反対に、子供たちが餓死したことは、寄付義務を負っていない人物の所為ではない。

しかし、それでも、このような帰属の主体に責任能力が不要といえるかという疑問は残る。責任能力がなければ刑法的帰属の主体としては意味がないともいえるからである。

もっとも、視野を刑罰以外の法効果にも広げてみると、責任無能力者でも、帰属の主体と考えるべき場面は存在する。たとえば、「心神喪失等の状態で重大な他害行為を行った者の医療及び観察等に関する法律」（略称「医療観察法」）では、心神喪失等の状態で重大な他害行為をした者に対し、医療の必要に応じて、裁判所により入院または通院の決定がなされるものとされている（同法１条、42条１項）。ここにいう「心神喪失等の状態で重大な他害行為を行った」に当たるためには、同法２条１項に列挙された刑法各則に規定された「対象行為」がなされなければならない。この場合に、寄付をすれば子供たちの餓死が事実として回避できていた心神喪失者を刑法199条に規定する「対象行為」をした者とすることはできないであろう。また、単なる睡眠中の反射運動で隣にいる人を死亡させても、「対象行為」に当たるとは思われない。さらに、心神喪失者であれば14歳未満でも入院ないし通院の決定ができるとは思われない。ゆえに、責任能力者にとって帰属できないような事

態は、責任無能力者にも帰属できないので、入院等の命令は言い渡せないと考えるしかない[13]。

　また、幼児ないしこれに類する精神の発達段階にある人物には、心神喪失か否かに関わらず、生じた事態は帰属できないであろう。ゆえに、その意味で、責任無能力者の「行為」にも、何らかの**行為能力**は必要である。そして、実は、**責任能力と行為能力を区別することが、責任のない違法を認める見解（「客観的違法論」）の前提**なのである[14]。

[4]　（不真正）不作為は「行為」か？

　「行為」におけるもうひとつの難問は、不真正不作為も「行為」かというものである。もっとも、**ここにいう「行為」は、犯罪となり得る事態の帰属（Tat）ではなく、作為と同じ意味での「行為」（Handlung）である。**というのも、不真正不作為では、たとえば、「人を殺した者」（199条）という<u>作為と同じ要件で人の死亡が不作為に帰属できるか</u>ということが問われるからである。ゆえに、不作為にも結果が帰属可能であることの論証では、解答にならない。そのようなことは、真正不作為犯の規定（たとえば218条、219条の不保護致死傷罪）さえあれば自明のことだからである。

---

13) ゆえに、責任無能力者が「対象行為」の構成要件に該当するが正当防衛などの違法性阻却事由に当たる行為をしたときには、入院等の命令は言い渡せない。問題は、精神の障害によって抱いた妄想のために、襲われると勘違いした行為、すなわち誤想防衛に当たる行為の場合にある。これにつき、最決平成20・6・18刑集62巻6号1812頁は、「医療観察法の趣旨にかんがみると、対象者の行為が対象行為に該当するかどうかの判断は、対象者が妄想型統合失調症による幻覚妄想状態の中で幻聴、妄想等に基づいて行為を行った本件のような場合、対象者が幻聴、妄想等により認識した内容に基づいて行うべきでなく、対象者の行為を当時の状況の下で外形的、客観的に考察し、心神喪失の状態にない者が同じ行為を行ったとすれば、主観的要素を含め、対象行為を犯したと評価することができる行為であると認められるかどうかの観点から行うべきであ」るとした。しかし、誤想防衛は犯罪の故意を否定するものであるという意味で「罪となるべき事実」の不存在に当たるので（大判昭和2・12・12刑集6巻525頁）、医療観察法2条1項にいう「対象行為」には当たらないはずである。同法の趣旨はわかるが、解釈上の混乱を回避するためには、法改正が必要であると思われる。

14) 一般に、行為の主体から始まる犯罪体系は、哲学的ではあるが、責任能力が「行為」の前提となる傾向にある。なぜなら、責任無能力者はそもそも「刑罰」の対処となり得ないので、「主体」段階で除外されるからである。

ところで、「人を殺した者」という条件を充たすためには、ある人物がその身体の動静によって人の死を引き起こしたことが必要である。そこで、問題は、不作為でも「人の死を引き起こした」ということがあり得るかに収斂される。人の死——一般化すれば結果——が惹起できれば、あるいはそのような可能性があれば、不作為も作為と同じ意味で「行為」となる。

しかし、結論からいえば、その論証に成功した理論はない。ゆえに、**司法試験の答案で不作為の因果力を証明するような暴挙はやめたほうがよい**[15]。「期待された作為があれば結果が生じなかった」ときに「結果を引き起こした」、つまり因果関係（ないし条件関係）があるとする**期待説**[16]は、「作為がなかったら結果が生じなかった」場合に因果関係（ないし条件関係）があるとされる作為の場合と同じ**現実的因果関係**の論証に成功せず、**仮定的因果関係**を述べるだけである。また、「不作為がなかったら作為があったはずだから、その場合に結果が生じなかった」ときには作為の場合と同じ因果関係があるとする**論理関係説**[17]は、論理的に「不作為がなかったら作為があったはず」とはいえないとする批判に晒された。というのも、作為も不作為も、常に特定の行為者のものであることが前提であるから、「その場に行為者がいなかったら」と仮定しても「不作為がなかった」ことになるからである[18]。

ゆえに、**保障人説**は、不作為と結果との間の現実的因果関係の論証を諦め、作為による結果惹起と、結果が起きないように保障すべき人物が作為をしていれば防止できていた結果を防止しない不作為とが**同価値**である場合に、作

---

15) 合格したいなら、そのような論証は諦めて、不真正不作為犯の成立要件とそれへのあてはめを淡々と書いたほうがよい。

16) ドイツのリストに代表される見解である。

17) ドイツのエンギッシュに代表される見解である。

18) この批判は、ドイツのアルミン・カウフマンのものである。Vgl., *Armin Kaufmann*, Die Dogmatik der Unterlassungsdelikte, 1959, S. 61. この批判に対しては、信号機の前に居座って動かない者のせいで交通事故が起きた場合には、「その場に行為者がいなかったら」結果は起きなかったといえるであろうとする些末な反批判が加えられた（中森義彦「不作為犯と逆転原理（1）」法学論叢107巻5号〔1980年〕7頁参照）。しかし、これは不真正不作為一般に妥当する事態ではない上に、その者が信号機に縛り付けられて移動できないという「作為能力がない場合」もまた「不作為がない」場合に当たるのであり、そしてこの場合には事故は回避できないので、結局、不作為の因果関係を論証できていないのである。

第2章　「行為」論と「構成要件」論　023

為犯の規定を不作為犯用に作り替えて適用するものとした。これに基づいて作られたのが、ドイツ刑法13条1項の「刑法典の構成要件に属する結果を回避することを怠った者は、法的に結果の不発生を保障しなければならず、かつ、不作為が作為による法定構成要件の実現に相応する場合に限り、この法律によって罰せられる。」という規定である。類似の規定は、長い論争を経て、2002年にスイス刑法11条にも作られた。

　日本では、罪刑法定主義違反を避けるために、不作為にも「作為と結果との間におけるのと同様の因果関係を肯定できるし、またそうでなければならない。[19]」とする見解がある。しかし、これはまさに、論証すべき命題を論証の根拠に用いたトートロジーである。そうではなくて、保障人的地位や作為可能性、仮定的因果関係、不作為特有の故意・過失という学説が唱える成立要件を明文化した規定の導入を図るべきである。

[5] 過失は「行為」か？

　行為を「意思に基づく身体の動静」とする**因果的行為論**というものがある。この見解でも、当直係が眠り込んでしまったので、事務所内での火災の発生を早期に発見して消火する義務がありながら、それを履行することができなかったという「忘却犯」の場合、消火しなかったことも眠り込んだことも、無意識でのことであるから、「意思に基づく」ものとはいえない。というのも、ここにいう「意思に基づく」とは現実の意思に基づくことをいうのであって、「避けようと思えば避けられた」という意味での仮定的な回避意思は含まれないからである[20]。ゆえに、因果的行為論では、このような過失不作為が「行為」であることを論証できない[21]。ゆえに、因果的行為論では、こ

---

19) 山口厚『刑法総論〔第3版〕』（有斐閣、2016年）79頁。

20) この「避けようと思えば避けられた」という意味での仮定的意思による支配可能性を「行為」の中核とする考え方は、近年、**消極的行為論**と呼ばれている。

21) 平野・総論Ⅰ111頁以下は、「眠り込む前の意識のある状態、意思活動がなされていた状態に対して」責任を問うことができるから、「必ずしも忘却犯の場合には行為がないという結論にはならない」とする。しかし、ここでは、眠り込む前に他の何かを意識的にしていたことは問題ではない。たとえば眠り込む前にテレビを意識的に見ていても、火災の不防止に対する罪責にとっては何の意味もない。眠り込んだがために消火できなかったことが「意思に基づく」ものなのかどうかが問題なのである。もちろん、客観的帰属関係を「行為」と解すれば、問題解決が可能となる。

のような過失不作為は「行為」（Handlung）ではない。

目的的行為論になると、事態は一層深刻になる。これによれば、不作為も過失一般（あるいは過失不作為）も行為ではないからである。というのも、目的的行為論では、「行為」（Handlung）とは、目的に向かって意識的に行われる身体運動だからである。ゆえに、この理論の純粋型では、故意作為だけが「行為」である。

筆者は、学生時代に、因果的行為論を批判して華々しく登場したとされていた目的的行為論が不作為も過失も「行為」であることを説明できないと聞いて[22]、だったらなぜ、そのような見解が登場したのだ、もっと欠陥のあるものがなぜ有力化するのだと仰天した。

しかし、この理論の提唱者（ハンス・ヴェルツェル）は、もともと、すべての犯罪を「行為」（Handlung）だとする意図はなかったのである。彼にとっては、「犯罪」たり得る人の振舞いは、「行態」（Verhalten）という言葉で表現すればよい。それより問題は、過失犯や不作為犯には、故意作為犯と同じような「正犯」と（狭義の）「共犯」の区別はなく、結果に関わったものはすべて「正犯」になる[23]という**二元主義的な体系**を説明することにあったのである（「二元的正犯概念」）。

具体的にいえば、故意の殺人正犯が利用する可能性のある拳銃をうっかり放置した所有者は、その拳銃によって殺人が犯された場合、殺人罪に対する不可罰の過失的幇助ではなくて、自らが拳銃の管理に関する注意義務に違反し、それが結果に繋がったことによって、過失致死罪の正犯となるという結論を説明したかったのである。

しかし、それまでの体系では、故意正犯の背後でその犯行の実現に役立つ貢献をしたにすぎない者は、殺人も過失致死もその客観的な「実行行為」は同じなので幇助にしかならず、しかも、従犯の処罰は故意のある場合に限定されていると考えられていた。したがって、拳銃管理に不注意があった者に

---

22) たとえば、福田平＝大塚仁『新版刑法の基礎知識（1）』（有斐閣、1982年）19頁以下参照。この本の旧版は、刑法総論の試験前に一夜漬けのために読んだ懐かしいものである。

23) 狭義の共犯は正犯よりも処罰範囲を拡張したものだとする考え方を**限縮的正犯概念**または**制限的正犯概念**といい、狭義の共犯は本来正犯になるはずのものを共犯として処罰を限定したのだとする考え方を**拡張的正犯概念**という。さらに、犯罪の関与者はすべて正犯だとする考え方を**統一的正犯概念**という。

ついても、不可罰の過失的幇助にしかならなかったのである。これに対して、判例では、すでにこのような「故意正犯の背後」にも過失正犯を認めるものがあった[24]。

このような「故意正犯の背後の過失正犯」を認めるためには、殺人罪と過失致死罪では、正犯となる行為は体系の冒頭から異なるのだとする体系論が必要である。目的的行為論は、「行為」を故意作為に限定し、それによって制定法にある正犯「行為」と共犯「行為」の区別を過失犯や不作為犯には当てはまらないものとした。そして、そのことによって、この理論は因果的行為論に対する有力な反対説になり得たのである。

もちろん、それは、戦後の西ドイツにおいて、「犯罪は行為（Handlung）でなければならない」とする立場――とくに「社会的行為論」を唱えたマイホーファー――から激しい批判を受けた。しかし、ヴェルツェルは、過失作為については見解を修正したが、不作為一般については最後まで「行為」でないという立場を貫いたのである。

それでも、その後目的的行為論に基づく二元的体系には、内在的な矛盾が明らかになった。それは、被害者による自傷行為への過失的関与と、不作為犯における「正犯」と「共犯」の区別を認める判例の存在である。たとえば、うっかり放置した拳銃で恋人が自殺した場合、これは過失的自殺幇助である。過失的自殺幇助については、刑法202条前段には過失犯処罰規定はないし、ドイツ刑法では故意の自殺幇助の処罰規定さえない[25]。ゆえに、本来なら、これは不処罰のはずである。しかし、注意義務違反と結果との間に因果関係がある者はすべて過失正犯だとすれば、この場合の拳銃放置も過失致死罪になる。なぜなら、放置者は不注意によって他人の死を惹起したからである[26]。しかし、このようなケースにおいてドイツの裁判所は被告人を無罪とした[27]。

---

24) 代表的なものとして、放火の疑いがあった倉庫火災に関して家屋所有者に過失致死を認めた1927年の RGSt 31, 318. 詳しくは、松宮孝明『過失犯論の現代的課題』（成文堂、2004年）5頁以下を参照されたい。

25) 2015年に、業として自殺を促進する罪は作られたのだが（ドイツ刑法217条参照）。

26) 被害者の同意によって不処罰を説明しようとしても、現行刑法は同意殺を処罰する以上（202条後段）、生命放棄の同意は致死行為を正当化し得ない。

27) 1972年の連邦通常裁判所の判決である（BGHSt 24, 342）。そのほか、死ぬつもりはないが被害者が自ら無謀な行為を行った場合に、関与者を無罪とした裁判例が散見される。

これは、過失犯にも限縮的正犯概念が妥当することを前提として、この事案はあくまで「過失的な自殺幇助」であると説明しなければならないことを意味する。また、不作為犯に「正犯」と「共犯」の区別があることは、わが国でも[28]ドイツでも[29]、判例の認めるところである。

ゆえに、「過失犯の実行行為は故意犯のそれより広い[30]」ことの論証に成功した理論も、また、存在しない[31]。むしろ、公害罪法（人の健康に係る公害犯罪の処罰に関する法律）３条の過失有害物質排出罪[32]のような過失挙動犯の存在を考えるなら、「過失犯の実行行為は故意犯のそれと同じである」と考えるべきであろう[33]。つまり、ここでも限縮的正犯概念が妥当するのである。

[6] 行為論を分けるのは結果の帰属基準

より最近では、因果的行為論と目的的行為論のほかにも、**社会的行為論**や**志向的行為論**、さらには**消極的行為論**といった考え方が提唱されている。しかし、それについて詳論する余裕はなくなってきた。そこで、大事なことを

---

28) 大判昭和３・３・９刑集７巻172頁、大判昭和13・４・７刑集17巻244頁、最判昭和29・３・２集刑93号59頁、札幌高判平成12・３・16判時1711号170頁、広島地判平成16・４・７公刊物未登載、名古屋高判平成17・11・７高刑速（平17）号292頁等がある。

29) ドイツの判例について詳細は、神山敏雄『不作為をめぐる共犯論』（成文堂、1994年）参照。

30) 団藤・総論140頁が「過失犯については、性質上、行為の定型性が弱いものにならざるをえない」と述べ、平野・総論Ⅰ134頁が故意犯では予備行為となるものを「過失の実行行為は存在する」と述べるのは、実質的には二元主義を認めるものである。しかし、両者はこれを体系的に説明できておらず、それどころか平野・総論Ⅱ393頁は、過失犯にも限縮的正犯概念が妥当すると述べる。

31) 故意犯と過失犯を最初から二分する体系を明示しているのは、筆者が知る限り、藤木・総論のみである。しかし、不作為犯の扱いは曖昧であり、かつ、二分の理論的根拠は、ヴェルツェルほどに明確ではない。

32) 同条１項は「業務上必要な注意を怠り、工場又は事業場における事業活動に伴って人の健康を害する物質を排出し、公衆の生命又は身体に危険を生じさせた者は、２年以下の懲役若しくは禁錮又は200万円以下の罰金に処する。」と規定する。

33) 最判昭和62・９・22刑集41巻６号255頁は、同法３条１項にいう「排出し」を、「工場又は事業場における事業活動の一環として行われる廃棄物その他の物質の排出の過程で、人の健康を害する物質を工場又は事業場の外に何人にも管理されない状態において出すことをいうものと解するのが相当」と判示しており、この点において故意の場合と異なるとは考えていない。

第２章　「行為」論と「構成要件」論　027

1点だけ述べておこう。それは、これらの行為論では、目的的行為論と異なり、行為全体あるいはその一部について、**「結果」が「行為」の構成要素とされていること**である。

　簡単にいえば、「人を殺した行為」は「人の死」がなければあり得ないということである。なぜなら、人が死ななければ、それは「人を殺そうとした行為」ではあっても「人を<u>殺</u>した行為」にはならないからである。したがって、社会的行為論では、ある人の死が人殺しとされる人物の仕業^{しわざ}でなければならないし、志向的行為論でも、その人物が志向した殺人の結果が起きなければならない。消極的行為論では、人の死亡がその人物の意識的な回避行動によって回避可能なのにそれが怠られたことを要する。ひとり目的的行為論だけが、「殺人行為」は「人を殺そうとする目的に導かれた身体運動」に尽き、結果としての「人の死」は偶然にすぎないとするのである。

　しかし、規範という視点からは、「汝殺すなかれ」という規範は、「汝が人を殺した」ことによって違反される。殺人未遂は殺人禁止規範違反の「未遂」にすぎない。ゆえに、**結果は規範違反の構成要素であり、よって違反行為の構成要素でもあるの**である。

　ところで、「結果」が特定の行為者に帰属されるのは、それがその行為者の挙動によって惹起された場合か（因果的行為論）、志向されて惹起された場合か（志向的行為論）、あるいは意識的に回避可能な場合か（消極的行為論）、さらには社会的にその人の仕業とみなされる場合か（社会的行為論）、そのいずれであろうか。因果的行為論では、一方で因果関係さえあれば結果を帰属してよいのか、他方で現実に有為な行為がない不作為の場合に帰属が説明できるのかという問題があった。同様に、志向的行為論には行為者が志向していない結果、つまり過失結果が帰属できるのかという問題がある。消極的行為論にも、意識的に回避できさえすれば、子供たちの餓死を非寄付者に帰属してよいかという問題がある。

　そうなってくると、一元的に明確な基準は出せないが、社会の中にある多様な帰属基準を用いて「結果」——未遂状態を含む——を帰属させる社会的行為論、すなわち客観的帰属論に依拠せざるを得ないという結論になろう。しかし、客観的帰属論に行く前に、「構成要件」という問題を片付けておこう。

3 │「構成要件」論の課題

[1]「構成要件」とは？

　今日、日本の犯罪体系論は「構成要件」から始まるのが普通である。「行為」から始める体系は、少数になってしまった。それでいいと思う。結局のところ「行為」は、条文に書かれている犯罪結果（未遂状態や挙動状態も含む）が当該行為者に帰属できるかどうかで決まるのだから、条文に書かれた結果、つまり「構成要件」的結果を抜きに「行為」を論じても、あまり生産的ではない。それだけでなく、ドイツ語の Handlung では不作為を連想しにくいのである。それよりは、客観的・外部的な犯罪状態を連想しやすい Tat のほうが犯罪体系として使いやすい。

　と、ここまで書いて、「構成要件」と Tat の関係を説明することを忘れていた。「構成要件」という言葉は、ドイツ語の Tatbestand を翻訳したものである。この単語は、Tat（所為、犯行または罪）と Bestand（存立）を組み合わせたもので、もともとラテン語の corpus delicti（罪体）をドイツ語に訳したものであった。それが、その後に訴訟法的な意味から実体法的な意味をもつようになったのである。つまり「構成要件」とは Tat の存立という意味である。

[2]「一般構成要件」と「特別構成要件」

　ちなみに、この言葉は民訴法学では「要件事実」と訳す。つまり、訴訟法的には、もともと法効果発生のために原告が主張すべき事実を指すのである。よって、刑事訴訟では、Tatbestand は、刑罰という法効果を発生させるために検察官が主張すべき事実をいう。これが、19世紀中ごろのドイツ刑法学では、法効果発生のための全要件、すなわち、今日の構成要件該当性と、違法性阻却事由がないことと責任要件が充たされること――必要な場合には、その他の処罰条件があること――のすべてを意味するようになった。つまり、構成要件は「犯罪」の同義語だったのである。これは**一般構成要件**と呼ばれる。

　その後、1904年に、ラートブルフは、因果的行為論では不作為が作為と同じ意味での「行為」になり得ないことを論証し、1906年にはベーリンクが、一般構成要件と異なる各則規定から抽出された**特別構成要件**を犯罪体系の基

第2章　「行為」論と「構成要件」論　029

礎に据え、1930年には、ラートブルフが、<u>立法論として</u>、「行為」（Hand-lung）ではなく「所為」（Tat）を犯罪体系の基礎にすべきだと主張した。その結果、1871年のドイツ刑法では、たとえば教唆犯は他人を教唆して「可罰的な行為」（strafbare Handlung）を実行させたときに処罰されるとされたが（ドイツ刑法旧48条１項）、現在のドイツ刑法では他人を教唆して「故意で行われる違法な所為」（vorsätzlich begangene rechtswidrige Tat）を実行させたときに処罰される（現行26条）と改正された。この Tat を内容とする特別構成要件が、今日普及している「構成要件」である[34]。

[3] 罪数論における「構成要件」

ところで、罪数論では、今日、**構成要件的評価の回数によって罪数を決定する構成要件標準説**が判例・通説となっているらしい[35]。そうすると、正当防衛などの違法性阻却事由によって無罪となる行為も、１個の構成要件に該当すると評価されれば一罪になるのであろうか。

常識のある方なら、そんな馬鹿げた話はないとすぐに気付かれるであろう。そして、一般構成要件と特別構成要件の違いを知ったなら、これは一般構成要件のことではないかと推測されるであろう。より正確には、罪数論の基準になるのは、阻却事由の不存在や客観的処罰条件の充足も含んだ、刑罰効果発生要件としての構成要件なのである。もっとも、罪数論における構成要件の意味についての詳細は第13章に回すことにして、以下では、構成要件論の基礎知識を説明しておこう。

[4] 「構成要件」≠「罪となるべき事実」

この「構成要件」は、違法性阻却事由や責任阻却事由を含まない点で、ときおり、刑訴法335条１項（および256条３項）の「罪となるべき事実」と同じものだと考えられている。しかし、それは不正確である。なぜなら、この「罪となるべき事実」には、今日「構成要件」には含まれないと考えられている「客観的処罰条件[36]」も含まれるからである[37]。ゆえに、**今日の「構成**

---

34) これに対して、日本の刑法61条では、「人を教唆して犯罪を実行させた者」と書かれている。ここにいう「犯罪」が、犯罪体系の基礎となる概念のはずなのだが……。

35) 裁判所職員総合研修所監修『刑法総論講義案〔四訂版〕』（司法協会、2016年）410頁。

要件」は、「罪となるべき事実」を示すという訴訟法的機能を果たさない。

[5]「故意規制機能」と「犯罪個別化機能」──誤想防衛問題

　ベーリンクはドイツ刑法旧59条１項の「可罰的行為を実行するときに法定の構成要件（gesetzlicher Tatbestand）に属する事実……を知らなかった者には、この事実を帰属させることはできない。」という条文を手掛かりに、「（特別）構成要件」とは故意の対象になる客観的事実でなければならないと考えた。ゆえに、彼は、「目的犯」の目的のような**主観構成要件要素**を認めなかった[38]。その結果として、「構成要件」は、たとえば殺人罪と過失致死罪（ついでに傷害致死罪）では同じものであり、それが故意・過失によってそれぞれの罪に分かれるものとされた。ここでは、「構成要件」は、その罪の故意に必要な認識の対象を決めるという**故意規制機能**を持つことになる。

　これに対して、日本の小野清一郎博士は、故意犯と過失犯を分けるという限度では故意・過失も「構成要件」の要素であるとし、その限りで故意規制機能を捨てて**犯罪個別化機能**を優先させた。

　しかし、小野博士の「構成要件」は、誤想防衛に際して、重大な矛盾に直面することになる。博士は、通説・判例と同じく、誤想防衛のような違法性阻却事由に該当する事実の誤想がある場合には「罪を犯す意思」つまり犯罪の故意はないと考える。しかし、防衛のためにわざと被害者を殴った人物には、殴るという限度で故意はあるように見える。つまり、彼は少なくとも故意の暴行ないし傷害の故意があるので、これらの罪の構成要件に当たることになり、正当防衛にもならないので違法性も阻却されないが、「罪を犯す意思」つまり故意はないので、故意犯にはならないとされるのである。

　でも、ちょっと待ってほしい。博士は「構成要件」の段階では故意が必要で、かつ誤想防衛者にはそれが認められるとしたのではなかったか。それが、後から、やはり故意はなかったというのは何事か。何より、そもそも正当防衛の場合には適法行為をする故意しかないのだから、この場合には「罪を犯す意思」つまり犯罪の故意は最初から、そう最初、つまり「構成要件」の段

36）「客観的処罰条件」が「構成要件」に含まれない理由は、前号で述べた。

37）これも第１章で挙げた大判大正６・４・19刑録23輯８巻401頁が明言するところである。

38）この点では、彼に倣ったM.E.マイヤーも同じである。

階からなかったことになるのではないか。それなら、正当防衛でも誤想防衛でも、最初から故意犯の「構成要件」が充たされていないとして終わりではないか。

これが、元祖「ブーメラン現象」と呼ばれている難問である。しかも、悪いことに、判例は、誤想防衛の主張は刑訴法335条2項などにいう「法律上犯罪の成立を妨げる理由」ではなく、同法335条1項などにいう「罪となるべき事実」の不存在の主張だとしている[39]。ゆえに、刑事裁判で正当防衛の主張が否定されたときに改めて誤想防衛の主張をしようとしても、裁判所に「罪となるべき事実」の認定はもう終わったよといわれかねないのである[40]。

これに対して、小野博士の弟子の団藤重光博士は、故意を構成要件的故意と責任故意に分け、違法性阻却事由に該当する事実を誤想したときには、前者は否定されないが後者が否定されるので、故意犯にならないと主張した[41]。しかし、こうすると、誤想したことに過失があり、その結果被害者を死傷させた場合に過失致死傷罪になることが問題になる。というのも、この場合には、構成要件的故意によってせっかく故意犯へと個別化された誤想防衛が、結局のところ過失犯になることによって、「構成要件」が故意犯と過失犯とを区別するという犯罪個別化機能を果たしていないことになるからである[42]。ここでは、故意犯と過失犯は責任段階で初めて区別される。これが、第二の「ブーメラン現象」である。

このほか、違法性阻却事由はすべて、その存在が「構成要件」該当性を否定する消極的構成要件要素だとする見解もある[43]。こうすれば、正当防衛も誤想防衛も「構成要件」該当性を否定されるから、ブーメランはやってこないだろうというのである。

---

39) 前掲注13）大判昭和2・12・12刑集6巻525頁。

40) 小野博士の名誉のためにいえば、博士は、この判例に反対である。小野清一郎『犯罪構成要件の理論』（有斐閣、1953年）465頁。

41) 団藤・総論134頁以下。佐伯仁志・考え方40頁以下も、同じように故意を二分する。

42) 佐伯仁志・考え方41頁は、「故意犯の構成要件に該当するということは過失犯の構成要件に該当しないことではない」と考えれば不都合はないとする。しかし、ここで故意犯と過失犯とを分けているのは構成要件的故意ではなくて責任故意であるし、そうなると、故意犯と過失犯の構成要件は共通であり、両者は責任段階で初めて区別されることを認めたことになる。

43) 井田・総論99頁、382頁参照。

しかし、これは、違法性阻却事由による正当化を、単に特定の犯罪に該当しないという「構成要件不該当」に貶める——その結果、別の犯罪での、あるいは別の法領域での違法評価を否定できない——ことになるという問題がある[44]。だいたい、正当防衛は行為を正当化するが、たとえば「殺人罪」の構成要件不該当は、そうではなくて殺人罪の成立を否定するだけなのだから、たとえば傷害罪としての違法性は残る可能性がある。

　こうなったら、いっそのこと、**厳格責任説**に依拠して、誤想に過失があれば故意犯が成立するとしてしまおうか。しかし、厳格責任説の本家であるドイツでも、結論が妥当でないとして支持者を失っている見解に立ち戻るのは、よしたほうがよい[45]。

[6] 「違法性推定機能」

　もっとも、「構成要件」の故意規制機能を大前提とするベーリンク流の構成要件論は、構成要件の**違法性推定機能**[46]を第一とする**新構成要件論**に取って代わられることになる。なぜなら、目的犯の目的などの主観的構成要件要素を認めた場合には、自分の主観はわざわざ認識するものではないから、構成要件の中に故意の認識対象でないものが混入するからである。しかし、故意規制機能を維持するために主観的要素を「構成要件」から追い出せば、その「構成要件」は違法性推定機能を持たなくなる。なぜなら、そうすると、違法性の段階で、違法性を阻却する事由ばかりではなく、違法性を根拠づけ

---

44) 井田・総論100頁は、構成要件該当性を否定される行為と正当化される行為の「いずれの行為も、違法性がない行為（適法行為）という観点からは、大きく同一のグループに分類される」というが、これは誤解である。窃盗行為は殺人罪の構成要件には該当しないが、正当化されるものではない。したがって、正確には、いずれの行為も、（適法行為かどうかではなく）当該犯罪の可罰的違法性（＝不法）がない行為という観点からは、大きく同一のグループに分類される」というべきである。加えて、このような構成を採る場合には、消極的構成要件要素を含む「構成要件」は故意の対象を規制するものとなるので、故意そのものは構成要件の要素ではないことを前提にせざるを得ない。しかし、論者は、たしか、故意を構成要件要素にする目的的行為論者ではなかったか。

45) フェアであるために、これにつき、誤想につき過失が認められる場合には、厳格責任説に立って故意を認めながら「故意不法」はないとして、法効果は過失犯にとどまるとする**法効果指示説**もあることを指摘しておこう。もっとも、故意があって違法でもあるのになぜ「故意不法」がないのか理解することは困難である。

る主観的要素を検討しなければならなくなるからである。

　事実、故意規制機能を維持した M.E.マイヤーは、目的のような行為を違法とする主観的要素を真正な違法要素であると述べた[47]。こうすることで、マイヤーは違法性推定機能を捨てて故意規制機能を守ったのである。

　これに対して、**故意規制機能を捨てて違法性推定機能を守ったのが**、ザウアーやメッガーの「**新構成要件論**」である。その「構成要件」は主観的違法要素を含むことで、真に「不法類型」となったのである[48]。もっとも、「客観的処罰条件」もすべて「構成要件」の要素に還元することが行き過ぎであったことは、すでに第1章で示したところである。

[7] 故意と「共犯の従属対象」

　さらに、目的的行為論の「構成要件」は、故意をも不法要素として「構成要件」に含ませる。しかし、現在の判例・通説の結論が、このような見解と調和するかどうかは疑わしい。

　すでに、誤想防衛の処理の場合に「ブーメラン現象」が何度も襲ってくることは指摘した。これに加えて、間接正犯と共犯とにまたがる錯誤の処理では、もっと恐ろしいことが起こる。たとえば、毒入りのこの牛乳を被害者に飲ませろとAに指示したのに、Aがよく聞いていなくて、単に牛乳を飲ませるのだと思って被害者に飲ませたところ、計画通り被害者が死亡したという

---

46) ここにいう違法性の推定とは、<u>違法性阻却事由のないことが推定されるという意味ではなく、違法性阻却事由がない限りその行為は違法であるということ</u>である。なお、日本では一般に構成要件該当性の違法性推定機能を否定する見解であると受け止められているベーリンクも、この意味での違法性推定機能を認めていた。彼は「構成要件的行為は原則として禁止されたものとみなされるのであり、その結果、これにあてはまる構成要件が存在する場合には、特別な事情が反対のことを明らかにしない限り、違法性もまた存在する」と述べていたのである。Vgl. *E. Beling*, Die Lehre vom Verbrechen, 1906, S.161ff. その結果、彼は、主観的違法要素を認めつつこれを構成要件から追い出すと違法性推定機能が損なわれるので、主観的要素をすべて責任要素とする見解に立った。

47) *M. E. Mayer*, Der allgemeine Teil des deutschen Strafrechts, 2. unveränderte Aufl. 1923, S. 194.

48) ゆえに、平野・総論Ⅰ95頁が、メッガーの「構成要件」をして「故意を規制する機能を持ち得る」と評するのは誤解である。なお、詳しくは、松宮孝明「構成要件の概念とその機能」『三井誠先生古稀祝賀論文集』（有斐閣、2012年）30頁以下を参照されたい。

場合を考えてみよう[49]。

この場合、通説は背後者に殺人の教唆犯を認める[50]。背後者には故意のない者を利用するという間接正犯の故意がなく、しかも、最終的に教唆によって目指した結果は生じているからである。しかし、この場合、直接行為者には、構成要件的故意も含めて、殺人罪の故意はない。それにもかかわらず教唆犯が成立するということは、教唆犯の成立には、直接行為者の現実の故意は必要ないということを意味する[51]。つまり、この通説の結論は、教唆犯には正犯の故意が必要だとする建前とは異なり、実際には正犯の故意に従属しないことを物語っているのである[52]。

前述のように、教唆犯は他人を教唆して「故意で」行われる違法な所為を実行させたときに処罰される（ドイツ刑法26条）と規定してしまったドイツでは、このような錯誤の場合には、教唆犯は成立し得ない。共犯が正犯の故意に従属するというのは、このように、共犯の成立にとって正犯の故意が必要条件であることを意味する[53]。日本の通説は、無意識に、あるいは教唆犯も不成立という選択肢があることを無視して、これを否認しているのである。

---

49) 団藤・総論429頁の説例である。

50) たとえば、団藤・総論429頁。

51) 同じことは、直接行為者に責任能力がないのにそれがあると思って窃盗を教唆し実行させた被告人に窃盗教唆の罪を認めた仙台高判昭和27・2・29判特22号106頁にも当てはまる。ここでは、「原審が被告人の右事実を窃盗の教唆と認定したのは相当である」として、教唆犯の成立が正面から認められている。このことは、この判決が、すでに、教唆犯の成立に正犯の責任能力を不要とする制限従属形式に従っていたことを意味する。しかし、問題は、この結論を、「人を教唆して犯罪を実行させた者」という教唆犯規定（61条）の文言とどのように調和させるかにある。詳細は、共犯を扱うときに述べる。

52) 詳細は、松宮・前掲注3）223頁以下を参照されたい。なお、これと逆に、間接正犯のつもりで直接行為者に事情を知らせずに利用しようとしたが、直接行為者がこれに気づきつつ故意をもって犯罪を行ったときに、背後者に教唆犯を認める場合も、教唆犯の故意に正犯の故意の認識は不要であることを認めるのであるから、正犯の故意は少なくとも故意の対象となるような構成要件要素ではないことになる。ならば、同じことは、共同正犯などの他の共犯形式でも可能となろう。なお、近年、このような事案で教唆犯を認めた裁判例として、松山地判平成24・2・9判タ1378号251頁。

53) このような結論については、ドイツのロクシンも刑事政策的に誤ったものであるとしている。この誤りの原因は、故意を構成要件に位置づけることと、その構成要件に該当する行為が共犯の必要条件となっていることにある、と。ロクシン・前掲注2）〔第3版〕212頁以下、〔第4版〕279頁以下参照。

ところで、通説によれば、共犯の成立には、少なくとも正犯の構成要件該当行為が必要である。ゆえに、この前提を変えないなら、**「構成要件」**には、**構成要件的故意に限っても、故意は含まれないことになる。**

[8] 多様な「構成要件」概念

このようにみてくると、①故意規制機能、②犯罪個別化機能、③違法性推定機能、④訴訟法的機能、⑤共犯の従属対象としての機能[54]を単一の「構成要件」概念で果たすことは無理であることがわかる。そこで、問題は、刑法の体系としては、どれを優先させるべきかということである。それは、ひとえに、刑法総則を作るときにどれを優先すればよいかという立法論的課題である。

この点では、故意を「構成要件」から除外すれば、③と⑤は、ほぼ同じ概念で果たすことができる[55]。これに対して、①は、ここからさらに主観的不法要素を除いた「錯誤用構成要件」が果たす。②は、結局のところ、違法性や責任の判断も経た一般構成要件しか果たせないであろう。したがって、体系的な概念としては、③と⑤を重視したものがよい。

これに対して④は、刑事訴訟における挙証責任の分担の問題として考えるしかない。それは、責任の中の積極的要素である故意または過失や客観的処罰条件を含む「罪となるべき事実」そのものによって果たされる。付言すれば、**司法試験などの事例問題で受験生の関心事となっている答案叙述の順序を決めるのは、この「罪となるべき事実」から「法律上犯罪の成立を妨げる理由又は刑の加重減免の理由となる事実」へという順序である。**なぜなら、これは「有罪判決を書く順序」なのだから。

---

4 │ 簡単なまとめ

本章で扱った「行為」と「構成要件」は、いずれも刑法総則をどのように作るかに関わる基本概念である。それをどのように定義しどのような機能を持たせるかによって、利便性の高い刑法典が作られるかどうかが左右される。

54）加えて、一部には、責任推定機能をいう見解もある。

55）厳密には、⑤から違法性を阻却される行為を除いたものが、共犯の従属対象である。

ゆえに、ここで出てきた保障人説や制限従属形式という考え方が、本来、立法論であったことは驚くに値しない。優れた Dogmatik は、優れた立法論でもあるのである。

第3章

因果関係と客観的帰属

1 │ 「結果」はどのような場合にどの人物の所為にされるか

　殺人罪などの結果犯[1]は、行為者の身体運動を離れた外界の変動と、それが行為者の所為にできることを必要とする[2]。これを結果の**客観的帰属**と呼ぶ。従来、結果が行為者の所為であるか否かを決する要件は因果関係（および行為者の故意・過失）と呼ばれてきた。つまり、因果関係というのは、結果を行為者に客観的に帰属するひとつの基準なのである。

　したがって、因果関係と客観的帰属は、対立する考え方ではない。対立しているのは、結果を行為者の所為にする基準を因果関係（および行為者の故意・過失）でよいとするのか（**因果主義**）、それとも、社会内で妥当している帰属基準を参照すべきであるとするのか（**規範主義**）である。

　そして、従来の学説では、因果主義のひとつである**相当因果関係説**が通説とされており、これに対する反対説として**客観的帰属論**が有力に主張されてきた。つまり、客観的帰属論とは、相当因果関係では結果をその行為者の所為にするには不十分な場合があるとするものなのである。学説の世界では、このような客観的帰属論が支持を拡大し、相当因果関係説が通説的地位を追われることを、「相当因果関係説の危機」と呼ぶ。しかし、実務の世界では、そもそも相当因果関係説が「判例」の採るところかどうかは明らかではなか

---

1) 行為者の身体運動を離れた「結果」を必要としない犯罪は挙動犯と呼ばれる。住居侵入罪などがこれに当たる。もっとも、挙動犯でも、行為者の身体が他人の住居内に入ったというような、行為者の身体運動によって生じる「結果」は必要である。

2) 未遂の場合には、「犯罪の実行に着手した」状態がその人物の所為にできることを必要とする。それ以前は、犯罪の準備＝予備である。

った。ゆえに、実務では、「相当因果関係説の危機」はそもそも語りえない[3]。

　そこで、以下では、最高裁判例を中心に、因果関係ないし客観的帰属をめぐる議論の実務的意義を明らかにして、「因果関係と客観的帰属」という問題を解説しようと思う。

2 ｜ 「相当因果関係説の危機」とは何か

[1] 相当因果関係説とは

　手始めに、相当因果関係説とは何かを明らかにしておこう。同説は、行為者の挙動[4]と生じた結果との間に「相当な因果関係」があれば、結果は行為者の所為にできるとする考え方である。ここにいう**「相当な因果関係」とは、当該挙動が結果発生の条件のひとつであったことを前提に、一般的にみてこのような挙動はこのような結果を発生させる無視できない程度の可能性を有しており（「広義の相当性」）、かつ、結果が生じるまでの具体的な因果経過は経験上（ある程度）予見可能なものである（「狭義の相当性」）**ことを意味する。この広義の相当性は「危険の創出」とも呼ばれ、狭義の相当性は「危険の実現」とも呼ばれる[5]。

　たとえば、航空機事故で伯父が死亡しその遺産が相続できることを期待して、伯父に世界旅行を勧めた甥は、たとえ期待通りに航空機事故が発生し伯父が死亡しても、その勧誘行為には人を死亡させる広義の相当性がなく、ゆえに殺人の罪責を負わない。また、被害者に切りつけた殺し屋は、被害者が

---

3) 刑法雑誌の特集「相当因果関係説の再検討」における山口厚「はじめに」刑法雑誌37巻3号（1998年）308頁は、「昭和60年代以降の判例に現れた事案の解決を巡って、『判例は必ずしも相当因果関係説を採るものではない』とか、『相当因果関係説は実際的でない』といった批判がなされ、いわゆる『相当因果関係説の危機』が囁かれるようになってきた」と述べる。これは、「判例」であった相当因果関係説がその地位を追われたという意味ではなく、一見すると同説では説明できない裁判例が現れたことによって、同説を支持してきた刑法学者の間に動揺が走ったという意味に解するなら、正しいであろう。

4) 前号で述べたように、目的的行為論以外では、何らかの意味で「結果」は「行為」に含まれていた。ゆえに、因果関係の起点となる行為者の身体運動を「行為」と表記するのは適切でない。ここでは、これを「挙動」と表記する。

5) ゆえに、「危険の実現」という言葉を使えば客観的帰属論だというのは誤解である。それはまだ、相当因果関係説の手のひらを出ていない。

第3章　因果関係と客観的帰属　039

病院に搬送された後、その病院で偶然に発生した火災によって死亡したとしても、このような因果経過は経験上予測し難いため狭義の相当性がなく、殺人既遂の罪責を負わない[6]。

　特筆すべきは、「広義の相当性」も「狭義の相当性」も、確率的な判断を内容とすることである。いずれも、その可能性が極めて小さいときには、「相当な因果関係」は否定される。他方で、いずれにもある程度の可能性があれば、「相当な因果関係」は肯定される（これが否定されても、「相当でない因果関係」はあるので、**相当因果関係説は、厳密には、因果関係の有無ではなく、その法的重要性を結果帰属の要件とするものである**ことに、注意が必要である）。その際の、キーワードは「社会生活における**経験上の予想（＝予見）可能性**」である。

　以下で検討する平成2年11月20日の最高裁決定[7]（**大阪南港事件決定**）が出るまでは、昭和42年10月24日の最高裁決定[8]（**米兵ひき逃げ事件決定**）が、「**狭義の相当性**」が認められないことを理由に衝突事故と被害者の死亡との間の因果関係を否定したものと考えられていた。なぜなら、この決定は、自動車が自転車に衝突して自転車運転者が死亡する一般的可能性ではなくて、「同乗者が進行中の自動車の屋根の上から被害者をさかさまに引きずり降ろし、アスファルト舗装道路上に転落させるというがごときことは、経験上、普通、予想しえられるところではなく、……このような場合に被告人の前記過失行為から被害者の前記死の結果の発生することが、われわれの経験則上当然予想しえられるところであるとは到底いえない。」と述べて、挙動から結果に至る具体的な因果経過が経験上予想（＝予見）不能であることを理由に因果関係を否定したからである。

---

6)　しかし、狭義の相当性のみが否定される場合には、未遂の可能性は残る。

7)　最決平成2・11・20刑集44巻8号837頁。

8)　最決昭和42・10・24刑集21巻8号1116頁。この決定の原判決は、「被告人の自動車の衝突による叙上の如き衝撃が被害者の死を招来することあるべきは経験則上当然予想し得られるところである」と述べて、被告人運転の自動車が被害者の運転する自転車に衝突するという事態の一般的危険性を理由に、因果関係を肯定した。これは、「広義の相当性」のみを理由に因果関係を認めたものと思われる。なぜなら、この当時は、「相当性」の中に広義のそれと狭義のそれとがあるという考え方は、まだ広く知られていなかったからである。ゆえに、学説においても、相当因果関係説によって因果関係を否定した本決定を支持できるかどうか、評価が分かれていた。

学説では、このような「相当性」判断の資料（「判断基底」）に行為当時存在したすべての事情が含まれるのか、それとも、行為者が認識しておらず一般的にも認識不可能な事情は除かれるのかをめぐって、同説の中で、「**客観説**」と「**折衷説**」が争っていた。しかし、実務では、その後に、行為時に認識不可能な特殊事情（被害者の隠れた疾病）が存在した場合でも因果関係を肯定する昭和46年6月17日の最高裁判決[9]などが現れたことにより、**判例は「客観説」の方向に収斂するように思われた。**

[2] 大阪南港事件決定とその調査官解説

　しかし、この認識は、大阪南港事件決定の登場により、動揺した。なぜなら、本決定は、被告人の暴行の後に気を失っていた被害者が何者かによって殴打され、その後、死体で発見された事案につき、「犯人の暴行により被害者の死因となった傷害が形成された場合には、仮にその後第三者により加えられた暴行によって死期が早められたとしても、犯人の暴行と被害者の死亡との間の因果関係を肯定することができ」ると述べたからである[10]。

　この場合、被害者を殴打した第三者に殺人ないし暴行の故意があり、彼の殴打によって被害者がより早く死亡したのであれば、生じた結果の発生には第三者の異常な挙動が介入したことになる。米兵ひき逃げ事件決定の考え方からすれば、このような挙動の介入は「われわれの経験則上当然予想しえられるところであるとは到底いえない」もののはずである。というのも、これがもし「われわれの経験則上当然予想しえられるところ」であるとするなら、泥酔して路上で意識を失う者は、何者かによって殴打される覚悟をしておか

---

9) 最判昭和46・6・17刑集25巻4号567頁（強盗致死）。類似の事案に関するものとして、最決昭和49・7・5刑集28巻5号194頁（傷害致死）。

10) 実は、大阪南港事件決定の前に、最決昭和63・5・11刑集42巻5号807頁（柔道整復師事件）が、被害者に誤った療養指示をするという「被告人の行為は、それ自体が被害者の病状を悪化させ、ひいては死亡の結果をも引き起こしかねない危険性を有していた」と判示したことについて、その調査官解説が、「被告人の行為の危険性がそのまま現実化した場合であることを判示する趣旨」（永井敏雄『最高裁判所判例解説刑事篇昭和63年度』〔1991年〕275頁）であると述べていた。そこには、病状が悪化してもなお、誤った療養指示に従うという被害者側の落度が見受けられるが、それは被告人の強い心理的呪縛によるものであるとの判断があったようである。しかし、それなら、相当因果関係説でも因果関係は認められる。ゆえに、この「危険の現実化」は、まだ同説の手のひらの上にある。

第3章　因果関係と客観的帰属　041

なければならないということになるからである[11]。ゆえに、このような因果経過には「狭義の相当性」はなく、よって被告人は致死の罪責を負わないことになる。

しかし、大阪南港事件決定は、「犯人の暴行により被害者の死因となった傷害が形成された場合には」という条件の下で、因果関係を認めた[12]。このような結論は、第三者の行為が現に被害者の死亡時期を早めたのであれば、因果経過の予見可能性を常に要求する相当因果関係説では説明できない。そこで、本件の最高裁調査官解説は、相当因果関係説について、「予見可能性を相当性の唯一の判断基準とすることについては、少なくとも道具概念としての有用性という点からみて、問題が残されている」と評し、「結果に対する具体的な寄与の程度の探究に主眼を置くアプローチが現れるようになって」いるとしたのである[13]。そして、刑法学界の一部では、この指摘は、相当因果関係説に代えて客観的帰属論の採用を示唆したものと受け止められた[14]。また、この「結果に対する寄与度」という観点は、その後の最高裁判例[15]にも引き継がれたと考えられている。

しかし、ちょっと待ってほしい。ここにいう「結果に対する寄与度」が、行為の危険が結果に現実化した程度を問うものであれば、**それは従来の相当**

---

11) 筆者の友人には、夜間に何度か泥酔して路上で意識を失った人がいるが、幸い、救急車を呼ばれたことはあっても殴打された経験はないそうである。

12) 本件では、第三者が殴打した時点で、すでに死因となった内因性の橋脳出血が発生していた。ゆえに、この判示は、たとえば被告人が被害者に毒を盛った後、苦しんでいる被害者を第三者が射殺したというような、最初の行為の後に第三者の行為によって別の死因が形成された事案には及ばない。

13) 大谷直人『最高裁判所判例解説刑事篇平成2年度』(1992年) 242頁。そこでは、「結果に対する具体的な寄与の程度の探究に主眼を置くアプローチ」として、林陽一、前田雅英、山中敬一の各教授の論稿が引用されている。

14) とりわけ、特集「相当因果関係説の再検討」における山中敬一「客観的帰属論の立場から」刑法雑誌37巻3号 (1998年) 325頁。

15) 最決平成4・12・17刑集46巻9号683頁 (夜間潜水指導事故事件)、最決平成15・7・16刑集57巻7号950頁 (高速道路進入事故死事件)、最決平成16・2・17刑集58巻2号169頁 (治療中の被害者が医師の指示に従わなかった事件)、最決平成16・10・19刑集58巻7号645頁 (高速道路停車事件)、最決平成18・3・27刑集60巻3号382頁 (自動車トランク内監禁事件)、最決平成22・10・26刑集64巻7号1019頁 (管制官の言い間違いによるニアミス事件) 等。この中には、因果関係を否定したものはない。

因果関係説でも考慮できるものである。それは、介在事情が結果に与えた変更がほとんどないことを理由に、現に生じた結果も相当性の枠内とするものである[16]。したがって、この程度のことで学説において「相当因果関係説の危機」が訪れるとは思われない。

次に、大阪南港事件では、第三者の暴行が被害者の死期を早めたとする認定事実はなく、最高裁も「仮に」と述べての判断を示しているだけである。現に、この事件の第1審判決は「角材殴打時には被害者が全くの意識消失状態であったことからすると、右殴打によって惹起された恐怖心等のストレスが血圧上昇性に作用して前記出血の拡大に影響を及ぼしたというようなことはありえないものと思われ、また外力自体が外因的刺激となって右出血に与えた影響も明らかでないといわざるをえない。」と述べ、「右角材殴打行為が前記出血の拡大に影響を与えたことを認めるに足りる証拠はない。」と断言している[17]。したがって、「その後第三者により加えられた暴行によって死期が早められたとしても、犯人の暴行と被害者の死亡との間の因果関係を肯定することができ」るという判示部分は傍論にすぎない[18]。このような傍論

16）とりわけ、特集「相当因果関係説の再検討」における曽根武彦「相当因果関係説の立場から」刑法雑誌37巻3号（1998年）349頁。

17）大阪地判昭和60・6・19刑集44巻8号847頁。ここにいう「影響も明らかでない」という評価は、影響があったかもしれないという合理的な疑いを容れる余地があるとする趣旨ではないと思われる。控訴審判決（大阪高判昭和63・9・6刑集44巻8号864頁）も、この認定に事実誤認はないとしている。

18）これを指摘するものとして、松宮孝明『刑法判例百選I〔第5版〕』（2003年）28頁。これらの認定事実に対し、大谷・前掲注13）238頁は、「本件の第二暴行と被害者の死亡との因果関係はないという判示については、なお検討の余地がある」とするが、なぜそう考えるのか根拠を示していない。加えて、本件の被害者の死因となった橋脳出血は外力の直接の作用によるもの（「外因性」）ではなく「内因性」のものであって、殴打されたことにより被害者が興奮して血圧が上昇したことで、高血圧症で出血しやすくなっていた部位から出血したかまたはすでに出血していた部位からの出血量が増えたものと認められているのであるから、気を失っているときに行われた第三者による殴打では出血量は増えない。さらに、被告人による最初の殴打もプラスティックの洗面器と革ベルトによるものであって、鑑定人も「医学的な見地からみた被告人の行為による影響力（寄与度）が圧倒的に強固」（大谷・前掲注13）240頁）とは述べていない。つまり、**認定事実を離れた調査官解説には問題があるのである**。他方で、本決定は、被害者に隠れた病変があった事例に属するものであるから、**本決定の結論を相当因果関係の「折衷説」では説明できないことも明らかである**。

第3章　因果関係と客観的帰属　043

によって、学説において「相当因果関係説の危機」が訪れるべきではなかろう。

3 │ 客観的帰属論は相当因果関係説をどのように批判したか

[1] 大阪南港事件と客観的帰属論

　加えて、そもそも客観的帰属論は、相当因果関係説では因果関係が否定される事案について、結果帰属を肯定するものではない。これを知るには、1997年の刑法学会大会で行われた、ドイツのベルント・シューネマンの講演[19]を読めばよい。そこで彼は、①どこにでもある危険（遍在的な危険）が実現した場合、②規範の保護目的、③中立的行為などの類型に当たる事例を挙げて、相当因果関係が認められる場合でも客観的帰属が否定されることを明らかにしている。

　ところで、時間の制約のゆえに省略された講演原稿では、彼は、大阪南港事件において第三者の段打が被害者の死期を早めたという誤解を前提に、この場合、第三者が被害者を段打することが被告人に予見可能であったならこれについても罪責を負わなければならないが、予見の手掛かりがないのであれば第三者の行動については罪責を負わず、ゆえに傷害罪にとどまると述べていた[20]。その理由として彼は、今日の文明化された社会では、身体攻撃は日常生活に属するものでなく、ゆえに、第三者の合法的な態度が信頼できないという具体的な事情がない限り、人は他人が第三者からの攻撃に対して無防備にならないように配慮する注意義務を負わないことを挙げている。

　つまり、客観的帰属論によっても、本件において被告人が第三者の段打によって促進された結果について罪責を負うのは、そのような介入が具体的に

---

19) ベルント・シューネマン（斉藤誠二訳）「客観的な帰属をめぐって」刑法雑誌37巻3号（1998年）285頁。

20) 原文は、以下のものである。ドイツ語のできる人は、自分で確かめてほしい。Wenn also im Osaka Südhafenfall für den Vortäter bereits erkennbar gewesen wäre, daß dem Opfer von anderen Feinden aufgelauert wird, müßte sich der Vortäter auch den Angriff dieser Feinde als eine mit seiner Tat im Schutzzweckzusammenhang stehende Folge zurechnen lassen. Wenn dafür keine Anhaltspunkte bestanden, ist ihm das Verhalten des Nachtäters dagegen nicht zuzurechnen, und er ist nur wegen gefährlicher Körperverletzung strafbar.

予見可能な場合に限られるとするのである。

　反対に、客観的帰属論の泰斗クラウス・ロクシンは、傷害致死罪という結論を肯定するが、それは、第三者の殴打はそれ自体では被害者を死亡させたものでなく、被告人の傷害行為による被害者の死亡がわずかに促進されたにすぎない限りでのことである[21]。これは、第三者の因果経過への介入を実質的になかったとするものであろう。そうであれば、相当因果関係も否定されない。

　ゆえに、客観的帰属論をして、相当因果関係が否定される事案でも結果が帰属できる考え方だと解してはならない。

[2] 相当因果関係があっても客観的帰属が否定される場合

　では、客観的帰属論はどのような場合に、相当因果関係のある結果の帰属を否定するのであろうか。ここでは、シューネマンの挙げる具体例に若干の補足をしつつ、それを紹介しよう。

　まず、耐性菌への院内感染の事例が挙げられる。そこでは、「交通事故の被害者が病院に収容され、そこで、（すべての抗生物質に耐性のある）バクテリアに感染し、死んでしまった」という設例において、このようなことは、今の社会生活の実際からいえば相当なことであるが、耐性菌の院内感染のリスクは、今では「社会的に相当」であるがゆえに、交通事故の加害者に院内感染の危険まで帰属させることは刑事政策的にみて意味のあることではないとされる。よって、相当因果関係説は、たしかに経験上は予見可能であるが、「社会的に相当な因果の流れを取り除くものでは」ないというのである[22]。続いて、近親者が事故によって重傷を負ったことを聞いてショックを受けた人物が死亡したという、経験上あり得ないわけではない後続損害の事例群が挙げられ、この場合にも、最初の事故と後続損害との間の相当因果関係は否定できないが客観的帰属は否定されるべきことが示される[23]。これらは、**行為自体の危険が結果に実現したのではない**とされるものである[24]。

　21）ロクシン「第三者の事後の有責な行為があった場合の相当性と客観的な帰属」（*Claus Roxin, Adäquanz und objektive Zurechnung beim nachträglichen Fehlverhalten Dritter*）『刑事法学の現実と展開―齊藤誠二先生古稀記念―』（信山社、2003年）796頁参照。

　22）以上、シューネマン・前掲注19）294頁参照。

第3章　因果関係と客観的帰属　045

次に彼は、エイズウイルスの感染者と知りつつ、その人物と性交した人物の事例や、物を運び出すために放火された家屋に再度戻って死亡した人物の事例を挙げている。これは、被害者が意識的に自己を危険な状態に晒す**「被害者の自己答責性」**と呼ばれる事例群に属する。このような自己答責的な結果についても、相当因果関係は必ずしも否定されないが、性交の相手方や放火者はこれについて罪責を負わないとされるのである[25]。

　最後に彼は、売春宿への納品のケースを挙げ、米を納品した場合と酒を納品した場合とを比較している。これは、**「中立的行為による幇助」**と呼ばれる問題を扱ったものである。というのも、ドイツには管理売春の幇助に関して、売春宿へのパンの定期的納入なら、パンは誰でも食べるのだから幇助にならないが、被告人が行ったような客に提供するワインの定期的納入は幇助に当たるとした1906年の帝国裁判所の判例（RGSt 39, 44）があったからである。当時は、ワインは高級品であったので、売春宿での接客用にこれを納品することには、管理売春を促進する特別な意味が認められたのである[26]。反対に、米やパンのような生活必需品は、事実としてそれがなければ売春宿の経営は不可能であるが、誰でも必要とするものであるがゆえに犯罪にとっては中立的で共犯にはならないのである[27]。

---

23) シューネマン・前掲注19) 295頁参照。ゆえに彼は、「相当因果関係説は刑法における結果の帰属にとって必要な条件をしめすものではあるが十分な条件をしめすものではない」（前掲注19) 297頁）とする。

24) もっとも、**行為自体の危険とは何か**という問題は残る。たとえば、同じく被害者を失神させるだけの殴打であっても、屋内での場合と夜間車道上での場合とでは、被害者を死亡させる危険の程度は全く異なる。前者では死亡の危険はないのに対し、後者では、夜間に車道上をやってくる自動車の運転者が、失神している被害者に気づかずひき殺してしまう可能性が十分にあるからである。この場合には、経験上段打後に予想される事態が、行為自体の危険の中に取り込まれる。

25) シューネマン・前掲注19) 302頁以下参照。実際、エイズ感染者の性交に関して、ドイツでは危険傷害罪の罪責を否定した裁判例がある。以下で述べるように、日本でも、被害者による危険の引受けというタイトルで、この問題が議論されている。

26) シューネマンは、これを日本での講演のために米と酒に代えたのだが、RGSt 39, 44を知らないと、その洒落はわかりにくいかもしれない。

27) 日本では、一部に、「実行行為」という概念で合理的な限定ができるから客観的帰属論は不要であるとする見解がある。しかし、それは、「実行行為」がなくても共犯は成立し得ることを見過ごしたものである。

このような**行為自体の危険の実現、被害者の自己答責性、中立的な行為**という観点による結果帰属の限定は、いずれも、相当因果関係説では果たし得ないものである。ここに、客観的帰属論の固有の存在意義が認められる。そして、以下で示すように、日本の実務においても、これらの観点を考慮したものは認められるのである。

4 | 日本の判例における「客観的帰属論」

[1] 行為自体の危険の実現を求めたもの

たとえば、**三菱自工車輪脱落事件**最高裁決定[28]は、過失不作為犯の事案について、傍論ながら、「被告人両名に課される注意義務は、……あくまで強度不足に起因するＤハブ[29]の輪切り破損事故が更に発生することを防止すべき業務上の注意義務である。Ｄハブに強度不足があったとはいえ、本件瀬谷事故がＤハブの強度不足に起因するとは認められないというのであれば、本件瀬谷事故は、被告人両名の上記義務違反に基づく危険が現実化したものとはいえないから、被告人両名の上記義務違反と本件瀬谷事故との間の因果関係を認めることはできない。」と述べている。ここでは、現実化の阻止が求められている「Ｄハブの強度不足に起因する」事故でなければ、これを被告人らの注意義務違反に帰属することはできないとする判断が示されている。

[2] 被害者の自己答責性ないし被害者の「管轄」

次に、**ダートトライアル事件**千葉地裁判決[30]は、上級者が初心者の運転を

---

28) 最決平成24・2・8刑集66巻4号200頁。本件では、「被告人両名が上記注意義務を尽くすことによってＤハブにつきリコールを実施するなどの改善措置が講じられ、Ｆハブが装備されるなどしていれば、本件瀬谷事故車両につき、ハブの輪切り破損事故それ自体を防ぐことができたか、あるいは、輪切り破損事故が起こったとしても、その時期は本件瀬谷事故とは異なるものになったといえ、結果回避可能性自体は肯定し得る」ので、実現した危険が別のものであっても、「作為をしていれば結果はなかった」という仮定的因果関係は十分に認められる。

29) ハブとは、車輪を車軸に固定する部品である。三菱自工では、強度に不足が認められた従来のＡ、Ｂ、Ｃのハブを改良してＤハブを作ったが、それでもハブが破損する事故が相次いでいた。

30) 千葉地判平成7・12・13判時1565号144頁。

第3章　因果関係と客観的帰属　047

指導する等の場合には、「同乗者の側で、ダートトライアル走行の前記危険性についての知識を有しており、技術の向上を目指す運転者が自己の技術の限界に近い、あるいはこれをある程度上回る運転を試みて、暴走、転倒等の一定の危険を冒すことを予見していることもある。また、そのような同乗者には、運転者への助言を通じて一定限度でその危険を制御する機会もある。」と述べ、「このような認識、予見等の事情の下で同乗していた者については、運転者が右予見の範囲内にある運転方法をとることを容認した上……、それに伴う危険（ダートトライアル走行では死亡の危険も含む）を自己の危険として引受けたとみることができ、右危険が現実化した事態については違法性の阻却を認める根拠がある。」等と述べて、被害者による**危険の引受け**を理由に事故を起こした被告人の過失を否定した。

もっとも、この判決では、同乗者の死亡をもたらすような注意義務違反は、明確には認定されないまま、「被害者を同乗させた本件走行は、社会的相当性を欠くものではない」とも述べられている。注記しておくが**社会的相当性**は、過失犯においては注意義務違反自体を否定するものであり、提唱者のハンス・ヴェルツェルによれば犯罪の構成要件該当性を否定するものである[31]。むしろ、本件無罪の理由は、転倒しても死亡事故を起こすものではないダートトライアルでの事故について、同乗者の死亡が異常な事態であったがゆえに、そもそも被告人にどのような注意義務違反があったのか自体が確定できなかったことにある。

しかし、いずれにせよ、本判決を契機として、日本でも、結果防止が被害者側の「責任[32]」ないし「管轄」に属する場合があることが意識され始めたことは注目に値する[33]。最近では、詐欺罪において**被害者側が特殊な取引条**

---

31) 変遷はあったが、最終的には社会的相当行為は構成要件に該当しないとする見解に落ち着いた。「社会的相当性と違法性阻却事由とは、たしかに、後者も行為の『自由』を与えるものではあるが、それ（違法性阻却事由のこと）は特別な類の、すなわち、構成要件に該当する、言い換えれば、社会的に不相当な行為の実行を許容する特別の許可を与えるものである点で区別される。」*Hans Welzel*, Das deutsche Strafrecht : eine systematische Darstellung, 11. Aufl., 1969, S. 57. つまり、構成要件に該当するのは社会的に不相当な行為だけなのである。

32) ここにいう「責任」とは、民事や刑事の法効果を伴う責任ではなく、「守備範囲」と呼んだほうが適切なものである。ゆえに、以下では「管轄」と表記する。

件を重視する場合には、その個別的な明示ないし周知徹底を求める裁判例が目に付く。

　たとえば、平成19年３月１日の札幌地裁判決[34]は、暴力団構成員には入居を認めないという条項が印刷されている賃貸物件の入居契約について、被告人（暴力団構成員）の妻が契約書に署名したことをして詐欺罪が成立するか否かが争われた事案に関し、以下のように述べて、「挙動による欺罔」を手段とする詐欺罪の成立を否定した。

　「本件入居申込書を通じた被告人の入居申込みは、暴力団構成員ではない旨の告知を当然に含んでいるものではなく、これをもって挙動による欺罔行為とみることはできない……。上記条項が印刷されている賃貸借契約書に署名することが、暴力団構成員ではないという欺罔行為であるとみることも考えられるが、上記条項の広範さに伴う問題は残るし、賃貸人側から契約書の上記条項を具体的に説明されて、分かりましたと答えた場合であればともかく、単に署名しただけでそうした挙動があったと認めるには躊躇を感じる……。」

　本判決の趣旨は、以下の点にある。すなわち、賃貸物件への入居申込みは、一般に、暴力団構成員ではない旨の告知を当然に含んでいるものではないので、それだけでは「挙動による欺罔」に当たらず、かつ、契約条項の広範さゆえに、当該条項のみでは暴力団構成員であることが賃貸を拒絶する「営業上重要な事実」であると確信することもできない。ゆえに、この場合「問い合わせ管轄」は賃貸人の側にあるので、賃貸人側から契約書の上記条項を具体的に説明されて、分かりましたと答えた場合でないなら、契約書に署名しただけでは「挙動による欺罔」に当たらないということである。

　類似の判断は、「暴力団関係者であるビジター利用客が、暴力団関係者であることを申告せずに、一般の利用客と同様に、氏名を含む所定事項を偽り

---

33) もっとも、すでに坂東三津五郎フグ中毒死事件（最決昭和55・４・18刑集34巻３号149頁）では、提供が禁止されているフグの肝を被害者が積極的に求めたという事情をして、量刑上被告人に有利に考慮していることは、もっと注目されてよいであろう（禁錮４月執行猶予２年：大阪高判昭和54・３・23刑月11巻３号109頁）。

34) 札幌地判平成19・３・１ LEX/DB28135165。

なく記入した『ビジター受付表』等をフロント係の従業員に提出して施設利用を申し込む行為自体は、申込者が当該ゴルフ場の施設を通常の方法で利用し、利用後に所定の料金を支払う旨の意思を表すものではあるが、それ以上に申込者が当然に暴力団関係者でないことまで表しているとは認められない。」と述べて、詐欺罪にいう人を欺く行為を否定した平成26年3月28日の最高裁判決[35]にも当てはまる。これもまた、特殊な契約条件の周知徹底の「管轄」は被害者の側にあるとする趣旨のものである[36]。

[3] 中立的行為による共犯の否定

この領域では、驚くべきかつ誇るべきことに、すでに平成6年3月15日の熊本地裁判決[37]において、**中立的行為による共犯否定**の考え方が示されていた。そこでは、消費税の一種である軽油引取税の売り主による不納付事件について、必要的共犯類似の考え方に依拠しながら、不納付の事実を知りながら安値で軽油を継続的に購入していた被告人に対し、次のような一般論の下で共同正犯も従犯も否定して無罪が言い渡されている。

「買主が単なる取引当事者にとどまり、それ以上に売主たる特別徴収義務者と共同し一体となって元売りからの仕入れや虚偽の納税申告など一連の脱税犯行計画の実現に関与しているのでない限りは、たとえ買主において売主の脱税の意思を推知していたとしても、売主と共同正犯の関係には立たないと解するべきである。」

「被告人は、軽油販売の相手方となることによって、Aらの犯行を実現せしめる役割を果たしたわけではあるが、それはあくまで、被告人が自己の利益を追及〔ママ〕する目的のもとに取引活動をしたことの結果に過ぎないと

---

35) 最判平成26・3・28刑集68巻3号582頁。同旨、最判平成26・3・28集刑313号329頁。

36) もちろん、これは主として被害者側がプロである場合に妥当するものであろう。しかし、思いもかけぬことで詐欺と言われないためには、プロでない被害者についても、一般化の必要はある。その場合には、他方で、特別法による「告知義務」等の明示といった被害者保護措置が求められるであろう。なお、一部には、このような被害者の「守備範囲」ないし「管轄」の設定をして、被害者の責任を問うものであるかのような誤解がある。しかし、「国民栄誉賞」を受けた植村直己氏のような生命の危険を賭す冒険家の支援をする人物をして、冒険を止めずに促進したことを理由に責任を問い、ひいては冒険の自由を奪うことは「過保護社会」の刑法であろう。

37) 熊本地判平成6・3・15判時1514号169頁。

みるべきである。」

「Aらの犯行は被告人ら軽油の買主と必要的共犯類似の関係に立つと解されるところ、必要的共犯において相手方の処罰規定を欠く場合には、共同正犯としてのみならず、原則として教唆犯及び幇助犯としても処罰すべきでないと解されていることにも注目されねばならない。ここに『原則として』というのは、例えば犯行に消極的だった者に執拗に働きかけて犯行の決意をさせるなど、通常以上の強い教唆行為をした場合などを言うものと解されるが、被告人のAらに対する関係がこのようなものでなかったことは明らかである。かような点からも、被告人を幇助犯として処罰することは許されないと言わなければならない。」

もちろん、軽油引取税不納付罪には、不納付の前提として誰かが軽油を買ったり引き取ったりするといった行為は必要であるが、不納付という犯罪自体は**必要的共犯（片面的対向犯）**ではない。むしろ、片面的対向犯における対向行為の不処罰自体が、中立的行為の一種であることを理由とする場合もあるように思われる。ゆえに、この判決は、必要的共犯論の中に埋もれていた中立的行為を発見したものと位置付けてもよいであろう。

続いて、背任罪の相手方が少々の無理を求めたために背任行為が行われたという事案に関して、平成17年10月28日の名古屋高裁判決[38]は、信用保証「協会と『対向関係』にあるX銀行の頭取であって、協会の『事務処理者』の立場にはない被告人が、本件代位弁済に関して、協会役員らに対し、X銀行に有利な取扱いを要請し、働き掛けた場合、その要請・働き掛けが著しく相当性を欠き、協会役員らに背任行為を強いる危険が高いなど、経済取引上の交渉事として社会的に容認される限度を超えない限り、協会の『事務処理者』である協会役員らが協会に対する背任罪の刑事責任を問われる場合であっても、被告人に対しては、背任罪の共謀共同正犯の責任を問うことはできないというべきである。」と述べて無罪を言い渡した。ここでは、因果関係と未必的な背任の予見があったとしても、「経済取引上の交渉事として社会的に容認される限度を超えない限り」背任罪の共犯にならないとされていることが注目される[39]。

最後に、**Winny事件**最高裁決定[40]を挙げておこう。ここでは、著作権侵害

38）名古屋高判平成17・10・28高刑速（平17）号285頁（**北国銀行事件**差戻審判決）。

第3章　因果関係と客観的帰属　051

に用いられる確率が40パーセント程度あるというソフトを開発して、それと知りつつインターネット上に流した被告人に、著作権法違反の従犯の成立が否定された。そこでは、次のように述べられている。

「かかるソフトの開発行為に対する過度の萎縮効果を生じさせないためにも、単に他人の著作権侵害に利用される一般的可能性があり、それを提供者において認識、認容しつつ当該ソフトの公開、提供をし、それを用いて著作権侵害が行われたというだけで、直ちに著作権侵害の幇助行為に当たると解すべきではない。かかるソフトの提供行為について、幇助犯が成立するためには、一般的可能性を超える具体的な侵害利用状況が必要であり、また、そのことを提供者においても認識、認容していることを要するというべきである。」

ここでは、幇助の故意の否定が重要なのではない。その前提として、「かかるソフトの提供行為について、幇助犯が成立するためには、一般的可能性を超える具体的な侵害利用状況が必要」とされていることが重要なのである。そうであるからこそ、この一般論によって本決定は、幇助成立の客観的なハードルを上げ、それに伴って、その認識を要件とする幇助の故意のハードルも上げたのである。ゆえに、本決定は、一方において、「被告人による本件Winny の公開、提供行為は、客観的に見て、例外的とはいえない範囲の者がそれを著作権侵害に利用する蓋然性が高い状況の下での公開、提供行為であったことは否定できない。」としつつ、他方において、「いまだ、被告人において、Winny を著作権侵害のために利用する者が例外的とはいえない範囲の者にまで広がっており、本件 Winny を公開、提供した場合に、例外的とはいえない範囲の者がそれを著作権侵害に利用する蓋然性が高いことを認識、認容していたとまで認めるに足りる証拠はない。」として、幇助の故意を否定することができたのである[41]。

---

39) 本判決では共同正犯しか検討されていないが、無罪で確定したことからみて、従犯の成立も否定する趣旨であろう。なお、差戻判決である最判平成16・9・10刑集58巻6号524頁は、背任罪の「任務違背」について、明示してはいないが、実質的に「経営判断の原則」を適用したものとしても注目に値する。

40) 最決平成23・12・19刑集65巻9号1380頁。

5 さらなる展開

　ここに至って、日本でも、相当因果関係説に対する客観的帰属論の勝利は明らかになったように思われる。今後は、客観的帰属論は当然の前提として、それがどのような基本思想に基づいているのか、どのような場合に具体化できるのかをめぐる議論が求められよう[42]。つまりは、客観的帰属論に対する真の理解が求められるのである。

---

41) 「幇助の故意が犯罪の成否を決する」（西田・総論〔第2版〕343頁）とする見解もある。しかし、本決定の論理が、まず、「中立的行為」であることによって幇助の客観的要件のハードルを上げたうえで、それを対象とする故意を否定したことからみて、主観的要件のみで共犯の成否を決することはできないであろう。西田・総論370頁は、「幇助行為の客観面として具体的危険性を要求する以上、幇助犯の故意の内容としても、これに対応して、具体的危険性を基礎付ける事実の認識・認容が要求される」と述べて、この理を認めるに至った。大事なのは、その行為が「犯罪促進的」か否かに関する一般的・社会的な評価なのである。

42) この点で気になるのは、刑法96条の2以下の強化された強制執行妨害関係の罪と弁護士等の経営者への助言との関係である。弁護士による会社再建策に関する助言が、改正前の強制執行妨害罪の幇助とされた事案があるからである（最決平成23・12・6判時2154号138頁）。さらに、配偶者等のいる外国人の不法滞在については、法務省は在留特別許可の申請を勧めており（法務省入国管理局の「在留特別許可に係るガイドライン」（平成18年10月、平成21年7月改定 http://www.moj.go.jp/content/000007321.pdf　2019年1月16日参照）、配偶者らが不法滞在の共犯になるとは考えていないことも、中立的行為の一例と考えられる。しかし、これに関し、東京地判平成30・10・19（公刊物未登載）は、不法残留（ロングステイ）状態に至った者と同居するなどしていた内縁の妻に対し、不法残留罪（出入国管理及び難民認定法70条1項5号）の幇助を認めてしまった。これは、法務省入国管理局の「在留特別許可に係るガイドライン」が「夫婦として相当期間共同生活をし、相互に協力して扶助していること」や「婚姻が安定かつ成熟していること」を、許可を考慮する積極要素に挙げていることや、下級審のいくつかの裁判例（名古屋高判平成28・3・2 LEX/DB25447984など）が、このガイドラインを超えて、法律婚ばかりでなく内縁などの事実婚の場合にも、退去強制令書発付処分を違法とする判断を下していることを考慮すれば、問題のある判決である。これについての詳細は、第12章7 **[3]** を参照されたい（その後、この判決は東京高判令和1・7・12（平成30年（う）第2076号）によって破棄され、被告人は無罪となった）。

第3章　因果関係と客観的帰属　053

第4章

違法性

1 | 違法性という段階でなすべきこと

[1] 構成要件該当行為が前提

「構成要件」に続く「違法性」という段階では、普通、ある行為が違法であることを積極的に論証するのではなく、むしろ「構成要件」に該当した行為にその違法性を阻却する理由（**違法性阻却事由**）があるか否かだけが検討される。違法性阻却事由が認められる場合に限って、その行為は違法でないとされるのである。それも、**裁判所は、違法性阻却事由があるとする被告人側の主張**（と一応の証拠の提出）**があって初めて判断するのであり**[1]、それがなければ検討の必要はない。

裏返せば、「違法性」は、ある行為が刑罰法規の「構成要件」に該当する場合に、初めて検討されるものである。たとえば、「不倫」（＝不貞行為）は、——民法の不法行為にはなるが——それ自体は犯罪ではないので、どのような刑罰法規の「構成要件」にも該当しない。ゆえに、刑法学では、不倫の「違法性」を正面から論じることはない[2]。

[2] 違法性なき法益侵害

ところで、ある行為が刑罰法規の「構成要件」に該当するということは、

---

1) 「法律上犯罪の成立を妨げる理由……となる事実が主張されたときは、これに対する判断を示さなければならない。」（刑訴法335条2項）
2) しかし、後で述べるように、他の違法性阻却事由を検討する際に、裏口から——ときにはこっそりと——持ち込まれることはある。

054

その行為は当該刑罰法規が前提とする保護法益を侵害することもあるということである。たとえば、大雨で裏山が崩れてきたため、命からがらお隣の庭（「邸宅」？）に避難したご家族は、無断で他人の庭に入ったことによって住居等侵入罪の保護法益[3]を侵害したことになるが、「自己又は他人の生命、身体、自由又は財産に対する現在の危難を避けるため、やむを得ずにした行為」（37条1項本文）、つまり緊急避難として、その違法性を阻却されるであろう。ところで、この行為は違法でないのだから、これによって、違法性とは法益侵害そのものではないことが明らかとなる。つまり、**「違法性」の段階では、法益侵害があったとしても行為を正当化するものが論じられるのである**。

　このように何らかの「構成要件」に該当する――法益を侵害するものを含む――行為の違法性を阻却する原理を**違法性阻却の一般原理**と呼ぶ。たいていの刑法総論の教科書では、ここでこの一般原理の説明が続くので、そのせいか、受験生もまた、答案で、「違法性の本質は……」といった記述から始める。しかし、**刑法典に明文のある阻却事由については、一般原理から書く必要はない**。それが必要になるのは、**超法規的違法性阻却事由**の有無を判断するときである。

2 ｜ 構成要件と違法性の関係

[1] 規範的構成要件要素と違法性

　先決問題として、ある要素が「構成要件」と「違法性」のどちらの段階に属するものかを先に考えておこう。そのほうが、起案や答案には有益である。

　たとえば、「正当な理由がないのに、人の住居若しくは人の看守する邸宅、建造物若しくは艦船に侵入」（130条）したという住居等侵入罪では、「正当な理由がない」は構成要件の要素であろうか。この点については、学説は、これを規範的構成要件要素と解するものと、住居等侵入罪では違法性阻却事由がある場合が多いので、その検討を忘れないようにとする注意的な規定にすぎないとするものとが対立している。この点は、先に述べた刑事裁判にお

　3）　それは「住居権」なのか「住居の平穏」なのか、はたまた「管理権」なのかに争いはあるが、この場合には、どれであっても侵害されていることに間違いはない。

第4章　**違法性**　055

ける被告人側の主張責任の有無に関わる。つまり、「正当な理由がない」が
構成要件の要素であれば、検察官は最初からそれを主張し立証しなければ、
裁判所は有罪判決を出せないということである[4]。

これについては、東京地判平成18・8・28[5]が、「被告人の立入り行為につ
き正当な理由がないとまではいえないことから、住居侵入罪の構成要件に該
当」しないと明言したことが注目される[6]。ということは、「正当な理由がな
い」は、実務において、刑法130条の規範的構成要件要素だと解されている
ということである。

しかし、これを一般化して、先の山崩れのため隣の庭に緊急避難した家族
の事例を、刑法37条1項本文の緊急避難ではなく、すでに刑法130条にいう
「正当な理由」があるので無罪なのだとして（あるいは答案に書いて）よいの
であろうか。また、暴行罪（208条）にいう「暴行」は一般に「不法な有形
力の行使」と定義されているから、正当防衛に当たる殴打は、すでに刑法
208条にいう「暴行」ではないとしてよいのであろうか。

これも奇妙な結論だというのであれば、ここにいう「正当な理由がない」
や「不法な」は、緊急ないし例外的な事態ではない場合の、社会におけるあ
りふれた、通常の出来事を罪責から排除するものと考えたほうがよいであろ
う。これは、次の「社会的相当性」という言葉に関係するものである。

[2] 「社会的相当性」と違法性

「社会的相当性」（Sozialadäquanz）という言葉は、日本の下級審判例にお
いては、正当業務行為（35条）の一種として、違法性阻却事由と解されてい
るようである。近年でも、福岡高判平成22・9・16[7]は、「正当業務行為性の

---

4) ここでは、構成要件の違法性推定機能と訴訟法的機能が重要である。訴訟法的機能は——
　客観的処罰条件や故意・過失も必要なので——構成要件のみで果たすものではないが、し
　かし構成要件は、少なくとも「罪となるべき事実」（刑訴法335条1項）の一部ではある。
5) 東京地判平成18・8・28刑集63巻9号1846頁。
6) その無罪という結論は覆されたが、「正当な理由なく」を構成要件要素とする点について
　は上訴審（控訴審：東京高判平成19・12・10東高（刑）時報58巻1〜12号119頁、上告
　審：最判平成21・11・30刑集63巻9号1765頁）も否定していない。
7) 福岡高判平成22・9・16高刑速（平22）号236頁。そのほか、第3章で触れた「ダートト
　ライアル事件」に関する千葉地判平成7・12・13判時1565号144頁も、そうである。

判断枠組みとしては、一般に、行為の目的だけでなく、手段・方法の相当性を含む行為の態様も考慮しつつ、全体的な見地から、当該行為の<u>社会的相当性</u>を決定すべきと解されるところ、これを本件のような看護師が患者の爪を切り、爪床を露出させる行為について具体化すると、当該行為が、〔1〕看護の目的でなされ、〔2〕看護行為として必要であり、手段、方法においても相当な行為であれば、<u>正当業務行為として違法性が阻却されるというべき</u>である」（下線筆者）と述べている[8]。

しかし、学説では、社会的相当性を構成要件の解釈原理、つまり「社会的に相当な行為はいかなる犯罪の構成要件にも該当しない」とする理解も有力である。また、この考え方の提唱者であるヴェルツェルは、紆余曲折を経て、最終的に後者の見解に落ち着いた[9]。

たとえば、妻が夫のつまらない冗談に腹を立てて夫の背中を叩いたとしても、常識的な人なら、これは暴行罪の構成要件に該当するとは言わないであろう（先日、友人夫婦がそんな態度を筆者に見せつけて、「暴行罪だ！」と騒いでいた）。あるいは、岸和田などでの「だんじり祭」で家屋の軒先を壊されても、誰も「建造物損壊罪だ！」とは言わない（そのための保険はあるようである）。これは、おそらく、刑法260条の「構成要件」に該当するが「違法性」が阻却されるという意味ではなくて、犯罪でないのは当たり前すぎてそもそ

---

8) ちなみに、本判決は「〔2〕の要件を満たす場合、特段の事情がない限り〔1〕の要件も満たすと考えられる」とも述べている。つまり、「目的」というのは、行為の客観的な傾向を意味するのであって、「爪切り」が当該看護師のフェティシズムから行われたかどうかは問題ではない。

9) 提唱者であるヴェルツェルの学説変遷も含めて、詳しくは安達光治「社会的相当性の意義に関する小考」立命館法学327・328号（2010年）1444頁参照。藤木英雄の主張する「可罰的違法性」は、このような構成要件解釈の指針である「社会的（不）相当性」に近い。藤木英雄「社会的相当行為」『可罰的違法性の理論』（有信堂、1967年）53頁以下、同「社会的相当性と構成要件該当性」『可罰的違法性』（学陽書房、1975年）77頁以下（もっとも、「可罰的違法性」が否定されても一般的な違法性は残るが、「社会的相当性」は、およそ違法という評価を拒否するものだという違いはある）。ドイツのWikipediaでも、「表面的には法定の構成要件の要素をすべて充たしているが、歴史的に発展してきた社会生活秩序の範囲を超えない通常の行為は、通説によれば、構成要件に該当するような行為不法を持たない。」と説明されている（https://de.wikipedia.org/wiki/Sozialad%C3%A4quanz〔2019年6月27日参照〕）。このドイツのWikiは、ヴェルツェルの教科書に忠実である。Vgl., *H. Welzel*, Das deutsche Strafrecht: eine systematische Darstellung, 11. Aufl., 1969, S. 57.

第4章　違法性　057

もそんなことは頭に浮かばないという意味であろう。しかし、なぜ犯罪でないのかは、「歴史的に発展してきた社会生活秩序の範囲を超えない通常の行為だから」としか言いようがないのである。

[3]「社会的相当性」と「目的説」

　ところで、なぜ下級審判例は、「社会的相当性」を違法性阻却事由として用いるのであろうか。それも、一方で、住居等への住居権者の意に反する立入り、つまり「侵入」があっても、「正当な理由」というきわめて個別的・規範的な判断を要するものがあれば、刑法130条の構成要件に該当しないとしながら[10]、他方で、看護の一環として白濁して浮いていた患者の足の爪を除去したら若干の出血を伴ったといった日常的でありふれた行為を、わざわざ刑法204条の構成要件に該当させてから、「正当業務行為として違法性が阻却される[11]」という方法で。

　その背景には、「社会的相当性」が日本の判例に登場したころには、主に労働事件などにおいてこれが主張されていたという背景がある。下級審では、すでに、1960年代初めには「社会的相当性」という言葉を用いた無罪判決が散見される[12]。

　これらの判例に共通しているのは、「社会的相当性」の有無を、行為の①目的の正当性と、②手段・方法の相当性という視点から判断していることである。これは、違法性阻却の一般原理として主張されている「目的説」（Zwecktheorie）の考え方[13]である。つまり、労働争議をめぐる刑事事件では、日常的でありふれた行為ではなく、労使関係が緊迫した事態の中で、すべてではないが多くの場合に、行為の構成要件該当性自体は否定し難い行為が判断の対象となっているのである。このようなときには、日常的でありふれた行為を構成要件から除外する「社会的相当性」は、本来、出る幕はない。しかし、これが、どこかで、違法性阻却原理である「目的説」と混同されて、そのまま違法性阻却原理として下級審に定着したのだと思われる。

　そのため、同じ「社会的相当性」という言葉を用いることによって、本来は構成要件の段階で排除してよい日常的でありふれた行為についても、構成

10）前掲東京地判平成18・8・28。

11）前掲福岡高判平成22・9・16。

要件該当性を認めたうえで、違法性で処理するという傾向が生じたのだと考えられる[14]。しかも、そこに、「法令または正当業務行為」（35条）の解釈まで絡んで。しかし、本来、**「社会的相当性」は違法性阻却の一般原理でないこと**は確認しておこう。

　この刑法35条および「実質的違法性」については、「法秩序の統一性」との関係で説明することとして、先に、違法性と責任との関係に触れておこう。

---

3 ｜ 責任と違法性の関係

[1] 客観的違法論 VS. 主観的違法論

　今では、責任の検討をする前に違法性の判断をする。もちろん、これは、訴訟や答案において、構成要件以外の「罪となるべき事実」の検討を後回し

---

12) たとえば、新潟地判昭和38・11・27刑事裁判資料177号166頁は、争議行為の一環として行われた管理職に対する身柄拘束（＝逮捕行為）につき、「手段、方法、程度の社会的相当性の有無について」（下線筆者）と題して、「前説示のごとき行為の実質的違法性阻却の基準によれば、（1）先ず当該行為にでること自体の必要性、即ち手段、方法自体の情況上の相当性、（2）手段、方法の内容、程度の相当性について検討を要する。」と述べたうえ、最終的に「本件身体拘束行為は行為の実質的違法性を阻却する事由が存するか、ないしは行為の実質的違法性を認むべき証拠がないことに帰着するから、刑事訴訟法336条により右被告人三名に対し無罪の言渡をする。」と判示している。

　　また、1970年代初頭には、名古屋高判昭和46・5・6刑月3巻5号623頁が、ビラ貼りを理由とする建造物等損壊被告事件につき、「ここにいわゆる正当な行為ないし活動とは、当該争議行為の目的の正当性、使用者側の態度をも含めた争議行為をめぐるもろもろの情勢、争議行為によって使用者などが蒙るべき損害と組合側の目的とする利益との比較衡量、その他諸般の事情を総合考量して、社会的に相当と認めうべき範囲の行為ないしは活動を指称するものと解すべきであって、右にのべたような社会的相当性の範囲を逸脱するがごとき行為ないし活動は、もはや正当な組合活動と認めることができず、当然違法の評価をうけるのを免れ得ないものと解すべきである。」（下線筆者）という一般論を示しつつ無罪判決を出している。

13) 「目的説」は、その目的とするところが客観的に優越する利益を擁護するなど法の目的にかない、かつ、その手段は目的達成のために必要最小限度の権利ないし利益侵害にとどめられるべきことを予定しており、一般的理解とは異なり、「優越的利益説」と矛盾するものではない。また、ここにいう「目的」も、優越する利益を擁護することに役立つという行為の客観的な傾向を意味し、その際の行為者の個人的な嗜好は問題ではない。

14) しかし、いくらなんでも、床屋や美容室での顔剃りでわずかな出血があった場合に、これも傷害罪の構成要件に該当するとは言わないであろう。

第4章　違法性　059

にするということではない。故意・過失——ただし、その一部にすぎない「構成要件的」故意・過失——や客観的処罰条件は、違法性阻却事由の主張があっても、それより先に検討することになっている[15]。むしろ、ここでは、検討の順序よりも、違法性と責任はなぜ分けておかなければならないかが問題なのである。

　第2章で述べたように、19世紀半ばまでのドイツ刑法学では、行為能力と責任能力は区別されておらず、したがって責任能力のない者には、厳密な意味で「行為」（Handlung）は認められなかった（ルーデンのように、責任能力を前提としない見解もあったが）。この「行為」は違法評価の前提とされたので、責任能力のない者の動作には、まったくの自然現象と同じく、およそ違法という評価はなしえない。ゆえに、この見解によれば、「責任は違法の前提」であり、「責任のない違法」は考えられなかったのである。これは、今日、**主観的違法論**と呼ばれる。

　これに対して、民事の妨害排除等（民法198条以下）の対象は客観的な違法状態であることに依拠して「責任のない違法」を認める**客観的違法論**が台頭し、今日の通説となった。

　しかし、妨害排除は民法の問題だ。これに対して刑法では、客観的違法論はどのような実益を持つのであろうか。その問いに答えるために、主観主義と客観主義との対立次元との相違を明らかにしておこう。

[2]　客観的違法論を採る主観主義

　近代刑法では「思想」は処罰されない。ここにいう「思想」とは、高邁な思想に限った話ではなく、内心で考えたことという程度の意味である。つまり、人殺しのような犯罪を内心でいかに企てようとも、それが有害な行為として外部に現れない限り、それは犯罪とはならないということである[16]。そこで、犯罪の本質は人の客観的に有害な振舞いであるとする**客観主義**が唱えられる。今日の通説的見解である。

---

15) もっとも、誤想防衛の場合はやっかいである。故意は、最終的には、正当防衛ではないが（違法性の判断）それにあたる事実が誤想されていた（責任要素としての故意の判断）ということまで認定して初めて、否定される。

16) 二人以上で考えても、それはまだ「思想」である。この点で、外部に有害な行為として表現されない「共謀」は、いわゆる「共謀罪」でも処罰できない。

060

他方、犯罪の本質は、そのような客観的な事態ではなく、法に反するという行為者の内心ないし傾向にあり、ただ、内心の自由に踏み込まないために、法はそれが客観化されるまで処罰を待つだけだとする**主観主義**も、一部では唱えられている。

　この客観主義と主観主義の争いを、客観的違法論と主観的違法論との対立と同じだと考えてはならない。世の中には、**客観的違法論を採る主観主義**もあるからである。なぜなら、思想が有害な行為として外部に現れるまで待たないナチスの「心情刑法」や戦前の「大逆罪」の解釈適用[17]は、責任無能力者でも違法な行為はありうるという前提さえ守れば、客観的違法論を採る主観主義になるからである。

[3] 主観的違法論を採る客観主義

　他方で、**主観的違法論を採る客観主義**もある。実際、19世紀半ばまでのドイツ刑法学（主にヘーゲル学派）は、主観的違法論を採る客観主義であった。というのも、そこでは、前述のように、責任能力のない者には犯罪「行為」は認められなかったからである。

　今日でも、「犯罪」は責任能力のある主体を当然の前提にするという体系を採れば、このような考え方になる。ロシア・中国の「四要件体系」は、一見すると、そのようなものである。また、1810年ナポレオン刑法（1994年まで有効）も、心的要素を含む「三要素体系」を採るので、ここに属するように見える[18]。

　有罪か否かという結論に関しては、この考え方と客観的違法論を採る客観主義との間に違いはない。結論が異なるのは、①正当防衛の対象となる「不正」の侵害に「責任のない違法」な行為も含まれるか、②共同正犯を含む共犯の相手方には「構成要件に該当する違法な行為」は必要だが、「責任」は不要となるか、③刑罰でない（保安）処分ないし医療観察法の入院・通院決定に、行為者の責任能力は不要であるが「構成要件に該当する違法な行為」

---

17) さしあたり、幸徳秋水らに対する「大逆事件」の判決（大判明治44・1・18大審院明治43年特別第1号）を想起すればよい。主観的目的にウェイトを置く目的的行為論も、一種の**客観的違法論を採る主観主義**である。

18) しかし、実際には、フランスでも心神喪失者に対する共犯を認めるので、以下で述べる制限従属形式に近い。つまり、客観的違法論といってよい。

第4章　違法性　061

は必要であるとすることはできるか、といった点にある。

今日の通説は、これらはいずれも主観的違法論では不可能なことであって、だからこそ、客観的違法論が妥当なのだと答える。さしあたりは、それでよいであろう。

しかし、①については、「責任のない違法」な行為は正当防衛の対象にはならないが、それは自然現象と同じであるから民法720条2項の意味での緊急避難（防御的緊急避難）[19]の対象にはなり得るし、それで充分であると答えることもできる。また、②については、一方で、責任がなければ自然現象と同じであるから、そもそも共犯は不可能であって、間接正犯で対処するしかないと答えることも、他方で、最小限従属形式に依拠して共犯の対象となる行為は構成要件に該当するもので足りるから、ここで「責任のない違法」を認める実益はないと答えることもできる[20]。③については、医療的な処分ないし入院・通院命令で不要とされるのは、すべての責任要素ではなく、責任能力だけであるから、違法と責任一般を分ける理由とはならないし、保安的な処分の要件は「将来の危険性」であり、医療的な措置の要件は「治療の必要性」であって、「構成要件該当・違法」行為はその契機にすぎないとする反論が可能である。

ただ、責任の要素である「違法性の意識の可能性」を論じるためには、意識の対象となる「違法」が必要であり、「責任」がその前提になることはないと考えてよい[21]。その点では、やはり客観的違法論に拠るしかないであろ

---

19) 民法720条2項は「他人の物から生じた急迫の危難を避けるためその物を損傷した場合」に賠償責任を否定するものである。刑法37条1項本文の緊急避難（攻撃的緊急避難）とは異なり、「生じた害が避けようとした害の程度を超えない」という要件はないことに注意されたい。詳しくは、第6章で述べる。

20) それは、英米法と同じように、「罪となるべき事実」と「犯罪の成立を阻却する事情」の二段階体系に至るであろう（もっとも、アメリカでは、近年、抗弁 defense を「正当化」と「免責」に分けるべきだとする主張も有力なのである。たとえば、*P. H. Robinson and M. D. Dubber*, The American Model Penal Code: A Brief Overview, (2007). Faculty Scholarship. Paper 131, https://scholarship.law.upenn.edu/cgi/viewcontent.cgi?article = 1130&context = faculty_scholarship, p.331.）。

21) 問題は、目的犯における目的や表現犯における「記憶に反する」という意識であるが、目的のような超過的内心傾向は、将来客観化する行為を意味しているので、そのような行為が違法と評価されることを認識していたかを考えればよい。

う。

[4] 責任無能力者の収賄？

もっとも、犯罪によっては、そうは言っていられないものがあるかもしれない。たとえば、心神喪失の状態にある公務員に「賄賂を収受する」（197条）という行為は可能であろうか。心神喪失の状態では、「職務に関する対価としての利益」という意味を持つ「賄賂の収受」は不可能——もちろん、14歳未満の公務員はいない——というのであれば、ここでは、責任能力が「行為」の前提となっているのである。

4 | 法秩序の統一性と可罰的違法性

[1] 法秩序の統一性

刑法35条は「法令又は正当な業務による行為は、罰しない。」と定める。ここにいう「法令」が刑罰法規に限定されるのであれば、それは刑法や特別刑法に明文で規定されている違法性阻却事由であるから、それによる行為が処罰されないのは当たり前である。そのようなことがわざわざ特別に規定されているとは思えないなら、ここにいう「法令」は、刑罰法規以外でその行為を許容するものと解さなければならない。

また、「正当な業務による行為」が法令による行為とは別に並べられているが、どのような犯罪の構成要件にも該当しない「正当な業務による行為」なら処罰されないのは当たり前であるから、これは、法令以外で、構成要件該当行為の違法性を阻却する「正当な業務」というものがあることを意味している。つまり、これは、慣習法として違法性を阻却するものがあるという趣旨なのである[22]。

要するに、**違法性阻却事由は、刑罰法規以外の法令や慣習法にも存在する。つまり、法秩序全体から引き出すことができる。これを、法秩序の統一性**と呼ぶ。刑法35条は、この法秩序の統一性を確認した規定なのである。そして、これは、違法・適法というコードは法秩序全体を通じて共通であることを前

---

22) 35条の提案理由では、「一般に法令に因り又は正当の業務を以て為したる行為は罪とならざることを明確にしたり」と述べられている。なお、片仮名は平仮名に改めた。

第4章 違法性 063

提にして、初めて成り立つ考え方である（**違法一元論**）[23]。

　違法性が法秩序全体を通じて共通であることは、わが国の判例も認めている。たとえば、久留米駅事件大法廷判決[24]は、「勤労者の組織的集団行動としての争議行為に際して行なわれた犯罪構成要件該当行為について刑法上の違法性阻却事由の有無を判断するにあたっては、その行為が争議行為に際して行なわれたものであるという事実をも含めて、当該行為の具体的状況その他諸般の事情を考慮に入れ、それが法秩序全体の見地から許容されるべきものであるか否かを判定しなければならない」（下線筆者）と述べている。

　問題は、この「法秩序全体の見地」の意味が誤解されているところにある。というのも、刑法35条がその確認規定であると述べたところから推認できるように、これは、「行為を禁止する命題が法秩序全体から引き出される」という意味ではなくて、「行為を許容する命題が法秩序全体から引き出される」という意味だからである。

　事実、この考え方を認めたリーディングケースとされる1927年3月11日のドイツ最高裁（ライヒ裁判所）の判決（RGSt 61, 242）は、構成要件に該当する行為がその違法性を阻却されるための要件は、刑法からだけでなく、法秩序全体から論定すべきであると述べている[25]。そこで、本判決は、当時のドイツ刑法草案の中に「行為の違法性が公法または民事法によって阻却されるときは、罰しない」という規定[26]があることを示して、これはすでに現行法でも認められるのであり、さらに、違法性阻却事由を導く法命題は、成文法にばかりでなく、不文の法にもあるのだと述べている。そのうえで、本判決は、ドイツ民法228条の防御的緊急避難規定[27]（日本の民法720条2項に相当）の背景にある優越的利益擁護の原理による正当化緊急避難[28]は刑法でも適用できるとしたのである[29]。

---

23) そうでなければ、「民法の適法を、……刑法の違法とすることも、理論的にも認められる。」（京藤哲久「違法性の統一性と違法判断の相対性」『平野龍一先生古稀祝賀論文集上巻』〔有斐閣、1990年〕210頁。下線は筆者）。

24) 最大判昭和48・4・25刑集27巻3号418頁。

25) 当時違法であった妊娠中絶を、うつ状態にあった妊婦の自殺を回避するために行ったという事案である。

26) この規定が、刑法35条と似ていることに注目されたい。

[2] 法秩序の統一性の逆用

つまり、違法・適法というコードは法秩序全体を通じて共通だから、他の法令や慣習法に基づいても、違法性阻却は可能だというのである。しかし、日本ではこれが逆用された。それは、先の久留米駅事件大法廷判決からも見て取れるが、それが先鋭化された形で現れたのは、次の「西山記者事件」最高裁決定[30]である。

そこでは、沖縄返還交渉における秘密協定に関する書類を持ち出して秘密を漏洩した国家公務員を「そそのかした」とされる新聞記者の行為を、それが国民の知る権利に奉仕する取材の自由（「正当業務行為」）の範囲内であるか否かを判断する際に、以下のような理由でその違法性が認められた。

すなわち、「被告人は、当初から秘密文書を入手するための手段として利用する意図で右Ａ（当該公務員）と肉体関係を持ち、同女が右関係のため被告人の依頼を拒み難い心理状態に陥ったことに乗じて秘密文書を持ち出させたが、同女を利用する必要がなくなるや、同女との右関係を消滅させてその後は同女を顧みなくなったものであって、取材対象者であるＡの**個人としての人格の尊厳を著しく蹂躙したものといわざるをえず**、このような被告人の取材行為は、その手段・方法において**法秩序全体の精神に照らし**社会観念上、到底是認することのできない不相当なものであるから、正当な取材活動の範囲を逸脱しているものというべきである。」と。

しかし、これでは、不貞行為のためにホテルに入ることも建造物侵入罪（130条）として違法だということになってしまう。また、窃盗は違法だから盗んだ道具で侵害から身を守る際の傷害行為は違法な傷害に当たるというわ

---

27) ドイツ民法228条は「自己又は他人に対する他人の物から生じた危難を避けるためにその物を損傷又は破壊した者は、その損傷又は破壊が危難を避けるために必要であり、かつ、その危難に対して均衡を失するものでない場合には、違法に行為するものでない。その危難について行為者に故意・過失があるときは、賠償の責を負う。」と規定する。ここにいう「均衡」は、「著しく大きなものでない」という意味である。

28) 当時のドイツ刑法54条にあった緊急避難は、旧刑法75条2項のそれと同じく、責任阻却事由と考えられていた。

29) この判決の詳細については、アルビン・エーザー著＝西原春夫監修『違法性と正当化—原則と事例—』（成文堂、1993年）81頁以下〔勝亦藤彦〕、松宮孝明『刑事立法と犯罪体系』（成文堂、2003年）125頁以下を参照されたい。

30) 最決昭和53・5・31刑集32巻3号457頁。

けでもあるまい。国家公務員法の秘密漏洩そそのかし罪[31]は、当該公務員の「人格の尊厳」を保護法益とするものではない。それはあくまで、国民にも秘密するべき価値のある秘密（「実質秘」）を、過剰な働きかけ——暴行・脅迫を用いるなど——で漏らさせた行為を対象とするものである。当事者の任意の不倫関係があったからといって、「そそのかし」行為の違法性が左右されるべきものではない[32]。秘密協定が国民に対して「実質秘」とするには「やましい」ところがあったのを、被告人らのスキャンダルで埋め合わせようとするのは疑問である。

[3]「超法規的」違法性阻却ないし「実質的違法性」

　前述のドイツ最高裁の判決からは、さらに、「超法規的」違法性阻却の意味も明らかになる。要するに、**「超法規的」とは、「実定法を超える」**（über-rechtlich）**という意味ではなく、「制定法の垣根を超える」**（übergesetzlich）**という意味なのである。**なぜなら、この判決は、ドイツ民法228条などから看取できる優越的利益擁護の原理による緊急避難を「現行法上も認められる」と述べているのだから。まさに、ここでは刑法以外の法令および慣習法による、実定法としての違法性阻却事由が認められたのである。

　また、**「実質的違法性」**という言葉の意味も、ここから明らかになる。つまり、これは、刑罰法規の明文にある違法性阻却事由に当てはまらない場合はすべて違法だとする「形式的違法性」に対する言葉で、それ以外でも実質的な原理により、法秩序全体から行為の違法性が阻却される場合があるとする考え方を意味する。このように理解できれば、次の**可罰的違法性**との混同を避けることができる。

　付言すれば、法秩序の統一性（と違法の一元性）を正しく理解するなら、「対物防衛」という問題も、適切に解決ができる。「対物防衛」とは、人間の行為に基づかない法益侵害の危険が迫った時に、その危険源を破壊することが他人の権利を害する場合をいう。それが危険を避けるために必要不可欠で

31）国公法111条、109条12号、100条１項参照。

32）「同女を利用する必要がなくなるや、同女との右関係を消滅させてその後は同女を顧みなくなった」という評価は、常識的には疑わしい。というのも、この密約が国会で暴露されたことで世情は騒然となったのであり、当事者である二人がゆっくり会っている余裕などなかったと思われるからである。

ある場合、それを「正当防衛」として許容するのか、それとも「緊急避難」とするのかが問われるのである。

これにつき、学説では、端的に「違法状態」を認めて、あるいは刑法36条1項にいう「不正」は「違法」より広いとして、正当防衛とする見解が多い。しかし、人間の「行為」でないものに「違法」という評価をするのは、いくら客観的違法論でも疑わしい[33]。とはいえ、刑法37条1項本文の緊急避難では、自己の愛する雑種の犬に他人の血統書付きの犬が襲いかかり、これを救うには他人の犬を殴打して大けがを負わせるほかないという場合には、この殴打を正当化することはできない。

しかし、この殴打は、まさしく、民法720条2項にいう「他人の物から生じた急迫の危難を避けるためその物を損傷した場合」に当たるとするなら、民法で適法とされ賠償責任を負わない行為を刑法が罰するのは矛盾だ[34]ということが一目瞭然となろう。すなわち、この場合には民法720条2項からストレートに、違法性阻却事由を導き出すことができるのである[35]。

[4] 違法一元論に立つ可罰的違法性

次の問題は、違法一元論からは**可罰的違法性**という考え方が認められるのかというものである。**可罰的違法性とは刑罰に値する質と量を備えた違法性**という意味であり、たとえば民法の不法行為に当たるような不貞行為（つまり不倫）あるいは――強制わいせつなどに至らない程度の――セクシャルハラスメント[36]には、刑罰の対象となるような違法性、つまり可罰的違法性はない。しかし、**そのような行為であっても、法秩序全体からみれば、違法（不可罰的違法）であって、損害賠償や懲戒という不利益を受けることがある。**

---

33) ちなみに、大判昭和12・11・6大審院裁判例（11）刑87頁は、器物損壊罪に対する緊急避難の成否について、被告人の所有する猟犬（セッター、体重5貫、価格600円相当）に襲い掛かった番犬（雑種、体重13貫、価格150円相当）に対する発砲を、刑法37条1項本文の緊急避難として無罪としている。

34) ここにいう「矛盾」とは、「やってよい」という法の評価と「やってはならない」というそれとが相反するという意味である。「やってよい」適法行為でも、補償せねばならない場合はある（憲法29条3項や民事の危険責任など）。

35) M.E.マイヤーの教科書の該当箇所にはドイツ民法228条と書いてあったのに、これを範とした日本の教科書に、ここを刑法37条1項としたものがある。

第4章 違法性 067

こうすれば、違法一元論からでも、可罰的違法性という考え方は認められる。

しかし、そんな言い方をしなくても、あっさりと、「処罰されないのだから刑法では適法である」と言ってしまったほうが、つまり、違法性は刑法とそれ以外の法分野とで異なっていてよいとしたほうが、一見すれば、簡単である。現に、**違法相対性論**ないし**違法多元論**はそのように主張し、憲法や刑法の学界では多数説となっていたことがある。

だが、ことはそう簡単ではない。何より、正当防衛（36条、民法720条1項）では、不貞つまり不倫もまた、「不正な侵害」として防衛の対象になるのである。その限りで、刑法の世界でも、「犯罪ではないが違法な行為」は認めなければならない（現に、福岡高判昭和55・7・24判時999号129頁は、「夫権に対する防衛」を認めている）。また、「民法では適法だが刑法では違法で犯罪となる」というものは、認めてはならない。このような主張は、民法では損害が生じない限り賠償責任は問題にならないので、損害のない「未遂」は民法では適法だとする理解に拠るものであろう。しかし、民法でも、「未遂」は妨害排除ないし正当防衛の対象のはずである。相手の不法行為が防衛によって「未遂」に終わったので、防衛者が相手に与えた損害は賠償しなければならないなどと誰が思うであろうか。

[5] 判例における可罰的違法性

しかし、違法多元論の支持者は、最高裁の判例がそうだという。これについては、（旧）公共企業体の労働者による争議行為——労働組合法1条2項本文[37]によって刑事責任を問われない程度のストライキ——に関する著名な刑事判例をみなければならない。

---

36) ちなみに、公務員のセクシャルハラスメントについては、人事院規則10−10（http://elaws.e-gov.go.jp/search/elawsSearch/elaws_search/lsg0500/detail?lawId=410RJNJ10010000）をみてほしい。もちろん、セクシャルハラスメントは制止および排除の対象である。したがって、部下にそのような行為があれば、行政の長は「セクシュアル・ハラスメントに起因する問題が生じた場合においては、必要な措置を迅速かつ適切に講じなければならない」（同規則4条）。

37) ここでは「刑法（明治40年法律第45号）第35条の規定は、労働組合の団体交渉その他の行為であって前項に掲げる目的を達成するためにした正当なものについて適用があるものとする。」とある。「正当なもの」とされているのだから、刑罰を受けないだけでなく、民法709条以下にいう「不法行為」にもならないと考えられる。

まず、多元論の支持者は、東京中郵事件大法廷判決[38]がそれを認めている
という。その法廷意見は、当時の公共企業体労働関係法（公労法）17条1項
が郵便局などの──当時の──公共企業体の職員に対して争議行為を一律に
禁止しておきながら、同法3条では刑事免責に関する労働組合法1条2項の
適用を排除することなく、これを争議行為にも適用することとしていること
を指摘して、「憲法28条の保障する労働基本権尊重の根本精神にのっとり、
争議行為の禁止違反に対する効果または制裁は必要最小限度にとどめるべき
であるとの見地から、違法な争議行為に関しては、民事責任を負わせるだけ
で足り、刑事制裁をもって臨むべきではないとの基本的態度を示したものと
解することができる。」と述べている。

　そこで、とりわけ松田二郎裁判官の補足意見が「刑法において違法とされ
るか否かは、他の法域における違法性とは無関係ではないが、しかし別個独
立に考察されるべき問題なのである。」と述べていることを引き合いに出し
て、多元論の支持者は、これは刑法[39]における違法と他の法域における違法
との相対性・多元性を認めたものだとする[40]。

　また、多元論の支持者は、結論において逆転し、組合幹部らを有罪とした
名古屋中郵事件大法廷判決[41]に関しても、「たとい同法17条1項違反の争議
行為が他の法規の罰則の構成要件を充たすことがあっても、それが同盟罷業、
怠業その他単なる労務不提供のような不作為を内容とする争議行為である場
合には、それを違法としながらも後に判示するような限度で単純参加者につ
いてはこれを刑罰から解放して指導的行為に出た者のみを処罰する趣旨のも
のであると解するのが、相当である。」という判示は、やはり公労法におけ
る違法性と刑法における違法性とは異なることを前提としたものだと解する。

　しかし、よくみてほしい。東京中郵事件大法廷判決の法廷意見は「<u>違法な
争議行為に関しては、民事責任を負わせるだけで足り、刑事制裁をもって臨
むべきではない</u>」（下線筆者）と述べているのであって、「民法では違法だが

38）最大判昭和41・10・26刑集20巻8号901頁。

39）ここにいう「刑法」とは、刑法典ではなく特別刑法・行政刑法を含む「広義の刑法」であ
　　り、具体的には当時の郵便法の罰則である。

40）このような理解は、刑法の学界ばかりでなく憲法学の学界でも、いたるところで見受けら
　　れる。

41）最大判昭和52・5・4刑集31巻3号182頁。

第4章　違法性　069

刑法では適法な争議行為」とは述べていない[42]。また、名古屋中郵事件大法廷判決も、「それを違法としながらも……単純参加者についてはこれを刑罰から解放して」（下線筆者）と述べているのであり、「刑法では適法として」とは述べていないのである。

たしかに、可罰的違法性と不可罰的違法性との間の境界については、争いはある。しかし、前提となる違法一元論については、両判決の間に相違はないのである。

5 │ 違法性阻却原理の多元性

[1]「優越的利益擁護の原理」と「目的説」

他方で、**違法性阻却の原理は多元的である**。つまり、すべての違法性阻却事由を一元的に説明できる原理はない。これは、「生じた害が避けようとした害の程度を超えなかった場合に限り」という限定のある緊急避難[43]と、それがない正当防衛とを見比べただけで、明らかになろう。正当防衛は、優越的利益擁護の原理では説明できないのである[44]。

また、緊急避難も、「避けた害」ではなく「避けようとした害」の程度を超えなかったことを要件にしており、現に守られた利益を衡量しているわけではない。その限りでは、「優越的利益擁護」もまた、それを「目的」とし、そのために「やむを得ずにした」という手段の適切性（「補充性」）を要求する「目的説[45]」の手のひらにあると言ってもよいであろう。

---

42) 実は、松田補足意見も、「行為が違法であるか否かは、法秩序全体の観点からする判断であるから、ある行為が一つの法規によって禁ぜられ違法とされた場合には、それは他の法域においても一応違法なものと考えられよう。しかし、……それぞれの法域において問題となる違法性の程度は当該法規の趣旨・目的に照らして決定される」と述べるだけであり、違法が多元的であるとは解していない。

43) ただし、旧刑法の緊急避難規定からの沿革と立法時の議論からみて、刑法37条1項本文に該当する行為がすべて違法性を否定されるとは解されない。つまり、責任（あるいは可罰的違法性）を阻却する場合も含まれているのである。詳しくは、第6章で述べる。

44) 法確証の「利益」を考慮してみたり、失敗した防衛行為は優越する利益を守れなかったので正当化できないとしたりする少数説はある。

45) 違法性阻却原理としての「目的説」については、さしあたり、松宮孝明「判批」立命館法学337号（2011年）1699頁以下を参照されたい。

[2]「優越的利益」なき違法性阻却

　正当防衛が優越的利益擁護の原理で説明できないのは、生じた害が避けよう
とした場合より大きくても、違法性が阻却されるからである[46]。というより、
「正は不正に譲歩する必要はない」のであり、不当に攻撃された者は、その紛争
をすべて相手の負担で解決することができるのである。これを**法確証の原理**と
呼ぶ。言い換えれば、襲った側は、紛争解決の負担を一身に背負う義務を負う。

　被害者が軽微な傷害に同意する場合も、とくに優越する利益が必要なわけ
ではない。ただし、この場合は被害者の自己決定権による法益放棄が違法性
阻却の理由であって、法確証の原理とはその点が異なる。

　他方、刑事訴訟法が不可避のものとして前提としている**無実の者（無辜）
の逮捕・勾留**さらに確定判決による**刑の執行**は、どのようにしたら正当化さ
れるのであろうか。法が再審手続きを用意している以上、雪冤のための脱獄
は、ドラマにはなっても正当化はできないであろう[47]。もちろん、そのよう
な理不尽な負担の正当化には、補償が最低限の条件である。しかし、確定し
ているが誤った死刑が執行されたなら、それを正当化する原理はないといっ
てよい。刑事司法制度を維持するための最低限度の負担は、いつどこでだれ
が負わされるとも限らないが、これには別の検討が必要である。

[3] 一般的違法性阻却事由の手続的制限

　このように、雪冤の救済には、法定された手続に拠るしかなく、正当防衛
や緊急避難のような一般的違法性阻却事由の適用は排除される。同じことは、
紛争解決のために一定の手続が法定されている他の場合にも当てはまる[48]。
とりわけ、刑事手続きがそうである。いかに犯罪が重大で必要性・緊急性が
高くとも、令状逮捕にも緊急逮捕にも、そして現行犯逮捕にも当てはまらな
い被疑者逮捕を、緊急避難として正当化するわけにはいかないし、許されな
い拷問を認めるわけにもいかないであろう。**手続的規制は、一般的な違法性
阻却事由に対する特別法に当たる**と考えられる。

46）最判昭和44・12・4刑集23巻12号1573頁参照。

47）死刑が存置されている以上、死刑執行に対する正当防衛や緊急避難は、生存本能によって
　正当化されない。

48）警職法7条のように、手続法が限定的に、一般的な違法性阻却事由を援用することはある。

第5章

正当防衛の正当性

1 │ 「刑法36条の趣旨」と急迫性

[1] 正当防衛の正当化根拠

　刑法36条1項は、「急迫不正の侵害に対して、自己又は他人の権利を防衛するため、やむを得ずにした行為は、罰しない。」と定める。いわゆる「正当防衛」である。この要件を充たした防衛が適法であることは、議論を要しないと思われる。

　もっとも、正当防衛の正当化根拠については、一部で、**自己保存本能**による説明がなされている。殺されそうになったら誰でも、生存本能に基づいて相手を撃退するのであり、それは法で禁じられないというのであろう。そこから、正当防衛権は、**自然権**に基づく防衛権のうち、社会契約によって国家が保護可能な場合は個人の防衛権を国家に移譲し、国家によって保護が不可能な緊急事態の場合にだけ個人に留保されたものだという理解も出てくることになる。

　しかし、ちょっと考えてみてほしい。前章で述べたように、無実の者に対して勾留や刑の執行がなされるとき、これらが適正な手続きに基づくものであれば、これらに対して正当防衛は可能であろうか[1]。

　自己保存本能や自然権を理由とするなら、とくに死刑の執行に対しては——ひょっとすると無実の者でなくても——正当防衛が認められてしかるべきであろう。しかし、そんなことを認めれば、刑事司法制度は大混乱に陥る。

---

1) まだ廃止されていない死刑制度を前提とするとき、これは深刻な問題となることは、前章で示した。そして、これもまた、死刑を廃止すべき理由のひとつなのである。

したがって、**実定法上の制度である正当防衛の正当化根拠を本能や自然権に求めるのは、妥当でない。**

　他方で、**優越的利益擁護の原理を持ち出すのも、妥当でない。**なぜなら、言うまでもなく正当防衛は不正の侵害に対する権利防衛であって、侵害と防衛とは「正対不正」の関係にあるものだからである。この場合に、侵害を受けた側の予想される害が防衛行為によって侵害者側に予想される害より小さければ不正の侵害を甘受しないと処罰するというのでは、刑事裁判が「ジャスティス」でなくなってしまうであろう。ゆえに、防衛行為が「**自己または他人の権利を防衛する手段として必要最小限度のもの**」という「限度を超えず、したがって侵害に対する防衛手段として相当性を有する以上、その反撃行為により生じた結果がたまたま侵害されようとした法益より大であっても、その反撃行為が正当防衛行為でなくなるものではない」（最判昭和44・12・4刑集23巻12号1573頁）。実際、現行法制定時の説明によれば、着物一枚の窃盗を防ぐために必要であれば、窃盗犯人を殺害してもよいとされていたのである[2]。

　また、「**刑法36条にいう『急迫』とは、法益の侵害が現に存在しているか、または間近に押し迫っていることを意味し、**その侵害があらかじめ予期されていたものであるとしても、そのことからただちに急迫性を失うものと解すべきではない」し、他人に助けを求めることができるといった「法益に対する侵害を避けるため他にとるべき方法があったかどうかは、防衛行為としてやむをえないものであるかどうかの問題であり、侵害が『急迫』であるかどうかの問題ではない」（最判昭和46・11・16刑集25巻8号996頁）。加えて、「刑法36条が正当防衛について侵害の急迫性を要件としているのは、予期された侵害を避けるべき義務を課する趣旨ではない」（最決昭和52・7・21刑集31巻4号747頁）。ゆえに、あらかじめ侵害を回避する義務ないし侵害現場から逃避する義務もない[3]。

　つまり、急迫・不正の侵害から権利を防衛する者は、仮に侵害が予期され

---

2) 倉富勇三郎ほか編、松尾浩也増補解題『増補刑法沿革綜覧』（信山社、1990年）883頁以下参照。

3) 誤解を避けるために言えば、これは、現実的な生き方として、侵害を避けたり現場から逃避したりする方が賢明な場合があることを否定する趣旨ではない。単に、賢明な生き方をしないことを処罰してはいけないと述べているだけである。

第5章　正当防衛の正当性　073

ていても、その場から一歩も引かずに、権利を防衛するために必要最小限度の害を侵害者に与えてよいのである。これが単純な優越的利益擁護の原理で説明できないことは、自明のことであろう。

[2]「法確証の利益」と「法確証の原理」

そこで、なおも優越的利益擁護の原理に固執する論者からは、防衛者は、自己または他人の権利を擁護するだけでなく、法秩序全体も防衛するのだから、防衛者側の利益には「法秩序の防衛」というものが加わるのだという説明がなされる。これを「法確証の利益」と呼ぶ。

しかし、「法秩序」（≒正義）なるものを持ち出せば、そちらが正しいに決まっている。したがって、これは事実上、利益衡量の放棄である。加えて、気を付けないと、この考え方では、防衛に失敗した者は「法秩序」も「自己又は他人の権利」も防衛できないまま侵害者に害を与えただけだから、正当防衛として無罪とはならないという結論が出てきてしまう[4]。

そうではなくて、正当防衛の正当化原理はもっと単純である。ドイツのベルナーがいう「正は不正に譲歩する必要はない。」（Das Recht braucht dem Unrechte nicht zu weichen.[5]）ということだけなのである。簡単に言えば、正しい者は不正な侵害者に臆することなく、これを撃退してよいということである。これを、「法確証の原理」と呼ぶ。「法確証」とは、ドイツ語ではRechtsbewährungというが、これは「法＝権利」（Recht）の「防衛」（Bewährung）という意味であって、抽象的な法秩序のみの「確証」というのではなく、実定法秩序において認められた「権利」の「防衛」という意味なのである。ゆえに、この原理は利益衡量にはなじまない。同じ「法確証」という言葉を使っていても、「利益」と「原理」では全く違う意味になるのであ

---

4) 現に、山本輝之「優越利益の原理からの根拠づけと正当防衛の限界」刑法雑誌35巻2号（1996年）52頁は、その趣旨のようである。しかし、それでは、勝ち目のない者はおよそ防衛をしてはいけないことになり、逃げられる場合はまだよいが、逃げられない場合は侵害を刑罰で甘受するように強制されることになる。もっとも、この矛盾は、優越的利益擁護原理を（第4章で指摘した）「目的説」の対立物として理解する場合に、一般的に生じるものである。

5) 原文は、*A. F. Berner*, Lehrbuch des Deutschen Strafrechtes, 1857, S. 129. この言葉は、1898年の第18版107頁でも確認される。

る[6]。

[3] 「刑法36条の趣旨」による正当防衛の制限？

したがって、「刑法36条の趣旨」も、以上のことに尽きる。しかし、近年、日本の裁判官は、「刑法36条の趣旨」によって正当防衛を、刑法36条を超えて制限しようとしているようにみえる。

現に、平成29年4月26日の最高裁決定（最決平成29・4・26刑集71巻4号275頁。以下「平成29年決定」と呼ぶ）は、次のように述べて、間違いなく不正な侵害行為をした被害者を刺殺した被告人に、正当防衛も過剰防衛も認めなかった。

「刑法36条は、急迫不正の侵害という緊急状況の下で公的機関による法的保護を求めることが期待できないときに、侵害を排除するための私人による対抗行為を例外的に許容したものである。したがって、行為者が侵害を予期した上で対抗行為に及んだ場合、侵害の急迫性の要件については、侵害を予期していたことから、直ちにこれが失われると解すべきではなく[7]……、対抗行為に先行する事情を含めた行為全般の状況に照らして検討すべきである。具体的には、事案に応じ、行為者と相手方との従前の関係、予期された侵害の内容、侵害の予期の程度、侵害回避の容易性、侵害場所に出向く必要性、侵害場所にとどまる相当性、対抗行為の準備の状況（特に、凶器の準備の有無や準備した凶器の性状等）、実際の侵害行為の内容と予期された侵害との異同、行為者が侵害に臨んだ状況及びその際の意思内容等を考慮し、行為者がその機会を利用し積極的に相手方に対して加害行為をする意思で侵害に臨んだとき[8]……など、前記のような刑法36条の趣旨に照らし許容されるものとはいえない場合には、侵害の急迫性の要件を充たさないものというべきである。」（下線筆者）

---

6) 「法確証の原理」の詳細については、山本和輝『正当防衛の基礎理論』（成文堂、2019年）参照。

7) ここでは前掲の最判昭和46・11・16刑集25巻8号996頁が参照されている。

8) ここでは前掲の最決昭和52・7・21刑集31巻4号747頁が参照されている。

第5章　正当防衛の正当性　075

ここにいう「刑法36条の趣旨」とは、正当防衛とは「急迫不正の侵害という緊急状況の下で公的機関による法的保護を求めることが期待できないときに、侵害を排除するための私人による対抗行為を例外的に許容したもの」ということのようである。しかし、この定式には、すでに大きな矛盾がある。よく読んでみよう。

　①　まず、この定式は、すでに防衛者が「急迫不正の侵害という緊急状況の下」にあることを前提としている。そのうえで、刑法36条は「公的機関による法的保護を求めることが期待できないときに」のみ、正当防衛を認めるものだと述べているのである。しかし、**刑法36条のどこに、「公的機関による法的保護を求めることが期待できないときに」という限定が書かれているのであろうか**。

　②　次に、この定式は、種々の考慮要素を列挙したうえで、「前記のような刑法36条の趣旨に照らし許容されるものとはいえない場合には、侵害の急迫性の要件を充たさない」と述べている。しかし、そうなると、「刑法36条の趣旨に照らし許容されるものとはいえない」防衛行為はすべて、侵害に急迫性がないがゆえに許容されないのだということになる。すると、**過剰防衛というものは、この世に存在しないことになる**。なぜなら、過剰防衛は違法であって、刑法36条の趣旨に照らし許容されるものではないがゆえに、すでに侵害の急迫性が失われ、過剰防衛とする余地がないからである[9]。

2 │ 「官憲に救助を求める義務」？

[1]　警察に保護を求めても殺害された事件

　とくに深刻なのは、「公的機関による法的保護を求めることが期待できないときに」しか防衛行為は許されないとすることである。言い換えれば一般市民には「官憲に救助を求める義務」があるというのである。

　読者は、「**桶川ストーカー殺人事件**」というものをご存知であろうか。これは、1999年に女子大学生が元交際相手の男性を中心とする犯行グループからストーカー被害を受けているとして警察に届け出ていたのに、警察が保護

---

9)　実際、この「平成29年決定」の後に出た名古屋地岡崎支判平成29・10・27公刊物未登載は、防衛行為の過剰性をも侵害の「急迫性」を否定する要素として考慮した。

措置を講じないまま、当該女子大学生がJR桶川駅で殺害されたという事件である[10]。また、類似の事件として、2002年に起きた暴力団員らによる**「神戸大学院生リンチ殺人事件」**もある[11]。いずれも、警察に保護が求められていたのに、十分な保護措置が講じられないまま、悲劇に至ったものである。

[2] 自力で防衛すれば処罰される？

さて、これらの事件を「官憲に救助を求める義務」に関連付けてみよう。上記の二つの事件の被害者は、いずれも、侵害を予期して「官憲に救助を求める義務」を果たしていた。とりわけ、「神戸大学院生リンチ殺人事件」では、被害者は侵害の予期どころか現に暴行を受けていたのである。この場合には「公的機関による法的保護を求めること」が現にできていたのであるから、特に後者の事件の場合、「平成29年決定」の考え方によれば、加害者らの侵害の「急迫性」は否定されることになろう。そうすると、仮に事件の被害者が警察の助けを借りなくても加害者を撃退できたとすれば？

答えは簡単である。**被害者には「公的機関による法的保護を求めることが期待」できたのであるから侵害の「急迫性」がないので、自ら加害者を撃退してはならない、撃退して相手に怪我でもさせたら傷害罪で処罰される**のである。

しかし、上記の事件が示唆するように、保護を求めても警察が確実に守ってくれる保証はない。そうすると、襲われた被害者は、法的には、おとなしく殺されることが正しいということになりそうである。あるいは、死にたくなければ処罰を覚悟して自己防衛するしかない。

[3] 警察官も正当防衛はできない？

では、保護を求められた警察官らは、被害者のために加害者を撃退してよいのであろうか。実は、これもダメなのである。なぜなら、**被害者には「公**

---

10) この事件では、被害者の殺害を防止できたとする因果関係は否定したが、ストーカー行為に対する県警の対応に過失があったとして、被害者遺族からの国賠請求が一部認容されている。さいたま地判平成15・2・26判時1819号85頁（控訴審：東京高判平成17・1・26判時1891号3頁、上告審：最決平成18・8・30公刊物未登載）。

11) この事件では、県警の対応に過失があったとして、被害者遺族からの国賠請求が認められている。神戸地判平成16・12・22判時1893号83頁（控訴審：大阪高判平成17・7・26 LEX/DB28131286、上告審：最決平成18・1・19公刊物未登載）。

第5章　正当防衛の正当性　077

的機関による法的保護を求めることが期待」できたのであるから侵害の「急迫
性」がないので、警察官らには他人のための正当防衛は許されないからである。
もちろん、被害者が警察官と協力して、強大な侵害者に立ち向かうことも許
されない。

　もっとも、警察官は、「犯罪がまさに行われようとするのを認めたときは、
その予防のため関係者に必要な警告を発し、又、もしその行為により人の生
命若しくは身体に危険が及び、又は財産に重大な損害を受ける虞があって、
急を要する場合においては、その行為を制止することができる」（警職法 5
条）うえに、「犯人の逮捕若しくは逃走の防止、自己若しくは他人に対する
防護又は公務執行に対する抵抗の抑止のため必要であると認める相当な理由
のある場合においては、その事態に応じ合理的に必要と判断される限度にお
いて、武器を使用することができる」（警職法 7 条本文）。しかし、「刑法……
第36条（正当防衛）若しくは同法第37条（緊急避難）に該当する場合又は左
の各号の一に該当する場合を除いては、人に危害を与えてはならない」（警
職法 7 条但書）。しかも、「各号の一」というのは、逃亡の防止や逮捕に対す
る抵抗の排除（1 号）と各種の令状執行に対する抵抗の排除（2 号）に限ら
れる。したがって、加害者の武器を用いた集団的な攻撃に対して被害者を守
るためにやむを得ずに加害行為を行うためには、「刑法……第36条（正当防
衛）若しくは同法第37条（緊急避難）」を持ち出さざるを得ないのである。

　なにより、**警職法 7 条自身が第36条（正当防衛）を援用していることが、実
定法が「公的機関による法的保護を求めることが期待できないときに」のみ侵
害の「急迫性」を認める趣旨ではないことを例証**している。なぜなら、警察法
に基づいて職務を執行する警察官は、まさに、「公的機関」として活動して
いるからである。

[4] 許される自救行為との混同

　では、なぜ「公的機関による法的保護を求めることが期待できないとき
に」のみ侵害の「急迫性」を認めるという考え方が、裁判所に生まれてきた
のであろうか。それは、端的に言えば、正当防衛を「緊急行為」の一種とし
て、**許される自救行為**と混同したからである。

　これについては、元判事で最高裁調査官でもあった安廣文夫氏の見解が参
考になる。安廣氏は、1995年の日本刑法学会大会における「正当防衛と過剰

防衛」と題する共同研究において、「そもそも、緊急行為は、法による本来の保護を受ける余裕のない緊急の場合に、すなわち、法秩序の侵害の予防又は回復を国家機関が行ういとまがない場合に、補充的に私人にこれを行うことを許すものであり、このような場合以外にまで私人に広く緊急行為を許すことは、かえって法秩序を害する虞があり、法的救済方法が一応完備している近代国家においては、緊急行為という理由による違法性の阻却は、なるべく最小限度に止めなければならない[12]」と述べていた。

　しかし、実は、「法による本来の保護を受ける余裕のない緊急の場合」という要件は、許される自救行為の要件ではあっても正当防衛の要件とするには不適切なのである。それにもかかわらず、安廣氏は、これを意識的または無意識に、正当防衛にまで広げたのである。

　自救行為の場合にこのような要件が必要な理由は、自救行為が、正当防衛や緊急避難と異なり、侵害が急迫しまたは危難が現在しているときに行われるものではないことにある。それは、侵害や危難が去った後、あるいは履行期の到来した請求権がある場合に、国家による正規の手続——警察官らによる緊急行為ではないことに注意！——を待っていたのでは請求権の実現が不可能または著しく困難になるという条件の下で許される請求権の保全ないし物の占有の保全なのである。正当防衛や緊急避難と異なり、今現在、権利が侵害されているとか生命・身体・財物等が侵害されるという場合ではない。

　ゆえに、**この自救行為が正当化される要件には、国家による救済が得られず、かつ、即時にこれをしなければ請求権の実現が不可能もしくは著しく困難になることが含まれるのである**[13]。これに対して、**現に今、侵害や危難に直面した状況に対処する正当防衛や緊急避難では、今現在の被害を回避することが大事であるから、このような要件は課されない**[14]。自力救済の許容される緊急性は、行為が侵害や危難の切迫または現に継続している時点で行われたことで十分に充たされるのである。その意味で、正当防衛を「公的機関による法的保護を求めることが期待できないときに、私人による対抗行為を許容するもの」と解する安廣氏や「平成29年決定」の理解は、正当防衛と自救行為の混同に由来する机上の空論であるといえよう。

　12）安廣文夫「正当防衛・過剰防衛に関する最近の判例について」刑法雑誌35巻2号（1996年）241頁参照。

3 │ 「必要最小限度」と「法益の相対的均衡」

[1]「西船橋駅事件」判決

　次に、防衛行為の程度、つまり「相当性」といわれているものを検討しよ
う。これは、前述のように、防衛行為が「自己または他人の権利を防衛する
手段として必要最小限度のもの」であることを意味する。よって、「その反
撃行為により生じた結果がたまたま侵害されようとした法益より大であって
も、その反撃行為が正当防衛行為でなくなるものではない」（最判昭和44・
12・４刑集23巻12号1573頁）。

　しかし、これに対しては、依然として、生じた害が避けようとした害より
著しく大きい、つまり著しく均衡を失した場合には、防衛行為の「相当性」
が否定されるとする見解が後を絶たない。そこで、昭和62年９月17日の千葉
地裁判決（千葉地判昭和62・９・17判時1256号３頁）を素材にして、この問題
を検討してみよう。事件は、**西船橋駅事件**と呼ばれるものである。

　この判決は、男性被害者Aから一方的に暴行および侮辱を受け、周囲の人
も助けてくれない状況において女性の被告人がAを突き飛ばしたところ、A

---

13) 日本民法には自救行為の明文規定がないので、日本民法に最も影響を与えたドイツ民法の
　　規定を訳出しよう。その229条は、「自救の目的をもって物を奪取・破壊・毀損する者、も
　　しくは自救の目的をもって逃走の虞のある義務者を逮捕し、または義務者が受忍する義務
　　を負っている行為に対するこの者の抵抗を排除する者は、国家による救済を適時に得るこ
　　とができず、かつ、即座に介入しないと請求権の実現が不可能または著しく困難になる場
　　合には、違法に行為するものではない。」と規定している。また、その859条１項から３項
　　までは、以下のように規定して、いわゆる「占有自救」を認めている。すなわち、「（1）
　　物の占有者は、禁止された実力行使を、有形力を用いて回避してよい。（2）動産が占有
　　者から禁止された実力行使によって奪われた場合には、占有者は奪取から間がないか、も
　　しくは追跡されている行為者からその物を奪い返してよい。（3）不動産の占有者が禁止
　　された実力行使によってその占有を奪われた場合には、占有者は侵奪後即座に、行為者か
　　ら占有を奪うことによって占有を回復してよい。」と。このような許される自救行為の趣
　　旨については、さしあたり、大下英希「自救行為と刑法における財産権の保護」刑法雑誌
　　54巻２号（2015年）230頁を参照されたい。

14) 日本刑法の36条１項や37条１項本文、さらには民法720条には、このような明文規定はな
　　い。また、日本に大きな影響を与えたドイツ刑法32条（正当防衛）、34条（正当化される
　　緊急避難）、ドイツ民法227条（正当防衛）、228条（防御的緊急避難）、904条（攻撃的緊急
　　避難）にも、そのような制限はない。

が駅のホームから転落して進入してきた電車に轢過され死亡したという事案に関するものである。そこでは、逃げればよかったではないかという主張に対して、それは「ただただ被告人に対してのみ然るべき対処を余儀なくさせるという片面的観点からの論であるといわざるを得ず、公共の場でそのような状態に追い込んで来た相手方の行動に関しての視点を欠く嫌いのあるものであって、右の如き論は被告人に対し一方的にそのような屈辱を甘受せよと無理強いし、また嫌がらせを受けながらもその場から逃げ去るくやしさ、みじめさを耐え忍べよというに等しく、他方、駅のホームという公共の場にそぐわない行動をとる酔余者に対しては、その行動を放任する結果になることから、徒らに同人の右の動きを助長する傾きのあるのを否めないところであり、結局において電車に乗ろうとして駅ホームでその来るのを待っていた被告人の、一市民としての立場をないがしろにするものであって、到底与することができない。」として、いわゆる「退避義務」が明確に否定されている。

　また、被害者の死亡という重大な結果が生じていることについても、「これがやむを得ないもので、かつ相応な態様のものであったということを否定しようとするとき、それならば被告人としては、Aの行為に対し如何なる手立てをとったらよかったのかということにつき、その対処の余地を見出し難い立場に置かれることになる。」と批判している。

[2] 事前判断説の不当性

　この判決に対する評釈には、これは被告人に被害者が死亡することの予見可能性がなかったがゆえに無罪とされたのだとするものがある。「事前判断説」などと呼ばれる見解である。しかし、それでは、事件現場のホームがもっと狭かったり、あるいは、Aによる暴行・侮辱さらには強制わいせつにまで至るような行為が千尋の谷に架かる吊り橋の上で行われていたりしたらどうであろうか。

　この場合に、Aからの侵害を止めるために突き飛ばすしか方法がなかったとすれば、事前に誰がみても突飛ばせばAが死亡する可能性が高いとわかるときには、当該女性はこの暴行・侮辱さらには強制わいせつ行為をそのまま甘受することを、しかも刑罰で義務付けられることになる[15]。

　つまり、問題の焦点は、著しく重大な結果が予見できるか否かではなくて、それが権利を防衛するために「必要最小限度の侵害」か否かなのである。

第5章　正当防衛の正当性　081

[3]「必要最小限度」と「害の相対的均衡」

　前述のように、学説および一部の裁判例では、防衛行為の「相当性」に、
生じた害が避けようとした害に比して著しく大きくないという意味での「害
の相対的均衡」が要求されている[16]。すなわち、権利防衛のために必要最小
限度の加害であっても、それによって、回避しようとした害に比して著しく
重大な害が生じるなら、防衛行為の「相当性」は認められないので、防衛は
諦めなければならない、それでも防衛をすれば処罰するというのである。

　しかし、「必要最小限度の侵害」であっても、それが回避される害に対し
て著しく均衡を失していることを理由に防衛者を処罰すれば、それは刑罰に
よって不正を助長する結果になる。それは、正当防衛が「正対不正」の関係
でのものであることを忘れた謬見である。

[4]　武器対等？

　さらに、防衛行為の相当性にとって「武器の対等」は必要か、という問題
もある。言い換えれば、素手の相手に対して凶器を用いる場合には、それだ
けで「相当性」が否定されるのか、という問題である。これについては、平
成元年11月13日の最高裁判決（最判平成1・11・13刑集43巻10号823頁）が、次
のように述べている。

　「被告人は、年齢も若く体力にも優れたKから、『お前、殴られたいのか。』
と言って手拳を前に突き出し、足を蹴り上げる動作を示されながら近づかれ、
さらに後ずさりするのを追いかけられて目前に迫られたため、その接近を防
ぎ、同人からの危害を免れるため、やむなく本件菜切包丁を手に取ったうえ
腰のあたりに構え、『切られたいんか。』などと言ったというものであって、
Kからの危害を避けるための防御的な行動に終始していたものであるから、

15）筆者が以前に、この問いを学部のゼミ生に投げかけたときには、女子学生は断固として、
　また、男子学生もしぶしぶ（？）、突き飛ばし行為に正当防衛を認めた。

16）大審院判例には、豆腐数丁を守るために人命を奪うのは許されないと述べたものがある
　（大判昭和3・6・19新聞2891号14頁）。もっとも、これは侵害終了後に相手を追撃して殴
　り殺した事案に関するものであって、いずれにしても侵害の「急迫性」が認められないケー
　スであった。むしろ、前述のように、立法当時の議論では、着物一枚の窃盗を防ぐため
　に必要とあらば、窃盗犯人を殺害してもよいと説明されていたのである。

その行為をもって防衛手段としての相当性の範囲を超えたものということはできない。」

　ここでは、「相手が年齢も若く体力にも優れているため本件菜切包丁を用いて対抗せざるを得ず、かつ防御的な行動に終始していたものであるから」とは書いていない。ゆえに、「実質的な武器対等原則」を唱えるのも誤りである。つまり、この判決は、素手の相手に対して包丁を構えて脅迫しても、それが相手からの危害を避けるための防御的な行動に終始していた場合には、防衛のための必要最小限度のものとして、防衛行為の「相当性」を認めているのである。

　そもそも、突然不正に襲ってくる相手に対して、ボクシングのタイトルマッチのように正々堂々対等な武器で戦えということ自体が、不自然な発想である。そうではなくて、武器の使用は、結局のところ、防衛行為の「必要最小限度性」の問題なのである。

[5] 社会連帯による制約

　もっとも、社会性の強い社会では、困窮の上での軽微な物の窃盗については、社会連帯の原理から、必要最小限度の防衛行為でも窃盗犯人の命を奪う危険があるのであれば、それを差し控える義務が認められるかもしれない。それは、富める者に対する社会連帯の義務なのである。しかし、裁判所がそのような社会連帯義務の存在を確認することなく、安易に侵害を甘受せよと命ずるのは不当である。

　なお、アメリカの模範刑法典には、Art. 3 section 3.04 (2) (b) (ii) に、相手を死に至らせる強制力を用いなくても退避によって確実に安全が確保できることを防衛者が認識している場合には、相手を死なせるような防衛を認めない旨の規定がある。しかし、これは、とりわけ権利関係に争いがあるような場合において、銃社会であるアメリカにおいてむやみに致命的な発砲が行われることを回避する趣旨のものであり、防衛行為一般を規制するものではない。加えて、同じく模範刑法典の Art. 3 section 3.06 (3) (d) (ii) には、強盗や重大な窃盗に対しては、相手を死なせるような防衛行為も許容する規定がある。

第5章　正当防衛の正当性　083

4 | 「防衛の意思」の機能
──「過剰防衛」による刑の減免の適否

[1] 正当防衛の要件か過剰防衛の「情状」か

　刑法36条1項は、自己または他人の権利を「防衛するため」と規定している。このため、判例および通説は、正当防衛の成立には、防衛者の側に**防衛の意思**のあったことが必要であると解している。たとえば、相手方が攻撃してきたことに「憤激」し、これを海中に突き飛ばしたような場合には「防衛の意思」が欠け、その行為は正当防衛にも過剰防衛にも当たらないとされるのである（大判昭和11・12・7刑集15巻1561頁。以下、「昭和11年判決」と呼ぶ）。

[2] 「防衛」の意思の内容

　これに対して、「防衛の意思」は不要とする見解も有力である。なぜなら、正当防衛の客観的要件を満たしている行為の違法阻却に「防衛の意思」という主観的要素を要求することは、客観的には問題のない行為を行為者の意思が悪いという理由で処罰することになり、「行為責任」の原則に反する意思処罰となってしまうからである。

　もっとも、学説の激しい対立にもかかわらず、「防衛の意思」の内容については、一致した定義は存在しない。近年では、「侵害を避けようとする単純な心理状態」という定義が流行しているが、それでは、緊急避難の意思と同じものになってしまう。他方、急迫不正の侵害を受けたことに対向しているという認識だとすると、「防衛の意思」が否定されるのは、たまたま自分が相手を攻撃したら相手も自分を攻撃するところであったという**偶然防衛**の場合に限られることになる。しかし、筆者は寡聞にして、「偶然防衛」の裁判例を見たことがない。つまり、裁判例に現れた事件では、このような認識がない事例はないのである。

　それにもかかわらず、先の「昭和11年判決」は、被告人に「防衛の意思」がないことを理由に、正当防衛も過剰防衛も認めなかった。したがって、この判決のいう「防衛の意思」は、急迫不正の侵害を受けたことに対向しているという認識ではない。

　他方、最高裁は、「憤激」あるいは「攻撃の意思」と「防衛の意思」は並存しうると述べる（最判昭和46・11・16刑集25巻8号996頁、最判昭和50・11・

28刑集29巻10号983頁）。

　そこで注目すべきは、「防衛の意思」の有無が問題となった裁判例の特徴は、ほとんどが過剰防衛の成否が問われたものだということである（「昭和11年判決」、最判昭和46・11・16刑集25巻8号996頁、最判昭和50・11・28刑集29巻10号983頁。なお、最決平成20・6・25刑集62巻6号1859頁は、被害者が気を失っていることを知りつつ暴行を加えた事件で、主観的にも客観的にも「防衛行為」ではない事案であった）。とくに、「防衛の意思」がないとした「昭和11年判決」は、その理由として、被告人（男性）と被害者（女性）の年齢・性別・能力の差、その他犯行当時の諸般の情況に関する被告人の供述を考慮し、急迫な侵害とは認めがたく、かつ、被告人は被害者から胸倉を掴まれこれに憤激して海に突き飛ばしたことを挙げている。つまり、この判決は、侵害の「急迫性」がすでに怪しく、また、仮に「急迫性」があったとしても、この被告人を過剰防衛として「情状により」（36条2項）刑を減免すべきものではないと考えたのだと思われる。

[3] 刑法36条2項の「情状」としての「防衛の意思」

　刑法36条2項が「防衛の程度を超えた行為は、**情状により**、その刑を減軽し、又は免除することができる。」と述べているように、過剰防衛による刑の減免の判断は「情状」による。ゆえに、防衛行為が程度を超えた理由が、刑の減免に値しないような心理状態であれば、実務ではそもそも刑法36条2項を適用しないのが一般である[17]。

　そこで、学説には、正当防衛の要件としては「防衛の意思」は不要であるとしながら、「防衛の意思がない」という判断は過剰防衛を理由とする刑の減免を否定するものとして機能していることを認める見解がある[18]。これが、実務における「防衛の意思」を説明する最も合理的な方法であろう。つまり、「防衛の意思がない」という判断は、防衛が程度を超えた場合に、防衛者に責任減少と評価すべき恐怖・驚愕・興奮・狼狽等の情状がなく、かえって同

　17）名古屋地判平成15・1・21 LEX/DB28085346のように、過剰防衛であるとしながら「この点をもって過度に被告人に同情することはできない」として、刑法36条2項を適用しなかった裁判例もある。

　18）平野・総論Ⅱ248頁、山口・総論125頁等。

情に値しない憤激などに支配されたものであったときに、刑の減免を否定する場合なのである（この点では、**「積極的加害意思」**のある場合に「急迫性」の否定を介して正当防衛だけでなく過剰防衛も否定する最決昭和52・7・21刑集31巻4号747頁も、機能的に同じものである。「平成29年決定」の事案も、**刑の減免の必要がない過剰防衛**と考えれば、その結論は刑法36条の文言で無理なく説明できるのだが）。

他方、「防衛の意思がある」という判断は、正当防衛の客観的要件がすべて満たされるとの総合判断の表現か、あるいは、過剰ではあるが、行為者のおかれた事情や客観的行動からみて、責任減少を理由とする刑の減免が認められるという判断を意味する。

[4] 過失犯と「防衛の意思」

ところで、大阪地判平成24・3・16判タ1404号352頁は、襲撃のために追いかけてきた被害者がすでに自車のドアノブを掴んでいることに気づかず、これを発進させて被害者を死亡させた被告人に、正当防衛を認めた。そこでは、被告人には、被害者Aらの被告人車両に対する攻撃によって自己の生命や身体などに対する差し迫った危険があることを認識し、それを避けようとする心理状態があったことをして、「防衛の意思があった」と認められている。

しかし、「防衛」の意思というからには、それは侵害者に立ち向かって権利を防衛するという意思のはずである。被告人は被害者がすでにドアノブを掴むまでの距離にいることを知らなかったのであるから、これをして「防衛の意思」というのは不自然であろう。むしろ、端的に、「防衛の意思」不要説に依拠したほうがよい。

---

5 ｜ 自招侵害

[1] 侵害を自ら招いた場合

ところで、旧刑法314条但書には、正当防衛の対象となる暴行から「不正の所為」によって自ら招いたものが除外されていた。現行刑法の理由書では、これは侵害の急迫性と不正性のなかで考慮されるものとされている[19]。つま

---

19) 倉富ほか・前掲注2）2142頁参照。

り、刑法36条の明文を超える要件の追加は予定されていないのである。

　また、自招侵害をおよそ正当防衛の対象外としなかったことは、たしかに自ら不正な行為で招いた暴行に通常の範囲で正当防衛を認めることは妥当でないが、しかし、この場合におよそ正当防衛を認めないとすることも妥当でないということでもある。その意味で、**自招侵害の場合には、正当防衛は制限されることがある**と解するのが妥当である。

[2]「一発殴り返す権利」？──「ゴミ捨て場闘争」事件

　ところで、挑発しておいて殴り倒すのが、自招侵害（ないし挑発防衛）の典型である。しかし、逃げたのに追いかけられて暴行を受けた場合はどうであろうか。

　この点につき、平成20年5月20日の最高裁決定（最決平成20・5・20刑集62巻6号1786頁）は、相手方の攻撃が「被告人の前記暴行の程度を大きく超えるものでないなどの本件の事実関係の下においては、被告人の本件傷害行為は、被告人において何らかの反撃行為に出ることが正当とされる状況における行為とはいえないというべきである」と述べた。つまり、一発殴ったことによって一発殴られそうになったときは、身を守るためであっても反撃してはいけないというのである。こうすることによって、最高裁は、被告人に対し、正当防衛どころか、過剰防衛による刑の減免も否定した。

　しかし、この場合に、第三者が殴られそうになっている被告人を助けに入って相手方を殴ったら、どうなるのであろうか。他人のための正当防衛は守られる他人に防衛権があることを前提とするのであれば、この被告人は「何らかの反撃行為に出ることが正当とされる状況」にはなかったのであるから、その防衛権も否定されるであろう。それはまるで、相手方に「一発殴り返す権利」があるかのような状況である。そうなると、警察官も、この相手方を制止できないことになろう。

　筆者も小学生のころには、このような「殴り返す権利」を認めてその場を収めるという風習に出くわしたことはある。一発殴られた者は相手に一発殴り返して、これであいこだから恨みっこなしとして和解に至るのである。しかし、まさか最高裁がそのような小学生の喧嘩仲裁のルールに依拠したわけではあるまい[20]。そもそも、殴られたからといって相手を追いかけてまで殴るのも、相当に悪い行為である。

第5章　正当防衛の正当性　087

そのような構成を採らなくても、本件を**刑の減免を要しない過剰防衛**として処理することは可能である。

[3] 喧嘩両成敗？

なお、古い判例には、相互に攻撃を繰り返す「喧嘩闘争」の場合には、双方を処罰する**喧嘩両成敗**のルールから、正当防衛の観念を容れる余地はないとするものがあった（大判昭和7・1・25刑集11巻1頁。ほかに大判昭和5・9・27刑集9巻691頁、最判昭和23・6・22刑集2巻7号694頁など）。しかし、戦後は、「喧嘩闘争」の場合でも、正当防衛を肯定する余地が認められた（最大判昭和23・7・7刑集2巻8号793頁、最判昭和32・1・22刑集11巻1号31頁）。かくして、「喧嘩闘争」という観念それ自体は、正当防衛を制限する機能を失うことになった。

もともと、喧嘩両成敗というルールの起源は、それほど古いものではない。これが確立したとされるのは戦国時代末期であるうえ、それは主に、軍律を乱した者に対して適用される戦時のルールだったのである。他方で、土地争いなどにもこれが適用されたとする見解もあるが、それは正当防衛というより自救行為に相当する事案であろう。いずれにしても、現代の裁判において、喧嘩両成敗を理由に正当防衛の検討を拒否することは許されない。

もっとも、喧嘩闘争が、被害者個人に対する罪としてではなく、社会の平穏を乱す罪として違法とされることはあり得る。決闘罪（「決闘罪ニ関スル件」明治22年法律第34号）がそれである。昭和7年の大審院判決の事案も、そのようなものであった。

---

6 │ 盗犯防止法による特例の趣旨

[1] 盗犯防止法の立法趣旨

なお、盗犯防止法（盗犯等ノ防止及処分ニ関スル法律）1条1項には、「左

---

20) 挑発に対して意気地なしと思われないために反撃するという行為は、名誉が重んじられる社会では、一種の「名誉防衛」としてある程度まで正当化される余地がある。その結果として、挑発に対する反撃に違法性が消滅ないし減少することで、相手方の防衛権が制限されるとする理論構成は可能である。同旨、髙山佳奈子「『不正』対『不正』状況の解決」研修740号（2010年）8頁。

ノ各号ノ場合ニ於テ自己又ハ他人ノ生命、身体又ハ貞操ニ対スル現在ノ危険
ヲ排除スル為犯人ヲ殺傷シタルトキハ刑法第36条第1項ノ防衛行為アリタル
モノトス」として、盗犯の防止や侵入者の撃退などに際して「やむを得ずに
した」という「相当性」要件を外した特別規定がある。また、同条2項には、
「前項各号ノ場合ニ於テ自己又ハ他人ノ生命、身体又ハ貞操ニ対スル現在ノ
危険アルニ非ズト雖モ行為者恐怖、驚愕、興奮又ハ狼狽ニ因リ現場ニ於テ犯
人ヲ殺傷スルニ至リタルトキハ之ヲ罰セズ」とする特則がある。

[2] 最高裁による制約

　この盗犯防止法は1930（昭和5）年に制定されたもので、当時の強盗・侵
入窃盗の増加に対処するためのものであった。その1条の特則は、当時すで
に害の相対的均衡を正当防衛の「相当性」の内容とする解釈によって制限さ
れていた防衛行為を、これらの盗犯に対する被害者のために拡大するもので
あった。

　しかし、戦後の最高裁は、一方において、同条1項1号が「やむを得ずに
した」という文言を用いていないことにつき、「同条項が刑法36条1項と異
なり、防衛の目的を生命、身体、貞操に対する危険の排除に限定し、また、
現在の危険を排除するための殺傷を法1条1項各号に規定する場合にされた
ものに限定するとともに、それが『已ムコトヲ得サルニ出テタル行為』であ
ることを要件としていないことにかんがみると、刑法36条1項における侵害
に対する防衛手段としての相当性よりも緩やかなものを意味すると解するの
が相当である。」と述べて、明文にない「相当性よりも緩やかなもの」とい
う枠をはめた（最決平成6・6・30刑集48巻4号21頁）。

　また、他方において、同法1条2項につき、「同条1項各号の場合におい
て、自己または他人の生命、身体または貞操に対する現在の危険がないのに、
恐怖、驚愕、興奮または狼狽により、その危険があるものと誤信して、これ
を排除するため現場で犯人を殺傷した場合に適用される規定であって、行為
者にそのような誤信のない場合には適用がないものと解するのが相当であ
る」として、その適用を制限した（最決昭和42・5・26刑集21巻4号710頁）。

　しかし、処罰を阻却する事由に対して明文のない制限を設けることは「罪
刑法定原則」に反するであろうし、危険の誤信がなくても「恐怖、驚愕、興
奮又ハ狼狽ニ因リ」過剰な行動に出る場合がないとはいえないであろう。

第6章

緊急避難の法的性質

1 ｜ サンデルの「白熱教室」

[1]「転轍手の事例」

　2010年にNHKの教育テレビで放映され、大変話題になった『ハーバード白熱教室』という番組があった。ハーバード大学で政治哲学を教えるマイケル・サンデル教授による講義を取り上げたものである[1]。その第1回の放送で、サンデルは「トロッコ問題」ないし「トロリー問題」というケースを取り上げる。以下のような事例である。

　（a）　線路を走っていたトロッコの制御が不能になった。このままでは前方で作業中だった5人が猛スピードのトロッコに避ける間もなく轢き殺されてしまう。

　①　この時たまたまA氏は線路の転轍器のすぐ側にいた。A氏がトロッコの進路を切り替えれば5人は確実に助かる。しかしその別路線でもB氏が1人で作業しており、5人の代わりにB氏がトロッコに轢かれて確実に死ぬ。A氏は転轍器を操作してトロッコを別路線に引き込むべきか？　もちろん、他に、5人の命を救う方法はない。

---

1)　マイケル・サンデル著・鬼澤忍訳『これからの「正義」の話をしよう』（早川書房、2011年）41頁以下参照。2018年の6月から7月にかけても、NHKはBS 1で、『マイケル・サンデルの白熱教室2018』を放映したようである。http://www4.nhk.or.jp/P2200/（2018年7月3日参照）。

刑法を学んだ人なら、これを「転轍手の事例」という名前で聞いているかもしれない。まさに、緊急避難の典型例として取り上げられる講壇事例である。

　刑法37条1項本文は「自己又は他人の生命、身体、自由又は財産に対する現在の危難を避けるため、やむを得ずにした行為は、これによって生じた害が避けようとした害の程度を超えなかった場合に限り、罰しない。」と規定する。ゆえに、法学徒の答は簡単である。「A氏は無罪。なぜなら、彼は、他人である5人の命を救うために、これよりほかに方法がないことをしたのであり、しかも、B氏1人の死亡という「生じた害」は、5人の死亡という『避けようとした害』の程度を超えていないからである。」と。

　しかし、問題は、これが道徳的に正しい行いか否かを超えて、適法といえるかどうかにある。というのも、**刑法には、「違法ではあるが責任がないから無罪」という選択肢もある**からである。これが、いわゆる「緊急避難の正当化根拠」と呼ばれる問題、より正確には「緊急避難の法的性質」と呼ばれる問題である。今回は、この問題を取り上げる。

[2] 不処罰の範囲

　ところで、「転轍手の事例」では、適法といえるか責任阻却かは別にして、A氏が無罪であることにはほとんど異論はないであろう。多くの人は「5人死ぬよりは1人死ぬ方がまだましだ。」と考えるからだ。しかし、サンデル（あるいはその先駆者たち）は、次のような事例を挙げて、私たちを混乱に陥れる。

---

　②　A氏は線路の上にある橋に立っており、A氏の横にC氏がいる。C氏はかなり体重があり、もし彼を線路上につき落として障害物にすればトロッコは確実に止まり、5人は助かる。だがそうするとC氏がトロッコに轢かれて死ぬのも確実である。C氏は状況に気づいておらず自らは何も行動しないが、A氏に対し警戒もしていないので突き落とすのに失敗するおそれは無い。C氏をつき落とすべきか？　もちろん、他に、5人の命を救う方法はない。

第6章　緊急避難の法的性質　091

今度は、同じ作業員ではなく、およそ保線とは無関係なＣ氏が犠牲になるという事例である。そして、この事例になると、５人の命を救うためにＣ氏を突き落とすべきだと答える聴講者は少数派になる。いずれの事例においても、１人の犠牲者をひき殺すのはトロッコであり、転轍手あるいは突き落とす人は、その用意をしているに過ぎないのに。

　この事例では、法学徒の答も混乱する。ある人は、設例（a）①の場合と同じように刑法37条１項本文を適用して、Ａ氏は５人の命を救うためにやむを得ずにＣ氏の命を犠牲にしたのであり、生じた害（Ｃ氏の死亡）は避けようとした害（５人の死亡）の程度を超えていないのだから無罪である、と答えるかもしれない。しかし、ある人は、無関係なＣ氏を巻き込んだことは緊急避難としての**「相当性**[2]**」**がなく、正当化できないものであり、せいぜい、救おうとした５人の中にＡ氏の近親者がいる場合にだけ、**「適法行為の期待可能性」**がないので責任が阻却されるにすぎないと答えるかもしれない。これは、旧刑法75条２項がその罪を論じないとする「天災又ハ意外ノ変ニ因リ避ク可カラサル危難ニ遇ヒ自己若クハ親属ノ身体ヲ防衛スルニ出タル所為」に当たる（「天災又ハ意外ノ変」は例示にすぎず、人の行為を除く趣旨ではない）。

　ここで、サンデルの質問に答えた、法学徒でない人々を含む多数派の意見によるなら、同じく５人の命を救うために１人の命を犠牲にしたＡ氏については、近親者を救うという特段の事情がない限り、有罪の判決が下されそうである。筆者もまた、法学徒でない人々を含むこの多数派の「法意識」は尊重されてよいと考える。

　そこで、設例（a）②では緊急避難等による無罪が適当でないとすれば、ここでは、緊急避難の成否自体が問題になっていることになる。そしてこれもまた、緊急避難の法的性質をどう考えるかという問題に結びつくものなのである。

---

2)　緊急避難の「相当性」とは、単に自己又は他人の利益を救うために他によりましな方法がないというばかりでなく、「かかる行動に出たことが条理上肯定し得る場合」であることを意味する（最大判昭和24・5・18刑集３巻６号772頁）。

2 ｜緊急避難に対する正当防衛および緊急避難

[1] 緊急避難に対する正当防衛

まずは「緊急避難に対する正当防衛」から考えてみよう。先の設例（a）
①において、A氏が転轍器を操作してトロッコを別路線に引き込もうとして
いる様子を目撃したD氏が、B氏を救うためにA氏を殴り倒して操作を阻止
し、その結果、直進したトロッコによって作業員5人が死亡した場合、D氏
の暴行行為――によってさらに5人を死亡させた行為――は正当防衛となる
であろうか（（a）③）。設例（a）②も緊急避難としてA氏が不処罰となると
答えた方には、同じように、D氏がC氏を救うためにA氏を殴り倒した場合
も考えてほしい（（a）④）。

第5章で考察したように、正当防衛は、何らかの犯罪の構成要件に該当し
た行為につき、それが「急迫不正の侵害に対して、自己又は他人の権利を防
衛するため、やむを得ずにした行為」（36条1項）であれば処罰されないと
いうものである。そこにいう「不正」とは、「対物防衛」の場合に争いはあ
るが、一般的には「違法」という意味だとされている。そこで、転轍器を操
作したりC氏を突き落とそうとしたりしているA氏の行為が「違法」でない
場合には、これを阻止した結果、暴行罪――それどころか5人の作業員に対
する殺人罪――の構成要件に該当することになるD氏の行為は、正当防衛に
当たらないことになる。

『ハーバード白熱教室』での多数意見は、設例（a）①のA氏の行為を是認
している。これが、「A氏の行為は違法でない」という意味であれば、D氏
は正当防衛とはならず、むしろ、A氏に対する暴行罪および5人の作業員に
対する殺人罪で有罪とされることになろう。D氏は、5人の作業員を救おう
とするA氏の正当な行為を阻止することによって、むしろ5人の命を奪った
のだから。反対に、この多数意見では、設例（a）②のA氏の行為は是認し
ないので、この場合には、D氏はC氏のための正当防衛として無罪となるで
あろう。しかし、少数意見によるなら、設例（a）②のA氏の行為も是認さ
れるので、D氏は同じく、暴行罪と殺人罪で有罪となるであろう。

[2] 犠牲になる義務？

でも、ちょっと待ってほしい。それでは、設例（a）①の場合に、A氏を

第6章　緊急避難の法的性質　093

殴り倒したのが、犠牲にされようとしていたB氏であったらどうであろうか（作業中のB氏がどうやってA氏のところまで来て彼を殴り倒せるのかは、この際、問題にしない。また、B氏は作業現場から逃げることはできなかったとする）。多数意見によるなら、B氏もまた暴行罪と殺人罪で有罪になるのであり、そうなりたくなかったら、B氏は犠牲になるしかないというのであろうか（類似の状況は、「9・11テロ」のように、ハイジャックされた飛行機の乗客らにも当てはまる。ここで、大災害を防ぐために、国家はこの飛行機を撃墜してよいであろうか。そして、第三者はこの撃墜行為を阻止してよいであろうか[3]）。

　ここでは、一方でA氏の行為を適法とすることは、他方でB氏にこれを甘受する義務を認めることになる（**緊急避難行為を緊急避難で阻止できるとする見解**——それは「違法性阻却」の意味を無にするものであるが——に立ったとしても、この場合には、「生じた害」〔5人の死亡〕が「避けようとした害」〔Bの死亡〕の程度を超えてしまうので、刑法37条1項本文は適用できない）。この義務を認めつつ、抵抗したB氏を無罪にするためには、**適法行為の期待可能性**がないとする方法が考えられる。しかし、その根拠を「生存本能」に求めるなら、死刑を認める現行日本法の下でも、執行に対する抵抗につき——犯した罪によってそうなるはめに陥ったとしても——死刑囚には適法行為の期待可能性がないとしなければならない。しかし、非難可能性は、「生存本能」によって単純に否定されるものではない。これは**責任の本質**にかかわる問題である。

　反対に、B氏に犠牲甘受義務を認めないのであれば、このB氏の救助要請に応じてA氏を殴り倒したD氏もまた、正しい行いをしたことになる。つまり、これは正当防衛なのである[4]。ということは、A氏の行為は「違法」である。この場合、A氏の行為を適法行為の期待可能性がない**免責的緊急避難**とすることも困難である。「天災又ハ意外ノ変ニ因リ避ク可カラサル危難ニ遇ヒ自己若クハ親属ノ身体ヲ防衛スルニ出タル所為」の罪を論じないとした

---

3)　どうせ助からないのなら、被害を少しでも小さくするために、乗客らには「犠牲になる義務」があるとする考え方もある。これに対して、設例（a）①のB氏は、転轍器を操作されなければ死ななくて済む、という違いはある。

4)　この場合にD氏の行為を刑法37条1項本文の緊急避難とすることは無理である。なぜなら、「生じた害（5人の死亡）が避けようとした害（B氏の死亡）の程度を超えなかった」とは言えないからである。

旧刑法75条2項の規定は免責的緊急避難の典型と考えられるが、5人の作業員の中にA氏の「親属」がいない場合、彼の行為は免責的緊急避難にも当たらないからである。

　そこで、多数意見に従って設例（a）①のA氏の行為を犯罪でないとするのであれば、これはもう、**違法性阻却事由としての緊急避難**という構成に拠るしかない。ということは、この場合、同じ作業員仲間のB氏には**犠牲になる義務**を認めるしかないということである。この場合に、犯した罪によってそうなるはめに陥った死刑囚の抵抗の場合と異なり、B氏の抵抗行為に免責的緊急避難を認める余地があるか否かは、なお慎重な検討を要する。なぜなら、自ら招いた事態ではないとしても、それは5人の死亡という大変な事態を招来するからである。

[3]「危険共同体」

　他方、多数意見に従えば、設例（a）②のA氏の行為は是認されない。同じく1人の命を犠牲にして5人の命を救う結果になるにもかかわらず、である。この結論の違いは、おそらく、犠牲にされるC氏が作業員5人とは何の関係もないことに、その理由を有する。設例（a）①におけるB氏は、5人と同じ作業員であり、おそらく、5人と共に危険な保線作業を行うグループに属している。その限りで、同じ船に乗り込む乗組員や登山パーティーの場合と同じような、一種の「**危険共同体**」が形成されているのである。それゆえ、仲間のために場合によっては命まで懸けるような共同体が形成される[5]。

　これに対して、設例（a）②におけるC氏は、5人の作業員との間にそのような「危険共同体」関係はない。市民一般の関係にすぎないのである。それゆえ、5人の作業員の命を救うために命を懸ける義務はない。一般市民として「困ったときはお互いさま」といえる程度の犠牲義務しか負わないのである。

[4] 社会連帯

　つまり、正当化される緊急避難の正当化は、単純な「**優越的利益擁護の原理**」によってではなくて、危難に陥った者との関係でどのような危難転嫁甘

---

5)　なお、橋田久「生命危険共同体について」産大法学30巻3＝4号（1997年）82頁以下参照。

第6章　緊急避難の法的性質　095

受義務があるかに左右されるのである。これを称して**「社会連帯の原理」**という。この原理が妥当する理由は、市民相互の生存のチャンスを高めることにある。

3 | 現行刑法37条の趣旨

[1] 刑法37条の緊急避難の法的性質

　このような予備知識を持って、現行刑法37条をみてみよう。この、とりわけ37条1項本文に規定されている緊急避難、すなわち「自己又は他人の生命、身体、自由又は財産に対する現在の危難を避けるため、やむを得ずにした行為は、これによって生じた害が避けようとした害の程度を超えなかった場合に限り、罰しない。」という一文については、不処罰とされる根拠につき、α) **一元的に違法性阻却事由**であるとする見解と、β) 違法性阻却と責任阻却があるとする**二分説**[6)]、さらに、γ) 違法性阻却、可罰的違法性阻却、責任阻却の三つの場合があるとする**三分説**[7)]があり、また、それぞれに細かなヴァリエーションがある。そして、旧刑法75条2項と異なり、本条は**「親属」**に限定せず他人一般のための緊急避難を認めていることや、「生じた害が避けようとした害の程度を超えなかった場合に限り」という**「害の衡量」**ないし「害の均衡」要件を持っていること、そのほか避難行為につき期待可能性がないことを要件としていないことなどから、α説が通説とされている[8)]。

　しかし、現行法の制定過程をみると、ことはそう単純ではない。緊急避難の救助対象の拡大は「恩人又は親友」への拡大を意図するものであったし、「やむを得ずにした行為」には「期待不可能」という意味を読み込むことは

---

6) 二分説については、通常は違法性阻却だが、生じた害と避けようとした害が同価値の場合のみが責任阻却となるとする見解と、生命対生命ないし身体対身体の場合のみが責任阻却となるとする見解、さらには、避けようとした害が生じた害に本質的に優越している場合にのみ違法性阻却だとする**ドイツ流の二分説**に倣った見解がある。なお、責任阻却一元説とされる瀧川説も、実際にはドイツ流の二分説であり、純粋な責任阻却一元説は、現行法の解釈においては存在しない。

7) 三分説については、福本美奈子「強制による行為と緊急避難に関する一考察」立命館法政論集1号（1999年）99頁参照。なお、後述するように、筆者も三分説である。

8) 近年の学説の詳細については、佐伯仁志・考え方179頁以下参照。

十分に可能である。また、何より、「生じた害が避けようとした害の程度を超えなかった場合」という「害の衡量」条項は、むしろ不処罰となる緊急避難には必ずしも正当とはいえない行為も含まれることを理由としたものであった[9]。

[2] 特別義務者条項

加えて、本条2項にある「前項の規定は、業務上特別の義務がある者には、適用しない。」という規定が問題となる。ここにいう「業務上特別の義務がある者」には、消防士や警察官、さらに戦前なら兵士、今日では自衛隊員など、危険に立ち向かうことを職務とする者が含まれる。そこで仮に緊急避難行為が適法なら、なぜ、これらの者には37条1項本文による不処罰や同項但書による刑の任意的減免が排除されるのか、通説を標榜する学者はまともに答えていない。

なお、この**特別義務者条項**は、ドイツ刑法では、免責的緊急避難に限って規定されている[10]。つまり、たとえばレスキュー隊が火災の際にドアを蹴り破って被害者を救出する行為のように適法な緊急避難なら特別義務者条項は適用されず、反対に、レスキュー隊員が火災を恐れてドアを蹴り破ってさっさと逃げ出す行為には、建造物ないし器物等損壊の罪責が問われるのである[11]。

[3] 多様な性格の緊急避難の混在

このようにみると、現行刑法37条が規定する緊急避難には、少なくとも違法性を阻却する性格のものと責任を阻却する性格のものといった複数の性格のものが混在していると考えざるを得ない。もちろん、この多様な性格の緊急避難を一本の条文にまとめた明治40年刑法の立法者を非難することはできない。なぜなら、当時は、まだドイツでも、緊急避難を違法性阻却事由としてのそれと責任阻却的（＝免責的）なそれとに二分する立法提案は行われて

---

9) 詳細については、松宮孝明『刑事立法と犯罪体系』（成文堂、2003年）135頁参照。

10) ドイツ刑法35条1項2文は「特別な法関係にあって危険を甘受することが期待できた場合」に、免責的緊急避難条項の適用を排除している。

11) もっとも、一般的には、殉職の義務はないであろう。あるのは、自衛隊法56条に基づき「職務上の危険若しくは責任を回避し……てはならない。」とされる自衛隊員である。

第6章　緊急避難の法的性質　097

いなかったからである。それが刑法改正草案に登場するのは、1927年まで待たなければならない[12]。ゆえに、同一条文にあるがゆえに二分説や三分説は採用できないとするのは、妥当でない。

[4] 適法行為に基づく賠償責任

　他方、大雨の際、川の堤防の決壊による田畑の被害を防ぐために別の場所で堤防を決壊させたという緊急避難行為に関する大審院の大正3年10月2日判決（刑録20輯1764頁）にあるように、「緊急避難行為者ハ刑事上無罪ノ判決ヲ受クルニ拘ハラス其ノ行為ニ因リテ損害ヲ被リタル他人ノ権利ニ対シ民事上賠償ノ債務ヲ負フハ当然ノ結果ナリトス」とされ、人の不法行為に因らない危難の転嫁によって他人に与えた損害については、賠償責任を免れない。しかも、この判決は、その理由として、「緊急防衛（正当防衛の意味──筆者注）ハ特定ノ場合ニ於ケル不法ナル権利侵害ヲ排斥スルカ為メニ法律カ認許保護スル権利行為ナレトモ緊急避難ハ之ト異リテ特殊ノ場合ニ於テ法カ権利者双方ヲ完全ニ保護スルコトヲ得サルカ為メニ已ムヲ得ス単ニ其ノ一方カ他方ノ権利ヲ侵害スルコトヲ黙過シテ之ニ刑責ヲ課セサルニ止マルヲ以テ仮令一方ニ緊急避難ノ原因発生セリトスルモ之レカ為メニ他方ノ権利ノ消滅ヲ来スヘキモノニアラス」とも述べて、「権利行為」である正当防衛との相違を強調している。

　もっとも、そこから、緊急避難は刑事上の不法、すなわち「可罰的違法」のみを阻却するものであって完全な違法性阻却事由ではないという結論を導いてはならない。というのも、「可罰的違法」のみを阻却する、すなわち違法ではある行為に対しては、なお正当防衛が可能であるが、設例（a）①のA氏の行為のような緊急避難に対しては、前述のように、B氏もD氏も正当防衛ができないからである。むしろ、この場合の賠償責任は、ドイツ民法学において発展した**「適法行為に基づく賠償責任[13]」**と考えるべきであろう[14]。

　というのも、**行為が適法か違法かの違いは、その行為をやってよいか否か、相手方からみれば阻止してよいか否かの問題であって、やってよいが負担はあるという場合は違法ではない**からである[15]。事実、ドイツ刑法34条に規定

　12）なお、松宮・前掲注9）152頁および153頁において「1925年草案」とあるのは、「1927年草案」の誤りである。

された違法性阻却事由としての緊急避難の手掛かりとなったドイツ民法904条は「物の所有者は、その物への他人の介入が現在の危難を回避するために必要であり、かつ、生じる虞のある損害がその介入によって物の所有者に生じる損害に比べて著しく大きいときは、その介入を禁止する権限を有しない。所有者は、彼について生じた損害の賠償を請求することはできる。[16]」とする規定であって、所有者による避難阻止行為を禁止することで避難行為を適法とするとともに[17]、避難行為に因って生じた損害の賠償は請求できるとするものだからである。

[5] 三分説

むしろ、刑法37条1項において問題なのは、これに当てはまる避難行為のうち、どれが適法で、どれがなお違法つまり正当防衛可能な避難行為かを判別することであろう。この点では、前述の「社会連帯の原理」によって、危難に陥った者と危難を転嫁される者とがどのような関係にあり、それによってどのような犠牲義務を負うかを検討するしかないように思われる[18]。その

---

13) ドイツで発展した「危険責任」という考え方が、その基礎にある。これは、単なる無過失責任ではなく、行為自体を許容しつつ損害が生じたときには因果関係のみで賠償するというものである。松宮・総論156頁以下、浦川道太郎「ドイツにおける危険責任の発展（1）（2）（3・完）」民商法雑誌70巻（1974年）458頁、601頁、773頁、錦織成史「民事不法の二元性（1）（2）（3・完）」法学論叢98巻1号（1975年）25頁、3号（1975年）25頁、4号（1976年）68頁など参照。なお、これを一般化すると、「他の場所の河川改修を優先した判断はやむを得ないので金を払わなくてよい」という**「大東水害訴訟」**（最判昭和59・1・26民集38巻2号53頁）などで裁判所によって唱えられた見解は、説得力がないことがわかる。「予算がないので、申し訳ないが後回しにする。しかし、その間に被害が生じたら、無条件で賠償（補償）する」というのが、法の精神であろう。

14) したがって、法が「やってよい」と認めている行為を同じく法が「阻止してよい」と評価することは自己矛盾となる。ゆえに、「やってよいが阻止してもよい」という矛盾を解決しようとすると、それは法の関知しない領域であるとする「放任行為」という考え方が生まれる。しかし、それは法の関知しない領域であるから、厳密には「違法性を阻却されている」つまり「適法化されている」わけではない。よって、佐伯仁志・考え方184頁は、「緊急避難に対して緊急避難による対抗を認める違法性阻却説は、放任行為説」だとしている。しかし、法解釈においては、「法の関知しない領域」を認めること自体が問題である。

15) もちろん、負担付の適法行為は、負担者に支払い能力がないことによって違法となるわけではない。同旨、佐伯仁志・考え方182頁注（23）。

第6章　緊急避難の法的性質　099

結果、**犠牲義務のある場合には違法性阻却事由としての緊急避難が可能**である。

　他方、ここから漏れた避難行為でも、刑法37条１項本文に当てはまるものはある。典型例は、「カルネアデスの板」の事例に象徴される「どちらかが生き、どちらかが死ぬしかない」状況である。この場合には、避難者にとって危難を避けるために他に方法がなく、かつ、生じた害が避けようとした害を超えない限り、**行為者の個別的な情状はこれ以上考慮することなく**、同項本文によって不処罰とするしかない。個別的な情状を考慮しない限りで、これは**「類型化された免責的緊急避難」**として「可罰的違法性」を阻却されるものと思われる。

　最後に、旧刑法75条２項にあった「害の衡量」を要件としない自己または「親属」のための緊急避難、および、後述する「強制による緊急避難」の多くは、刑法37条１項但書に基づき**個別的な情状によって「刑の免除」が可能な緊急避難**となる。これは、実質的には純粋な免責的緊急避難である[19]。このようにして、緊急避難は実質的に三分される。なお、あとの二つの緊急避難に対しては、正当防衛は可能であり、かつ、そうでなければかえって不当な結論を生じる。

---

16)　原文は、以下のものである。Der Eigentümer einer Sache ist nicht berechtigt, die Einwirkung eines anderen auf die Sache zu verbieten, wenn die Einwirkung zur Abwendung einer gegenwärtigen Gefahr notwendig und der drohende Schaden gegenüber dem aus der Einwirkung dem Eigentümer entstehenden Schaden unverhältnismäßig groß ist. Der Eigentümer kann Ersatz des ihm entstehenden Schadens verlangen.

17)　ゆえに、適法な緊急避難は、緊急避難によって阻止してはならない。緊急避難を緊急避難で阻止できるとすることは、違法性阻却事由としての緊急避難の自己否定である。

18)　ドイツ刑法34条にあるように、一般には、土砂崩れで命の危険があるので、隣家に無断で避難したといった、「避けようとした害が生じた害より著しく優越する」場合が、市民に危難転嫁の甘受を義務付ける基準となろう。しかし、「危険共同体」のように、場合によっては生命対生命の場合でも危難転嫁甘受が義務付けられる場合も考えられるので、一律に考えるべきではないと思う。その点では、ドイツ刑法にも再考の余地がある。

19)　もっとも、適法でも賠償責任が残るのであるから、免責されても賠償責任は残るであろう。

4 | 防御的緊急避難

[1] 民法720条 2 項

　このように、緊急避難では、通常、自然または人から生じた危難を他人に転嫁することがどこまで是認されるか、また、是認されないまでも免責されるかが問題となる。しかし、他方で、第 4 章で論じた「対物防衛」、つまり物から生じた危難を、物を破壊して避けるというタイプの行為も、緊急避難とされることがある。民法720条 2 項が「他人の物から生じた急迫の危難を避けるためその物を損傷した場合」に損害賠償の責任を負わないと定めているのが、これに当たる。正当防衛の対象を「人の不正な行為」に限るとする見解からは、「対物防衛」は正当防衛ではなく、この民法720条 2 項に表現された考え方を、法秩序の統一性によって、刑法に応用することになる。これを**防御的**または**防御的緊急避難**と呼ぶ。なお、この損壊行為は、一般に適法と解されている。

[2] 刑法37条 1 項本文との緊張関係

　もっとも、民法720条 2 項の文言は、刑法37条に含まれている違法性阻却事由としての緊急避難と緊張関係にある。というのも、たとえば、豪雨による災害から避難させるために家畜を隣家の敷地に立ち入らせる行為は、それによって隣家に与える害が避けようとした家畜の被害よりも（著しく）小さければ、刑法37条 1 項本文の緊急避難でありかつ適法行為である（しかも、不法行為の教科書では、刑法37条 1 項本文の解釈が、ほぼそのまま、不法行為の違法性阻却事由とされている）。

　しかし、民法720条 2 項の文言によれば、隣家の所有者は、この家畜の避難によって自己の敷地が荒されることを「他人の物から生じた現在の危難」と解し、家畜たちを殺すなり追い返して水没させるなどして「その物を損傷した」としても、適法だということになってしまう。これでは、違法性阻却事由としての緊急避難を認めた意味がない。なぜなら、**違法性阻却つまり適法とは**、前述のように、**誰にも邪魔する権利がないこと**を意味するからである。

[3] 「均衡性」要件による修正の必要

　実は、民法720条2項は、ドイツ民法第一草案187条を範としている[20]。そのドイツでは、第一草案を大幅に手直しして第二草案、第三草案が作られ、現在の民法典に至っている。その過程で、このような矛盾は修正され、前述のドイツ民法904条——物の所有者に適法な緊急避難を阻止する権利はないが損害賠償請求はできる——とともに、防御的緊急避難規定（ドイツ民法228条1文）も、「自己又は他人に対する他人の物から生じた危難を避けるためにその物を損傷又は破壊した者は、その損傷又は破壊が危難を避けるために必要であり、かつ、**その危難に対して均衡を失するものでない場合には、違法に行為するものでない。**」とされた。「均衡性」要件が加えられたのである。ここにいう「均衡性」は「害の衡量」と同じではなく、危険源となった物の所有者に破壊の受忍を義務付けることができる程度のものであることを意味する（日本の正当防衛で唱えられている「法益の相対的均衡」に近い）。ゆえに、防御的緊急避難では、物を破壊した避難者が賠償責任を負うことはない。

　ドイツ刑法では、このドイツ民法228条1文に基づき[21]、またその考え方を一般化して、避難のために危険源となった人を害する場合でも、避難者が避けようとした危難と比較して均衡を失するものでない場合には、防御的緊急避難が認められる。そこから、責任のない者から生じる危難については、正当防衛ではなく防御的緊急避難で対処すべきであるとする見解も唱えられている[22]。

　日本民法および刑法の解釈においても、このような修正が必要である。そのためには、もちろん、明文改正が望ましいが、**法秩序の統一性の要請**から解釈の無矛盾性の要請を引き出し、民法720条2項を限定解釈することも可能であろう。刑法の阻却事由の限定解釈ではないから、罪刑法定原則には抵触しない。

20）今村研介『獨逸民法草案 第一案・第二案（1888年第一草案）』（信山社、1999年）56頁参照。

21）Vgl., *T. Fischer*, StGB 65. Aufl. 2018, Vor §32 Rn. 9.

22）Vgl., *M. Pawlik*, Das Unrecht des Bürgers, 2012, S, 182.

5 | 「強制による緊急避難」

[1] 問題となる事例

　さらに、「強制による緊急避難」という問題を検討しておこう。以下のような事例が問題となる。

　（b）　Ｆ氏は、自分の幼い娘ＧをテロリストＨに誘拐され、指定された時刻までにＩ銀行から5000万円強奪してこないと娘を殺すと脅された。Ｆ氏には、警察に通報してＧを解放する方法はなかったとする。そこで、Ｆ氏はＩ銀行を訪れ、支店長Ｊ氏に包丁を突き付けつつ事情を話して5000万円の強奪に抵抗しないよう求めた（それを「強奪」というかどうかは、問題にしない）。

　①　Ｆ氏が強盗に成功してＧを救出できた場合、Ｆ氏は強盗罪で処罰されるか。

　②　Ｊ氏は隙をみてガードマンにＦ氏を拘束させ、「あなたには同情するが、おとなしく5000万円の強奪を認めたのでは私が背任罪に問われる。」と答えて強盗未遂でＦ氏を警察に引渡した。その結果、指定された時刻までに5000万円を得られなかったＨはＧを殺害した。Ｊ氏はＦ氏に対する逮捕罪およびＧ殺害に関して殺人罪の共犯に問われるか。

　設例（b）①では、Ｆ氏の弁護人としては刑法37条1項本文の緊急避難による無罪を主張するべきである[23]。なぜなら、一見すると、Ｇの命を救うためのＦ氏の強盗行為は、その要件をすべて充たしているからである。この場合、Ｆ氏の行為が適法であるか——類型化された免責行為として——責任阻却されるにすぎないかは、この際どうでもよい。なぜなら、Ｆ氏の罪責のみが問題となっている場合には、どちらでも結論は同じだからである。「やむを得ずにした行為」か否かの判定は、この場合、Ｆ氏と同じ立場に置かれた

---

23) 強制による犯罪行為に対して現に緊急避難による無罪が認められた裁判例として、拳銃で脅された覚せい剤使用に関する東京高判平成24・12・18判タ1408号284頁。それ以前には、「生命に対する現在の危難」を否定した点に疑問が残るが、「自由に対する現在の危難」を認めて殺人につき過剰避難とした東京地判平成8・6・26判時1578号39頁がある。

第6章　緊急避難の法的性質　103

法の期待する標準的な遵法精神の持ち主でも同じ行動に出たか否かによって判断される（**「期待可能性の標準」**）。

[2] 強制された行為を阻止した者の罪責

しかし、設例（b）②では、「どうでもよい」とは言っていられない。なぜなら、この場合には、事情を知りながら、緊急避難に当たるＦ氏の強盗行為を阻止してＧの殺害という結果まで招いてしまったＪ氏の罪責が問題となるからである。

もちろん、ここで、Ｊ氏は緊急避難として適法なＦ氏の行動を阻止して彼を逮捕し、あまつさえ、わかっていながらＧの殺害を招いたとして、彼を逮捕監禁罪の正犯および殺人罪の（片面的）従犯とする見解もあり得るであろう。もちろん、5000万円の強奪よりＧ殺害という害のほうが大きいので、「緊急避難に対する緊急避難」を認める見解でも、Ｊ氏を弁護することはできない。

それはおかしいというのであれば、まずは、Ｆ氏の行為が適法だという前提を否定すべきである。これによって、Ｊ氏は適法行為を阻止したのではなく、違法だが免責されるにすぎないＦ氏の行為を阻止して現行犯逮捕したのだとすることができる。

次に、第３章で述べた**「中立的行為による幇助」**という考え方を思い出すべきである。この考え方では、社会的にみて「犯罪促進的」とは受け止められない行為は、犯罪結果との間に事実的な因果関係があっても、その結果を——共犯としても[24]——帰属されない。ゆえに、銀行マンとして当然の対応をしたＪ氏の行為は「中立的」であって、Ｇの殺害は彼には帰属されないとすることで、殺人罪の共犯の罪責も否定できる。また、ここまでやらないと、Ｈのような方法で自分の手を汚さずに金を強奪できる人物の跳梁跋扈を許すことにもなる[25]。

---

24) 「実行行為性」の否定だけでは、正犯としての罪責を否定するだけで、共犯としての罪責までは否定できない。

25) 同じような理由付けは、ドイツの「シュライヤー事件」（Schleyer-Fall）に関する連邦憲法裁判所の決定（BverfGE 46, 160）にもみられる。松宮孝明「強制と緊急避難について」三井誠ほか編『鈴木茂嗣先生古稀祝賀論文集［上巻］』（成文堂、2007年）310頁注（23）参照。

[3] 違法性を阻却される緊急避難の要件としての「相当性」

そこで、Ｆ氏の緊急避難行為の法的性格を検討してみよう。ここでは、妥当な結論を得るためにはそれを「適法」とすることはできないことが確認された。ゆえに、それは、刑法37条１項本文に該当するのであれば「類型化された免責的緊急避難」として可罰的違法性を阻却されるにすぎない。

ということは、違法性を阻却される緊急避難の要件には、さらに何かが必要だということである。それは、前述したように、緊急避難の正当化のために相手方の危難転嫁甘受義務ないし社会連帯義務が必要だとすることから演繹される。設例（b）②では、具体的には、銀行側がＦ氏の陥っている危難に対してそれを「お互いさま」として分かち合うべき性質のものだということである。古典的な設例では、パールトン加工していない晴着を着て外を歩いていたら予期せぬにわか雨にあった女性が、みすぼらしい服装だが傘をさしている通行人からその傘を奪って自己の晴着を守ること（「雨傘事例」）が、違法性を阻却される緊急避難に当たらないとされるときに持ち出される**「避難行為の相当性**[26]**」**という言葉で表現されるものである。

もっとも、これは「補充性」ないしその前提とされる**「法益衝突」**という要件を、違法性を阻却される緊急避難のためにアレンジしたものであって、それらとは全く別の要件と考えるべきではない。つまり、ここでは、「法益衝突」状態は、純粋自然科学的な方法で判定されるものでも行為者の個人的な世界観で判定されるものでもなく、「他人に危難の転嫁を強いてもよい状況」という社会的な基準によって判定されるのである。もちろん、それは社会で妥当している規範の如何によって変化し得る。

設例（b）②では、今日の日本社会で妥当している規範によるなら、Ｊ氏の「あなたには同情するが、おとなしく5000万円の強奪を認めたのでは私が背任罪に問われる。」という言葉はもっともである。つまり、彼にはＦ氏の陥った危難の転嫁を甘受する義務はないのであって、その行為を阻止しＧの殺害を招いても、それはもっぱらＨの責任なのである。

26）判例の定式については、前掲注２）参照。

6 │ 過剰避難と免責的緊急避難

[1] 旧刑法75条と現行刑法

　最後に、過剰避難（37条1項但書）と免責的緊急避難との関係について検討しよう。旧刑法75条には、先の「強制による緊急避難」に関わる1項と、一般的な避難に関する2項とがあった。これらは、現行刑法において積極的に排除されたわけではなく、むしろ救助対象を「親属」以外に拡大することで、現行の37条1項本文に吸収されたと考えられる。ただ、「害の衡量」要件が設けられたことで、旧刑法75条2項によれば罪を論じられないはずだった「自己又は親属」のための「生じた害が避けようとした害の程度を上回る」避難が、ここから漏れることになった。

　しかし、その場合でも、適法行為の期待可能性が常にあるとは言えないであろう。冒頭の設例（a）①でのB氏が、死にたくないので、転轍器を操作しようとしていたA氏を殴り倒すことを、一体どんな人が非難できるというのであろうか。そこで、このような場合の「安全弁」として、「その程度を超えた行為は、情状により、その刑を減軽し、又は免除することができる。」とする刑法37条1項但書の「刑の免除」の活用による実質的な不処罰が推奨される。これが、前述した**個別判断による免責的緊急避難**である。

[2] 期待可能性の標準

　しかし、この判断は、行為者個人の価値観・世界観によるものではない。その人にとって命にも代えがたい、あるいは国宝級の古九谷の壺であっても、人命より壺の救出を優先して犠牲者を出した場合には、それに対して刑法37条1項但書を適用することは──たとえ刑の減軽であっても──できないであろう。基準は、その社会で正しいものとして妥当している価値観・世界観である。これは**期待可能性の標準**ないし責任非難一般の標準の問題である。

[3] 過剰避難の要件

　判例では、その刑法37条1項但書にいう「その程度を超えた行為」につき、前述のような「害の均衡」を超えた場合に限るとするものと、「補充性」を超えた場合を含むとするものとに分かれている。暴力団に監禁された被告人が放火して脱出しようとした行為につき、「補充性」を否定したあと過剰避

難の検討をしなかった大阪高判平成10・6・24高刑集51巻2号116頁は前者に属し、旧狩勝トンネルでの乗員の窒息死の危険を防ぐために労働組合が勝手に3割減車することは緊急避難だが、職場放棄は過剰避難だとした最判昭和28・12・25刑集7巻13号1671頁は後者に属する。

　もっとも、防衛のための必要最小限度を超えた過剰防衛の場合を考えればわかるように、緊急避難の過剰性を「害の均衡」逸脱に限定する理由はない。状況の切迫性のゆえに冷静さを欠いて「補充性」を逸脱する避難行為をしたときにも、情状判断で過剰避難による刑の減免は可能であろう[27]。

---

27) 吊橋が腐朽して車馬の通行が危険となったことから、被告人らが、雪害による橋の落下のように装って災害補償金の交付を受けようと、本件吊橋の架替を企図し、ダイナマイトを用いて本件吊橋を爆破落下させた行為につき、最判昭和35・2・4刑集7巻13号2671頁は過剰避難による刑の減免を認めなかった。佐伯仁志・考え方197頁は、これを前者に属する判例とみるが、これは、通行禁止などの措置を取ることを冷静に考える余裕のあった事例に関する判断であって、避難行為の「補充性」が認められない事件であったと考えられる。

第6章　緊急避難の法的性質　107

第7章

故意と錯誤

1 │ 「意図」、「確定的認識」、「未必の故意」

[1] 「意図」と「未必の故意」

　第7章では、「故意と錯誤」を扱う。手始めは「未必の故意」である。

　「裁判員裁判」が始まった年に、司法研修所編纂の『難解な法律概念と裁判員裁判』（法曹會、2009年）という本が刊行された。裁判官と研究者とで、素人である裁判員にとって難解と思われる法律概念をどのように定義して説明するかを論じた本である。その本の9頁以下では「殺意」が取り上げられている[1]。それは、実際には、殺人罪の**「未必の故意」**を扱ったものである。そして、そこでは、従来の「確定的殺意と未必的殺意の区別にとらわれず、これまでの殺意の概念を的確にカバーし、事案に即して裁判員が適切に殺意の有無を判断できるような説明手法を検討する必要がある[2]」とされ、「被害者が死ぬ危険性の高い行為と分かっていながらそれでも（あえて）行為に及んだことが認められるならば、それは死んでも構わないという気持ちを持つことがその者の人格的な態度であって、裁判例ではそのような態度をもって殺意と評価すべきものが認められると判断してきた[3]」とされている。

　他方、裁判所職員向けの教科書である『刑法総論講義案〔四訂版〕』（司法協会、2016年）[4]111頁は、「行為者が犯罪事実の実現を可能なものとして認識し、これを認容している場合を**未必の故意（未必的認識）**という。」と述べて

---

1) そのほかには、「正当防衛」、「責任能力」、「共謀共同正犯」が取り上げられている。

2) 司法研修所編『難解な法律概念と裁判員裁判』（法曹會、2009年）10頁。

3) 司法研修所編・前掲注2）16頁。

108

いる。また、この本は、群衆のなかに爆弾を投げ込む場合のように、一定の範囲の客体のどれかに結果が発生することは確実であるが、その個数や客体を不確定なものとして認識しているという**概括的故意**の場合を、未必の故意と同じ「不確定的故意」に分類している[5]。

　ここで、ふと、「行為者が犯罪事実の実現を可能なものとして認識し、かつ、これを意図している場合」はどうなるのかという疑問が生じる。また、行為者が群衆のなかに爆弾を投げ込んで不特定かつ多数の人が死傷することを意欲していたような場合でも、殺人の不確定的故意だというのかという疑問も浮上する[6]。

　実は、**「未必の故意」というのは、行為者が当該犯罪結果を意図していない場合にだけ問題となるものである。**したがって、犯罪結果が意図されている場合には、行為者が認識するその発生メカニズムがほとんど不可能なものでない限りは、たとえ結果の発生が不確実だと認識されていても、それを「未必の故意」とは言わない。**概括的故意であっても択一的故意であっても、犯罪結果が意図されている場合には、それは「意図」であり、「確定的故意」に属するのである。**この点で、司法協会の教科書は混乱を生む。

[2]　「確定的認識」の意味と「蓋然性説」

　「確定的故意」の一種である**「確定的認識」**（または**「確知」**）もまた、**犯罪結果が意図されていない場合に問題となる。**行為者は犯罪でない結果を意図して行動したが、その際、望ましくはないが犯罪結果が必然的に随伴するであろうと認識していた場合が、「確定的故意」なのである。ゆえに、**「確定的」認識とは、無条件に結果の発生が確実だと認識されていた場合を言うのではなく、「意図した結果を追求すれば（ほぼ）確実に犯罪結果も付いてくる」**

---

4)　この本は、一部では、司法試験に適切な範囲について十分な説明がなされ、刑法の初心者にも分かりやすいと評判の基本書なので、広く様々な人にオススメできるという。しかし、以下に述べるように、それは疑わしい。

5)　裁判所職員総合研修所編『刑法総論講義案〔四訂版〕』（司法協会、2016年）111頁。そこでは、A・Bのいずれか一方を殺す意思で拳銃を発砲したが、どちらに命中するかは不確実であったという**択一的故意**もまた、不確定的故意の一種であるとされている。

6)　同じように、択一的故意を不確定的故意に分類する司法協会の教科書では、「A・Bのいずれか一方を殺す意思＝意図」があっても、なお不確定的故意なのかという疑問が生じる。

第7章　故意と錯誤　109

と認識されている場合をいう。

たとえば、火災保険を得るために寝たきりの老人が中にいる家屋に放火した場合、たとえその老人の死は行為者の意図するところではない——それどころか好ましい結果ではない——としても、放火によって家屋が全焼すれば（ほぼ）確実にその老人が死亡すると認識されていたのであれば、「そのような必然的な随伴結果も行為者の意図したものとみなす」という考え方によって、「確定的故意」になるのである[7]。

ゆえに、**「未必の故意」と「確定的認識」の違いは、意図した結果を追求すれば犯罪結果が（ほぼ）確実に付いてくると思っていたか、ある程度その可能性があると思っていたかの違いにある。**

「未必の故意」の判定基準として主張される**「蓋然性説」**は、この随伴の蓋然性に着目した考え方である。つまり、意図した結果を追求すれば犯罪結果が蓋然的に起きると——つまり、どちらかといえば生じる可能性のほうが生じない可能性より高そうだと——認識されていた場合に、「未必の故意」を認める考え方なのである。

ゆえに、この考え方は、単純に結果発生の蓋然性の認識に着目するものではなく、「意図した結果との結びつきが蓋然的だから、そのような結果も行為者が意思したものとみなす」という論理で故意を認めるものなのである[8]。他方、以下で述べるように、通説とされる**「認容説」**は、必ずしも以上のような「意思説」——故意とは「結果を起こそうとする意思」であるとする見解

---

7) これについては、ドイツのプッペが、「確定的認識」を「行為者が、**彼がその目的のひとつを達成すれば、構成要件該当結果が確実にまたは極めて高度の蓋然性で発生すること**を知って行動するもの」（I. Puppe, Nomos Kommentar StGB 4. Aufl. Bd. I, 2013, §15 Rn. 110.）と定義していることが参考になる。これを理解しないと、以下のような混乱が生じる。通行妨害目的での危険運転致死傷罪に関するものであるが、大阪高判平成28・12・13高刑集62巻2号12頁は、通行妨害目的には少なくとも確定的認識を要するとした東京高判平成25・2・22高刑集66巻1号3頁に対して、「嫌がらせ目的で危険接近行為をしたが、通行妨害についての認識は未必的であったという場合、本件罪は成立しないことになりそうである」という批判を展開した。これは、「確定的認識」が「通行妨害」以外の目的を実現すると必然的に伴って生じるという認識を意味するのだと理解すれば、「嫌がらせ」すなわち「通行妨害」が目的である場合には問題にならない批判だとわかるであろう。

8) 従来、「蓋然性説」は、故意について「認識」を重視する認識説を基礎とするものだという理解が多かったが、これには再考を要する。

――を基礎としたものではない。

[3]「条件付故意」

　ここで、「認容説」を検討する前に、「条件付故意」という問題を片付けておこう。**「条件付故意」とは、ある条件が成就すれば犯罪を実行するという条件付きの意思をいう。**もちろん、犯罪結果そのものを条件付きで意図する場合もあれば、犯罪結果を確実に伴うと認識しつつ、あるいはそれを伴う可能性がある程度あると認識しつつ別の結果を条件付きで意図する場合もある。後の二者は、「条件付確定的認識」および「条件付未必の故意」である。

　これは、とりわけ教唆と精神的幇助の区別において問題となる。なぜなら、たとえば「金をもらえば人を殺す」という殺し屋Ｇ13に金を渡して特定の人物を殺させた者は、「金をもらえば人を殺す」という程度の「条件付故意」でも殺人罪の故意になるなら、すでに故意のある人物に具体的な犯罪行為に出る意思を強化しただけなので精神的幇助になるが、その程度の「条件付故意」では殺人罪の故意にならないというのであれば、教唆犯になるからである。

　裁判例では、平成18年11月21日の最高裁決定（最決平成18・11・21刑集60巻9号770頁）が、その具体例を提供している。そこでは、被告人に彼の脱税の隠ぺい工作を提案したＡに被告人がその隠ぺい工作を依頼した行為が証拠偽造罪の教唆に問われた[9]。弁護人は、Ａは被告人の証拠偽造の依頼により新たに犯意を生じたものではないから、Ａに対する教唆は成立しないと主張したが、最高裁は「本件において、Ａは、被告人の意向にかかわりなく本件犯罪を遂行するまでの意思を形成していたわけではないから、Ａの本件証拠偽造の提案に対し、被告人がこれを承諾して提案に係る工作の実行を依頼したことによって、その提案どおりに犯罪を遂行しようというＡの意思を確定させたものと認められるのであり、被告人の行為は、人に特定の犯罪を実行する決意を生じさせたものとして、教唆に当たる」（下線筆者）と述べて、

――――――――――
9）　本件では、被告人が自己の犯罪に関する証拠の偽造を他人に依頼し、自分も共同で実行したが、証拠隠滅（偽造）罪（104条）は「他人の刑事事件に関する証拠」の隠滅のみを対象とするものなので、「他人の」刑事事件に関する証拠を隠滅していない被告人には、実行共同正犯も共謀共同正犯も成立しない。

第7章　故意と錯誤　111

教唆犯の成立を認めた。Aのように依頼があって初めて実行するという「条件付故意」では、犯罪の故意にならないとしたのである。

　他方、昭和56年12月21日の最高裁決定（最決昭和56・12・21刑集35巻9号911頁）と昭和59年3月6日の最高裁判決（最判昭和59・3・6刑集38巻5号1961頁）は、それぞれ、被害者と喧嘩となるなどの事態になれば殺害もやむを得ないとして組員を現場に赴かせた暴力団組長、および、被害者から貸金問題について明確な回答が得られないときは、結着をつけるために、暴力的手段に訴えてでも同人を強制的に連行しようと企て、その際、現場に向かう組員らが被害者の抵抗いかんによってはこれを殺害することも辞さないとの覚悟でいるのを察知していた暴力団組長[10]に、殺人罪の共謀共同正犯を認めている。前者は「条件付意図」の、後者は——本来は貸金問題の回答を得るための暴力的手段が意図されていたので——「条件付未必の故意」の事例である。これらの事案では、被害者の出方いかんという「条件付故意」で、故意が認められている。

　しかし、条件が依頼者の意向か被害者の意向かで結論が分かれるというのは、あまり説得的ではない。依頼者と被害者が同一である場合に、疑問が生じるからである。たとえば、依頼者の嘱託があればいつでも安楽死を施すという団体の責任者は、実際に行われた違法な安楽死について、依頼者はこの罪の被害者であるから、具体的な依頼の前でも同罪の故意がすでにあるとして、嘱託前から嘱託殺人罪（202条後段）の共謀を認めてよいであろうか。それとも、依頼者の意向にかかわりなく本罪を遂行するまでの意思を形成していたわけではないから、殺害行為に出た団体職員は嘱託を受けて初めて本罪の故意を生じたというべきであろうか。

　条件成就の現実的可能性も、考慮すべきであろう。何の予兆もないのに、「地球に巨大隕石が衝突するのであれば、その直前に憎い人物を殺そう」と相談している人物らには、殺人罪の共謀は認めるべきではなかろう。

　このように、条件の具体性や条件成就の現実的可能性を無視して一般的に「条件付であっても故意は認められる」というべきではない[11]。しかし、い

---

10) もっとも、後者の事案では、現場において組員が刺身包丁で被害者の大腿部を突き刺したのになんら制止することなく容認していたといった、殺人罪の現場共謀を認めてもよい事情も存在した。

ずれにせよ、**具体的な条件が成就する現実的可能性を秘めている場合には、**「条件付故意」も故意であって、しかも、それは「意図」、「確定的認識」、「未必の故意」の区別とは次元を異にするものなのである。

2 | 反対動機となるべき事実の認識があって行為をする意思

[1]「認容説」の内容

さて、通説とされる**「認容説」の内容**に移ろう。冒頭に示された「行為者が犯罪事実の実現を可能なものとして認識し、かつ、これを認容している」ということの意味が問題である。一般には、これは結果発生の可能性を認識しつつ結果が「発生してもよい」と思ったとか、「発生してもしかたがない」と思った、さらには、結果を意に介しなかったり結果に無関心であったりする場合をいうとされてきた。このうち、「発生してもよい」とか「構わない」と思った場合は**「積極的認容」**と呼ばれ、「仕方がない」と思ったり無関心であったりした場合は**「消極的認容」**と呼ばれてきた[12]。

[2]「積極的(positiv)認容」と「消極的(negativ)認容」

しかし、ちょっと待ってほしい。結果発生を「意図」してはいないが、それを「積極的に認容」するというのは、いったいどういう心理状態なのであろうか。しかも、「発生してもよい」と思った場合と「発生しようがしまいがどうでもよい」という無関心とで、前者のほうが「積極的」だとする理由は何であろう。むしろ、自分の行動によって人が死ぬ可能性は認識しておりながら人の命には無関心で行動に出るほうが、「より悪質で積極的」なのではなかろうか。

ここで、翻訳言葉のマジックが登場する。というのも、日本の未必の故意論においては、「積極的」というのはドイツ語の positiv を翻訳したものであ

---

11) 最決昭和56・12・21刑集35巻9号911頁では、「謀議された計画の内容においては被害者の殺害を一定の事態の発生にかからせていたとしても、そのような殺害計画を遂行しようとする被告人の意思そのものは確定的であったのであり、被告人は被害者の殺害の結果を認容していたのであるから、被告人の故意の成立に欠けるところはない」と述べられている。これをそのまま一般化してはならない。

12) 平野・総論 I 186頁以下、佐伯仁志・考え方243頁参照。

第7章 故意と錯誤 113

り、「消極的」というのはドイツ語の negativ を翻訳したものだからである。この positiv には「現実の」という意味があり、negativ には「仮定した」という意味がある。実は、現在流布している「認容説」の「結果が生じても構わない」という公式は、より正確には**「仮に結果が確実に発生するとしても構わない」**というものなのである。「仮に」という判断なので、**negativ（消極的）な認容の公式**と呼ばれるのである。

　この公式は、ドイツのフランクによって定式化されたので[13]、「未必の故意に関するフランクの公式」と呼ばれることがある[14]。問題は、この「公式」では、結果発生の相当に危険のある行動に出てそれを発生させたが、結果が確実に発生するのなら行動に出なかったという人物には結果発生の故意が否定されてしまうところにある。たとえば、縁日で少女の持っているガラス玉を、少女を傷つけずに拳銃で撃ち落とせるかどうか賭ける人物の場合、危険はあるが6対4の確率でうまく撃ち落とせるだろうと考えて拳銃を発射し、少女を殺害した人物（「ガラス玉事例」）に、殺人や傷害の故意はないことになってしまうのである。

　しかし、「どちらかと言えば結果は起きないだろう」と考えて危険行為に出る人物に一律に故意を否定し、6分の1しか発射確率のない「ロシアンルーレット」で他人の頭に向けて拳銃の引き金を引き、人を死亡させた人物（「ロシアンルーレット事例」）にも、殺人の故意を否定するのは、いかにもおかしな結論である。なぜなら、6分の1もの確率で人の命を不必要な危険に晒すこと自体が、「汝殺すなかれ」という規範からみて、止めるべき行為だからである。

　ゆえに、このような「消極的認容」の公式は、放棄されるべきである。その代わりとなるべきは、**「行為者が違法な結果発生の可能性の認識があったのに行動を思いとどまらなかった[15]」**（不作為の場合は「行動に出なかった」）かどうかを吟味する公式である。これによれば、行為者が現実に認識した結果発生の可能性は、それにも関わらず行動に出たことにより、それ自体として認

13）Vgl., *R. Frank*, Das Strafgesetzbuch für das Deutsche Reich, 18. Aufl. 1931, S. 190.

14）詳細は、玄守道「故意に関する一考察（4）」立命館法学308号（2006年）1084頁以下参照。

15）このような考え方は、ドイツのエンギッシュに由来する（*K. Engisch*, Untersuchungen über Vorsatz und Fahrlässigkeit im Strafrecht, 1930, S. 170, 213ff.）。詳細は、玄・前掲注14）1111頁以下参照。

容されたことになる。現実に認識されたことを重視するので、**positiv（積極
的）な認容の公式**なのである。これは、決して、結果発生を「よい」と思っ
たという心理状態を意味するものではない[16]。

　問題は、この**認識された結果発生の可能性**が「**行動を思いとどまるべきも
の**」（不作為の場合は「行動に出るべきもの」）であったか否かである。「認識さ
れた結果発生の可能性」が「**反対動機**」になるべきものであったか否かと言
い換えてもよい（「**（消極的）動機説**」）。それは、随伴結果発生の蓋然性とい
う一律の基準で故意を認める「蓋然性説」とは異なり、たとえば危険だがほ
かに救命の方法がないような手術では「反対動機」となるべき結果発生の可
能性は引き上げられ、反対に、「ガラス玉事例」や「ロシアンルーレット事
例」のような不必要な危険行為ではそれが引き下げられるという妥当な結論
を導く[17]。

[3] 「あえて」の意味

　盗品等有償譲受罪の未必の故意について「或は贓物であるかも知れないと
思いながらしかも<u>敢てこれを買受ける意思</u>」（下線筆者）と述べた昭和23年
3月16日の最高裁判決（最判昭和23・3・16刑集2巻3号227頁）にいう「あえ
て（敢て）」も、行為者に現実にそのような具体的な心情があったという意
味ではない。現に、この判決は、行為者にそのような心情があったことを認
定せず、かえって、「諸般の事情から『或は贓物ではないか』との疑を持ち
ながらこれを買受けた事実が認められれば贓物故買罪が成立する」としてい
るのである[18]。したがって、ここにいう「あえて」は、被告人が犯罪行為に
当たる十分な可能性を認識しながら、それでも行動に出たことに対する、裁

---

16) この点において、佐伯仁志・考え方248頁以下が、平野・前掲12）188頁の「積極的認容の
　　場合は『意図』があった場合に準じて故意を認めることができる」という理解を前提にし
　　た見解を展開していることには問題がある。

17) このような考え方の嚆矢は、日本では藤木英雄『過失犯の理論』（有信堂、1972年）108頁
　　以下に見られる。これは、個々の犯罪における「許されない危険」の認識が故意を決定す
　　るという考え方である。

18) 実務において「あえて」は立証不要なのであるから、佐伯仁志・考え方252頁のように、
　　認定されない「積極的認容」によって故意を限界づけるということは、およそ不可能なの
　　である。

第7章　故意と錯誤　115

判官の「その認識は反対動機とすべきであった」という評価を述べたものにすぎないと解される[19]。

その際の判断の基準は、「**法の期待する規範心理を備えている標準人**[20]」である。また、**それは、個々の犯罪類型ごとに判断される**ものである。たとえば、傷害罪にとって反対動機となるべき傷害の可能性の認識があっても、当該行為によって被害者が死亡した場合に殺人罪の故意があることにはならない。

3 | 異なる構成要件にまたがる「客体の錯誤」の意味

[1] 「構成要件の重なり合い」

錯誤に移ろう。錯誤とは、行為者が思い描いた事実と現実との間に食い違いがある場合をいう。たとえば、この行動で人が死ぬことになるとは思っていなかったが、実際にはそれで人が死んだ場合には、錯誤である。この場合には、殺人罪の故意に必要な客観的構成要件要素が認識されていないので、殺人罪の故意はない。

他方、錯誤はあるが、行為者が思い描いた事実も犯罪である場合には、犯罪の故意はあるが、現に生じた事態と食い違うことになる。たとえば、この行動で人が死ぬと思ったが実際には人は死ななかった場合、殺人の故意はあるが殺人の事実はないので殺人罪にはならない（もっとも、殺人未遂の可能性は残る）。

それでは、行為者が思い描いた事実はある犯罪に該当するが、実現した事実は別種の犯罪であったという場合には、どうなるであろうか。たとえば、他人の占有物を落とし物だと思って、勝手に質屋に入れて金を手に入れるつもりで持ち出した場合は、どうなるのであろう。

このように、別種の犯罪にまたがる錯誤は**「抽象的事実の錯誤」**と呼ばれる。そのうち、このように「遺失物」か「占有下にある物」かといった行為の客体の性質に関する錯誤を**「客体の錯誤」**という。

---

19) 松宮・総論182頁、佐伯仁志・考え方244頁。判例の詳細については、玄守道「故意に関する一考察（6）」立命館法学313号（2007年）752頁以下参照。

20) 松宮・総論182頁。

問題は、この種の錯誤が「故意の有無」の問題だと誤解されているところにある。しかし、この場合には、遺失物等横領罪の故意はある。よって**問題は、故意に対応（＝符合）する（客観的）構成要件該当行為が認められるか否かにある**。これが認められれば、故意に対応した犯罪が成立する。そうでなければ故意に対応する罪の未遂と、客観的事実に対応する過失犯を検討するしかない。つまりこれは、**（客観的）構成要件に該当する行為とそれに対応する故意があれば、違法性や責任の阻却事由がない限り、その構成要件を有する犯罪が成立するという、きわめて初歩的な問題なのである**。

　そこで、遺失物だと思って他人の占有下にある物を質入れ目的で持ち出した場合には、窃盗罪の構成要件に該当する行為はあるが「財物を窃取する」故意がないので窃盗罪は成立せず、代わりに、遺失物等横領罪の故意に対応する構成要件該当行為があれば、同罪が成立することになる（東京高判昭和35・7・15下刑集2巻7・8号989頁）。

[2]「みせかけの構成要件要素」

　問題は、遺失物等横領罪に関する刑法254条に「占有を離れた……物を横領した」と書いてあることにある。しかし、実際は、持ち出した物は他人の占有を離れていなかった。このような場合に、遺失物等横領罪に対応する構成要件該当行為は認められるのであろうか。

　このような場合について、二つの犯罪が構成要件において重なり合っている場合には軽い罪の限度で故意犯が認められると考え、「窃盗罪と遺失物等横領罪は、財物という保護法益を共通にし、その取得という行為態様の点でも共通しているので、両罪は軽い遺失物等横領罪の限度で重なる」とする見解がある。しかし、**「財物」というのは「行為客体」であって「保護法益」ではなく、また、「（物の）取得」というのは「物を他人の占有から自己の占有に移す」という窃盗罪の既遂要件であって、遺失物等横領罪の構成要件要素ではない。また、問題は、故意のある犯罪に対応する構成要件該当行為を発見すれば解決するのであり、二つの犯罪の構成要件を比較する必要はない**。

　他方、あくまで「占有下にある物」と「占有を離れた物」とは重なり合わないとし、両者を総合する**共通ないし合成構成要件**を解釈で作り上げようとする見解もある[21]。しかし、これは立法権を侵害して――しかも、法定刑の異なる構成要件を――勝手に合成するものであって、罪刑法定原則と三権分

立に反し、解釈論としては到底従い得ない見解である。

　そうではなくて、解釈者は、あくまで立法者の意図を推し量って解釈すべきである。その際には、保護法益の共通性が手がかりとなる。つまり、窃盗罪も遺失物等横領罪も物の所有権（ないしその他の本権）を保護法益とするものであり、その中で、占有というプロテクターを破るものが窃盗罪となる——ただし、不法領得（＝横領）は、その意思だけでも窃盗罪の既遂となるが——という理解である[22]。ここでは、遺失物等横領罪は、窃盗罪等の所有権侵害犯罪から漏れたものを拾い上げる**「受け皿構成要件」**となるように解釈すべきである。

　ゆえに、遺失物等横領罪は他人の物を単純に横領（＝不法領得）する罪であって、その客体が「占有を離れた物」と書かれているのは、「他人の占有下にある物」については窃盗罪の成立可能性があることを指摘する「限界設定要素」にすぎないと考えることになる。つまり、**「占有を離れた」は本罪の構成要件要素ではなく、「みせかけの構成要件要素」（＝「書かれた非構成要件要素」）にすぎない**ということである（このように、立法者の真意を生かす解釈は、罪刑法定原則にも三権分立にも反しない。なぜなら、ここには立法者の「表示の錯誤」があるからである）。

　こうすれば、遺失物だと思って他人の占有物を勝手に質入れするために持ち出した者は、それによってすでに「他人の物」を不法領得する意思を完全に発現する行為をしており[23]、ゆえに「他人の物を横領した」という遺失物等横領罪の構成要件に該当することになる[24]。

　このような「みせかけの構成要件要素」は、通説が無意識に用いている解釈方法である。たとえば、非現住建造物だと誤解して現住建造物に放火した人

21）山口・総論239頁。

22）窃盗罪において**「所持説」**ないし**「占有説」**を採ると、両罪において保護法益が異なることになるので、このような解釈は不可能になる。ゆえに、「所持説」の支持者もまた、ここでは、「究極的には本権が保護される」という。それは、実は「所持説」の放棄である。

23）物の委託関係がない遺失物等横領罪における**「横領」**は、委託物横領罪で用いられている「委託の任務に背いて、その物につき権限がないのに、所有者でなければできないような処分をした」ことではなく、窃盗罪等で用いられている**「権利者を排除して、他人の物を自己の所有物として、その経済的用法に従い利用しまたは処分する意思」**の発現と解される。

24）松宮孝明『刑事立法と犯罪体系』（成文堂、2003年）175頁。

118

物は、「現に人が住居に使用せず、かつ、人がいない」建造物に放火したわけではないのに、非現住建造物等放火罪（109条）によって処罰される。ここでは、「現に人が住居に使用せず、かつ、人がいない」という文言は、無意識に無視されている。同じことは、被害者が13歳未満であることを知らずに脅迫を用いてわいせつ行為を行った被告人に刑法176条の強制わいせつ罪を認めた裁判例[25]や、被害者に殺害への同意がないのにこれを誤想して被害者を殺害した人物に同意殺人罪（202条）を認めた裁判例[26]などにも当てはまる。つまり、条文に書かれたものがすべて構成要件要素となるわけではないのである。錯誤論とは、本来、このような解釈テクニックをいう。

[3] 麻薬と覚せい剤の錯誤

麻薬と覚せい剤の錯誤でも、問題の本質は同じである。つまり、故意に対応する構成要件該当行為が存在するか否かが問題なのである。たとえば、覚せい剤を、それより法定刑の軽いコカイン（麻薬の一種）だと誤解して所持していた事案では、刑法38条2項を待つまでもなく、重い覚せい剤所持罪の故意はないので同罪は成立しない。ゆえに、問題は、軽いコカイン所持罪の故意に対応する構成要件該当行為が存在するか否かに収斂される。

にもかかわらず、この事案を扱った昭和61年6月9日の最高裁決定（最決昭和61・6・9刑集40巻4号269頁）は、「両罪の構成要件が実質的に重なり合う限度で軽い<u>麻薬所持罪の故意が成立し</u>同罪が成立するものと解すべきである」（下線筆者）と述べてしまった。被告人は最初から、コカイン所持の故意だったと主張しているのに、わざわざコカイン所持罪の故意があることを理由にして、しかもコカイン所持罪の構成要件該当行為の有無は検討せずに、

---

25) 最決昭和44・7・25刑集23巻8号1068頁。この決定は176条の前段と後段のどちらが適用されるか明言しなかったが、前段の「13歳以上の」が「みせかけの構成要件要素」であろう。

26) 名古屋地判平成7・6・6判時1541号144頁。この場合には、一方で、刑法199条に「その嘱託を受けず、かつその承諾も得ずに」という**書かれざる構成要件要素**を認め、他方で、202条後段の「その嘱託を受け若しくはその承諾を得て」は「みせかけの構成要件要素」であることを前提としなければならない。そうしないと、行為者が被害者の同意を誤想していても、一方で「人を殺す」故意はあるので199条の成立要件は充たされ、他方で客観的には「その嘱託を受け若しくはその承諾を得て」殺したわけではないので202条の適用ができなくなるからである。

第7章　**故意と錯誤**　119

同罪の成立を認めてしまったのである。これでは、「構成要件該当行為とそ
れに対応する故意があって（かつ、違法性や責任の阻却事由が認められない場
合に）初めて故意犯が成立する」という刑法総論のイロハを見落とした落第
答案になってしまう。

　しかも、この事案では、「みせかけの構成要件要素」も存在しない。ゆえ
に、**覚せい剤の所持ではコカイン所持罪の構成要件を充たさない以上、同罪の
成立は諦めるしかない**（もちろん、「**具体的危険説**」などを用いて同罪の未遂を
認める余地はある）。

　しかも、最高裁は、４年後の平成２年２月９日の決定（最決平成２・２・
９判時1341号157頁）において、「<u>覚せい剤を含む</u>身体に有害で違法な薬物類
であるとの認識があったというのであるから、……覚せい剤輸入罪、同所持
罪の故意に欠けるところはない」（下線筆者）と述べてしまった。したがっ
て、**所持しているのはコカインつまり麻薬だと決めつけてしまった行為者に対
しては、その認識には覚せい剤は含まれないので、覚せい剤所持罪の故意を認
めることもできないということである。**

4 ｜ 「同一構成要件」内の「方法の錯誤」

[1]「同一構成要件」の意味

　次に、「同一構成要件」内の「方法の錯誤」と呼ばれている問題に移ろう。
これは、Ａという人を殺害しようとして拳銃を発射したところＡには命中せ
ず、隣にいたＢという人に思いがけず命中してこれを死亡させたという事例
のように、**狙った客体とは異なる──**しかし、**構成要件としては同種の──客
体に攻撃が命中した場合**をいう。「人を殺そうとして人を殺した」が、それ
は狙いが外れたところにいた人だったという場合である。この場合、もちろ
ん、**狙わなかった客体に対する「未必の故意」が認められたら、何も不思議な
ことは考えなくてよい。**問題は、Ｂさんに対して「未必の故意」すら認めら
れない場合にある。

　この場合には、狙ったＡさんに対する殺人未遂罪と命中したＢさんに対す
る罪との２罪が考えられる。問題は、Ｂさんに対する罪を殺人罪とするべき
か否かにある。**それは、故意の有無の問題ではなく、狙わなかった客体に対す
る結果の発生が故意に対応（＝符合）するか否かの問題である。**

通説は、この場合、「人を殺そうとして人を殺した」以上、結果が相当因果関係の範囲内にある限りで、結果は故意に対応（＝符合）するとして、狙わなかった結果に対する故意既遂を認める（「**（抽象的）法定的符合説**」）。「**同一構成要件内の錯誤**」は構成要件的に重要ではないからである。しかも、狙ったＡさんに対する殺人未遂も——観念的競合（54条）関係で——同時に成立する（「**数故意犯説**」）。Ａさんも死亡すれば、殺人既遂が2つ成立するのである。一人しか殺すつもりがなくても2罪が成立するというのはバランスが悪いという批判もあるが、それは観念的競合で科刑上の一罪として処理されるので、量刑で調整できるというのである。

　もっとも、すでに二つの故意犯が成立していることからわかるように、ここでは、二つの構成要件が実現され、または実現されそうになっている。つまり、この錯誤は「同一の構成要件内の錯誤」ではなく、「**同種だが複数の構成要件にまたがる錯誤**」なのである。したがって、「同一構成要件内の錯誤」は構成要件的に重要ではないという理由は、実は、「（抽象的）法定的符合説」の論拠にはならない[27]。ゆえに、「（抽象的）法定的符合説」に対しては、「法定的符合説としては誤っている[28]」という批判が妥当する。

27）参考までに、方法の錯誤に関して現行法の立法者は「**具体的（法定）符合説**」を採用していたことを指摘しておこう。これは、旧刑法298条および304条にあった「誤って他人を」殺したり負傷させたりした場合の特則の削除に関する議論から明らかになる。旧刑法298条は「謀殺故殺を行い誤って他人を殺したる者は、なお、謀故殺をもって論ず。」と規定し、同法304条は「殴打により誤って他人を創傷したる者は、なお、殴打創傷の本刑を科す。」と規定していた（仮名使い等は現代風に改めた）。この規定の制定過程では、これは「客体の錯誤」と「方法の錯誤」の双方に関する規定だとする理解もあったが、やがてこれは「客体の錯誤」のみにかかわる特則で、「方法の錯誤」に関しては、狙っていなかった被害者に対しては過失犯が成立するにすぎないとする見解が多数となった。これを前提に、現行法提案理由書では、「学説上当然の法理たるをもって規定する必要なきのみならず、之がため却って疑義の起因となる虞あるをもって、改正案は之を削除したり」（倉富勇三郎ほか編・松尾浩也増補解題『増補刑法沿革綜覧』〔信山社、1990年〕2198頁）とされたのである。「（抽象的）法定的符合説」が通説化したのは、大正期の大審院判例や泉二新熊らの主張によるところが大きい（佐々木和夫「事実の錯誤規定の沿革的考察」専修大学大学院紀要『経済と法』23号〔1986年〕96頁以下参照）。

28）山口・総論224頁。

第7章　故意と錯誤　121

[2]「改造鋲打ち銃事件」判決の意味——「(抽象的) 法定的符合説」?

　加えて、最高裁は既遂結果が生じなかった場合でも、複数の未遂罪を認めた（最判昭和53・7・28刑集32巻5号1068頁）。警官Aから拳銃を奪おうとして殺意を持って改造した鋲打ち銃を撃ったが、Aを負傷させただけで、しかも、その後ろにいたBも負傷させてしまったという事案で、2つの（強盗）殺人未遂罪を認めたのである。そうなると、理論的には、一発の銃弾で——行為者を除く——全世界の人間に対する殺人未遂罪が成立することになる。なぜなら、**「人を殺す意思のもとに殺害行為に出た以上、犯人の認識しなかった人に対してその結果が発生した場合にも、右の結果について殺人の故意があるものというべき」**（前掲最判昭和53・7・28）であるなら、国際宇宙ステーションにいる宇宙飛行士も含めてすべての他人に対して殺人の故意があることになるからである。

　しかし、よく読むと、最高裁は、そこまでのことは述べていない。なぜなら、そこには、「被告人の予期しなかった通行人Bに対し腹部貫通銃創の結果が発生し、かつ、右殺害行為とBの傷害の結果との間に因果関係が認められるから、同人に対する殺人未遂罪もまた成立」（下線筆者）すると書かれているからである。つまり、**最高裁は、殺害行為によって傷害結果が発生した限りで、殺人の故意の符合を認めているのである。**これは、「(抽象的) 法定的符合説」そのものではない。

　しかし、ちょっと待ってほしい。**未遂なのになぜ「結果」およびそれとの「因果関係」があるのだろう。**殺人の「結果」は「人の死」ではなかったか。なのになぜ、「傷害」およびそれとの「因果関係」が重要なのであろうか。

　これは、「全世界の人に対する未遂を認めるのはまずい」という実務家の無意識の直感的判断であろう。バランス感覚といってもよい。しかも、この事件の原判決では、Bの負傷に対して被告人に過失（＝予見可能性）があることも理由とされているのである。これは、実は、**「未必の故意」**の認定が微妙な事案について、**これを回避するために、現に傷害の結果が生じ、かつそれが予見可能だという範囲内で殺人の故意を符合させたものと思われる**[29]。

　もちろん、これは理論的には——今のところ——説明のできないことである。しかし、これが今の「判例」であることは、もちろん「判例変更」は可

---

29) 松宮・総論198頁、佐伯仁志・考え方268頁。

能であるが、疑うべきでない。

5 | 「規範的要素の認識」と「違法性の意識」

[1]「公衆浴場無許可営業事件」判決の意味

　最後に、規範的要素を含む犯罪の故意（**規範的要素の認識**）、および、それと**「違法性の意識」**との関係に触れておこう。

　最高裁は、平成元年7月18日の判決（最判平成1・7・18刑集43巻7号752頁）において、公衆浴場の「無許可」営業罪は「無許可で営業していること」の認識が必要だとする理解を前提に、客観的にはそれは無効ではあるが、被告人が公衆浴場営業許可者の変更届受理によって「被告会社に対する営業許可があったと認識し、以後はその認識のもとに本件浴場の経営を担当していたことは、明らか」であるから、被告人には「無許可」営業の故意が認められないとして無罪の判断を示した（「公衆浴場無許可営業事件」判決）。**「無許可」という規範的要素の認識は「違法性の意識」とは異なり、故意を構成する「事実の認識」だと位置づけている**のである。

　この場合、「有効な許可を得ている」という認識がたとえ軽率なものであったとしても、行為者が現にそう信じている以上、犯罪の故意は欠ける。他方、「違法性の錯誤」の場合は、近年の下級審判例によれば、「違法性がないと信じたことに相当な理由がある」場合にのみ、故意または責任が否定されるにすぎないので、ある要素の認識が「規範的要素の認識」とされるか「違法性の意識」と位置付けられるかは雲泥の差だといってよい。その際、**行為の構成要件該当性自体の認識を欠く場合には、「違法性の錯誤」を問題にするまでもなく、故意が否定される**ことに、注意が必要である。

[2]「百円札模造事件」決定と弁護過誤

　他方、その2年前の昭和62年7月16日の決定（最決昭和62・7・16刑集41巻5号237頁）では、「銀行紙幣……に紛わしい外観を有するものを製造し」たことを構成要件とする通貨模造罪の成立に関し、警察官らに法律を示されて助言に従ってチラシを作ったので問題ないと思い込んでいた被告人らに対し、「違法性の意識を欠いていたとしても、それにつきいずれも相当の理由がある場合には当たらないとした原判決の判断は、これを是認することができ

第7章　故意と錯誤　123

る」として有罪判決が維持されている（「百円札模造事件」決定）。

　しかし、**この事件では、「銀行紙幣……に紛わしい外観を有するものを製造し」たという条文まで示された素人が、それにもかかわらず「違法性の意識」のみを欠いたとは考えにくい**。もしそうであれば、被告人らは、自分たちの作ったチラシが「銀行紙幣……に紛わしい外観を有するもの」であることを認識しつつ、それでも違法でないと誤解したことになる。それは、刑法理論によほど通暁した——にもかかわらず判断を誤った——人物か、相当に大胆な素人であろう。こんな不自然なプロファイリングは不可能に近いと思われる。ゆえに、筆者は、この事件は、被告人らには「銀行紙幣……に紛わしい外観を有するもの」を作るという故意がないのに、弁護人がそれに気づかなかったという**弁護過誤**だったのではないかと疑っている。

[3]　所有権の移転時期——「陸山会事件」

　同じことは、**裁判過誤**としても起こり得る。数年前、東京高裁は、不動産の所有権取得時期に関わる**政治資金規正法上の不実記載罪および虚偽記載罪**につき、被告人がその事務を任せていた秘書らが所有権の移転登記時期を所有権取得時期と誤解して政治資金収支報告書に記載した際に、秘書らにこれらの罪の故意は認められないという判断を示した（「陸山会事件」に関する東京高判平成24・11・12東高（刑）時報63巻1〜12号234頁）。

　すなわち、法律の専門家でもない秘書らは「登記と一緒に本件土地取得も先送りされたと理解したとみる余地があ」り、そうすると、**秘書らには書くべきものを書かなかったとか嘘を書いたとかの認識がないので**、本件土地の取得を記載しなかった平成16年分の収支報告書不記載の故意も、本件土地の取得を記載した平成17年分の収支報告書虚偽記入の故意も阻却されることになる。ゆえに、「これらの故意を認めた原判決の判断は、論理則、経験則等に照らし不合理であって、是認することができない。」としたのである。

　不動産の所有権移転時期と所有権移転登記との関係は、法学徒にとって、不動産の二重譲渡と並んで、物権法上の難問である。中には、所有権は各種権能の束であって、移転登記の完成によりすべての束が移転すると唱える学説さえ存在する（いわゆる「鈴木禄彌説」）。法学部出身でなかった秘書らには、不動産の所有権移転時期の正確な認識を期待する方が無理というものである。それにもかかわらず、秘書らがそれを正確に理解していたことを前提

にその故意を認めた原判決は、明らかに論理則、経験則等に違反し、ゆえに、それ自体として裁判過誤なのである。

第8章

過失と「客観的帰属」

1 | 「客観的帰属」と故意犯、過失犯

[1] 過失犯はなぜ犯罪なのか

 およそ犯罪の故意がない、あるいは、少なくともある結果に対しては故意がない人物に刑事責任を認めて刑罰を科すことが、なぜできるのであろうか。結果を起こせば処罰されるのは当然だとするナイーヴな**「結果責任」**観に立たない近代刑法では、これが一番の難問である。それ以外の問題は、技術的なものにすぎないといってもよい。

 その答えは、故意犯はなぜ非難可能なのかを問うことで、得られるかもしれない。「結果発生（＝犯罪実現）の許されない危険」があることを認識しながらあえて行為に出る故意犯では、それによって生じる犯罪は、その人が意識して引き起こしたのだから、それについては、刑法でお約束した通り、刑罰を受けるという形で責任を取ってもらおうということができる（**「意思責任」**）。刑罰は、その人が意識して引き起こした結果なのである。

 もっとも、過失行為者には、このような意識はない。そこで、行為者が注意すれば「結果発生（＝犯罪実現）の許されない危険」があることを認識することができたにもかかわらず行為に出て犯罪結果を実現したことについて、「注意していたらわかっていたはずだ」という間接的な形で非難ができるという説明がなされる。故意は**直接的な反規範的人格態度**であるのに対し、過失は**間接的な反規範的人格態度**だから、間接的な非難ができるというのである。

 しかし、この場合、過失行為者は、ともかくも、その犯罪の実現（の「許されない危険」）を意識していないのであるから、刑罰を受けるという結果も

意識して引き起こしたとはいえない。つまり、**過失責任は「意思責任」では
説明できない**のである。

　もっとも、**故意犯の非難可能性も、「意思責任」では説明できない**。行為者
が犯罪結果を意識して引き起こしたとしても、行為者には行為当時、そうす
るしかなかったのであれば、このままでは、「犯罪をしないでおくことがで
きたのに」（**「他行為可能性」**）という非難は向けられない。「しないでおこう
と思えば、しないでおくことができた」としても、行為当時の行為者には
「しないでおこうと思う」ことができなかったなら、**事実としての「他行為
可能性」**はないからである。

[2]「人格責任」

　ここにいう「しないでおこうと思う」ことができなかった場合には、大き
く3つの類型がある。第1は、行為者に**責任能力**がない場合である。第2は、
行為者に具体的状況において適法にふるまうことの**期待可能性**（ないし**違法
性の意識の可能性**）がない場合である。第3は、**行為者の心構えすなわち人格**
のゆえに、「許されない危険」の認識が、行動を押さえる契機にならない場
合である。責任能力があり期待可能性（および違法性の意識の可能性）もある
通常の故意犯では、行為者に「他行為可能性」が欠けるのは、第3の場合で
ある。

　これを言い換えれば、責任能力のある行為者に**標準的な規範遵守の心構え**
があれば犯罪実現を思いとどまるような「許されない危険」の認識がある場
合には、異常な行為状況によって期待可能性（ないし違法性の意識の可能性）
が欠ける場合を除き、行為者に犯罪行動の回避が法によって期待される（＝
規範的な「他行為可能性」あり）ということである。にもかかわらず行為者が
犯罪行動に出た場合には、行為者には標準的な規範遵守の心構えが欠けるこ
とになり、そして、そのような心構えにおける標準からの逸脱の程度が、非
難の程度を決める。つまり、行為者は、不十分な心構えという人格を理由に
非難されるのである（**「人格責任」**）。一人前の市民は、この意味で、標準的な
規範遵守の心構えを備えておく責務がある[1]。

　「人格責任」からみれば、過失責任も故意責任と同質である。責任能力あ

---

1)　「責務」であるから、**心構えを欠いたことそれ自体は犯罪でも不法行為でもない**。

る市民は、標準的な規範遵守の心構えがあれば危険を意識して調査し[2]、それによって「許されない危険」の認識に到達する可能性があるのであれば、そうしないで予見しなかった犯罪結果を発生させてしまったことにつき、標準的な規範遵守の心構えを欠いたことを理由に発生させた結果について非難される。ここでも、**非難の根拠は不十分な心構えという人格**である。

[3] 故意犯と過失犯にとって共通の基礎としての客観的帰属

ゆえに、過失犯についても、犯罪結果の「許されない危険」が現に認識されたか認識可能にとどまったかの点を除き、その構造は故意犯と同じである。したがって、第3章で述べた「客観的帰属」の理論は、過失犯にもそのまま当てはまる。つまり、過失犯においても、①結果は行為自体の持つ許されない危険が現実化したものでなければならないし、②被害者の自己答責性が認められる場合には、それは他害構成要件の射程外の結果として行為者には帰属されず、③「中立的行為」には結果は帰属されないのである。

なお、後述するように、過失犯の「客観的注意義務」の違反は、「情報収集義務」を除いて、「客観的帰属論」ではその要件としての「許されない危険の創出」の中に解消される。ゆえに、スローガン風に言えば、**「客観的注意義務」の違反は故意犯にも過失犯にも共通の要件である**。

その際、**故意も過失も、行為者が物理的・生理的にまだ結果ないし犯罪実現を回避できる時点に求めなければ意味がない**。「どうしようもない」時点で結果の発生を認識し「しかたがない」と思っても故意にはならないし、その時点で結果の発生が初めて予見できるとしても意味がないからである。「京踏切事件」と呼ばれる、被害者を発見できた時点では列車を停止できなかったがゆえに、仮に被告人に前方不注視があっても過失にならないとした裁判例（大判昭和4・4・11新聞3006号15頁）が参考になる[3]。

これに対し、実際には怠った注意を仮にしていても同じ結果が生じていた

---

2) この調査もまた「責務」である。**調査しなかったこと自体では、結果に対する非難としては不十分である。**

3) 近年の下級審判例として、千葉地判平成7・7・26判時1566号149頁がある。これを裏返すと、結果が予見可能な時点ではもはやその結果を回避できないがゆえに過失がないとする判断になる（後述する最決平成15・1・24判時1806号157頁等）。両者は表裏一体のものにすぎない。

ので因果関係がないとされる事例がある。車をUターンさせる直前に再度の
後方確認をしないでターンしたため、後方からやってきた二輪車と衝突事故
を起こしたが、直前の確認をしていてもこの結果は避けられなかったという
事案である（福岡高那覇支判決昭和61・2・6判時1184号158頁）。しかし、同
じ結果が起きるとされた理由は、直前の後方確認をしていても、被害車両が
まだ遠くにあり、夜間なので異常な猛スピードで接近してくるとは予見でき
なかったために、ターンをやめる動機が得られなかったことにある。つまり、
これは、**「信頼の原則」を基礎にして結果の予見可能性を否定**したものなので
ある[4]。

---

4) **「信頼の原則」**とは、たとえば、信号機による交通規制がなされている交差点では、左右
の見通しが悪くても、青信号の場合には交差道路から突入してくる車はないものと信頼し
て交差点に進入し、赤信号無視の車と衝突して死傷事故を起こしても、青信号で進入した
者には結果発生の（「許されない危険」の）予見可能性はないとするものである。「自動車
運転者としては、特別な事情のないかぎり、右側方からくる他の車両が交通法規を守り自
車との衝突を回避するため適切な行動に出ることを信頼して運転すれば足りるのであって、
……あえて交通法規に違反し、自車の前面を突破しようとする車両のありうることまでも
予想して右側方に対する安全を確認し、もって事故の発生を未然に防止すべき業務上の注
意義務はないものと解するのが相当」（最判昭和41・12・20刑集20巻10号1212頁）と述べ
た最高裁判例が、自動車による交通事故のリーディングケースとされている。これは、
「交通法規を守っている者だけが他者の交通法規順守を信頼してよい」というものではな
いので、被告人に交通違反がある場合でも、相手方の異常行動が通常あり得ないものであ
れば、「信頼の原則」によって予見可能性は否定される。たとえば最判昭和42・10・13刑
集21巻8号1097頁は、被告人に右折方法について違反がある事実は認めつつ、「本件被告
人のように、センターラインの若干左側から、右折の合図をしながら、右折を始めようと
する原動機付自転車の運転者としては、後方からくる他の車両の運転者が、交通法規を守
り、速度をおとして自車の右折を待って進行する等、安全な速度と方法で進行するであろ
うことを信頼して運転すれば足り、本件Oのように、あえて交通法規に違反して、高速度
で、センターラインの右側にはみ出してまで自車を追越そうとする車両のありうることま
でも予想して、右後方に対する安全を確認し、もって事故の発生を未然に防止すべき業務
上の注意義務はないものと解するのが相当である」と述べている。もっとも、**時差式信号
機事件**決定（最決平成16・7・13刑集58巻5号360頁）では、被告人に本件信号機が時差
式であることの認識可能性は認められていないにもかかわらず、「自動車運転者が、本件
のような交差点を右折進行するに当たり、自己の対面する信号機の表示を根拠として、対
向車両の対面信号の表示を判断し、それに基づき対向車両の運転者がこれに従って運転す
ると信頼することは許されないものというべきである。」と述べられている。しかし、こ
のような**不信頼の原則**では、実際上、多くの運転者が右折をすることができなくなる。

第8章　過失と「客観的帰属」　129

[4]「正犯概念」

厄介な問題は、「正犯概念」にある。「正犯概念」とは、正犯と狭義の共犯（刑法総則にある教唆犯・従犯）との論理的関係をいう。通説である**限縮的正犯概念**（または**制限的正犯概念**）は、狭義の共犯を、総則によって処罰範囲を正犯の外に拡張するものと解する（「**刑罰拡張事由**」）[5]。これに対して、異説である**拡張的正犯概念**は、狭義の共犯を、総則によって正犯の一部の刑を減軽したり（従犯）実行の着手時点を遅らせたりして（教唆犯・従犯）、その処罰範囲を縮小するものだと解する（「**刑罰制限事由**」）。

これが過失犯にとって厄介な問題になるのは、通説によれば、過失による教唆や幇助は狭義の共犯としては処罰されないからである。しかし、されないならそれで終わりなのではない。多数説は、「過失犯は定型性が緩やか」であると称して、たとえば、警察官が弾丸の装填された拳銃をうっかりしまい忘れ、それを誰かに持ち出されて殺人の道具に使われた場合、殺人の正犯は存在するのに、この警察官も業務上過失致死罪（つまり同罪の正犯）として処罰すべきだとするのである。これは、**故意犯であれば狭義の共犯形態での関与にすぎない行為を過失正犯として処罰する**ものである。

そもそも拡張的正犯概念は、このような過失犯の拡張的処罰、とりわけ**故意正犯の背後の過失的幇助の処罰**を説明するために登場した。いわく、故意犯の場合は、刑法が教唆犯・従犯を規定しているが、それがない過失犯では、拡張的正犯概念のいう原則に従って、あらゆる関与者は正犯として処罰されるのだと。また、「目的的行為論」は、「限縮的正犯概念」が妥当するのは故意作為犯のみで、過失犯と不作為犯には正犯と狭義の共犯の区別がない「**統一的正犯概念**」が妥当すると主張した（「**二元的正犯概念**」）[6]。

---

5) 「限縮的正犯概念」を、佐伯千仞博士のように、間接正犯一般を否定して「自分の手で実行する者のみが正犯」だという主張だと解する傾向もある。しかし、1930年代にドイツのエバハルト・シュミットが「拡張的正犯概念」という構想を打ち出した際の相手は、そうではなくて、狭義の共犯を刑罰拡張事由とする見解なのである。その際、シュミットは、**「道具理論」**では認められないはずの**「（目的または身分のない）故意ある道具を用いた間接正犯」**を承認する通説（「限縮的正犯概念」）を、苦し紛れの「弥縫策」と批判した。それが、「限縮的正犯概念」は間接正犯一般を否定するものだと受け止められることになったのだと思われる。

6) 詳細は、松宮孝明『過失犯論の現代的課題』（成文堂、2004年）268頁参照。

しかし、こうなると、故意犯で妥当した「構成要件解釈の限定機能を持つ客観的帰属論[7]」は、本命の過失犯では役に立たないことになる。それゆえ、過失的な自殺幇助不処罰を根拠に、警官がうっかり放置した拳銃で彼のガールフレンドが自殺した場合に、これを「被害者の自己答責性」を理由に不処罰とすることができなくなる（このような事案で警官を不処罰としたドイツの判例に BGHSt 24, 342がある）。また、暴力団員にナイフを貸したところ、彼がそれで自分の指を詰めたという場合、そのような事態が予見可能であれば、ナイフを貸した人物が過失傷害罪に問われることになる[8]。

　しかし、最高裁は、公害罪法3条1項にいう「工場又は事業場における事業活動に伴って人の健康を害する物質を排出し」につき、「同法制定の趣旨・目的、その経過、右規定の文理等に徴すると、工場又は事業場における事業活動の一環として行われる廃棄物その他の物質の排出の過程で、人の健康を害する物質を工場又は事業場の外に何人にも管理されない状態において出すことをいうものと解するのが相当であり、……事業活動の一環として行われる排出とみられる面を有しない他の事業活動中に、過失によりたまたま人の健康を害する物質を工場又は事業場の外に放出するに至らせたとしても、同法3条の罪には当たらないものというべきである」（最判昭和63・10・27刑集42巻8号1109頁）と述べて、故意の排出罪と過失のそれとの間で「排出」という実行行為に差異を見出さなかった。つまり、**「過失犯は定型性が緩やか」とは、一般的にはいえない**ということである。

[5] 管理責任

　実務において「正犯概念」が問題となるのは、故意の放火が疑われる事案における防火管理責任である。実際、「大洋デパート火災事件」（最判平成3・11・14刑集45巻8号221頁）や「長崎屋尼崎店火災事件」（神戸地判平成5・9・13特殊過失刑事事件裁判例集（三）561頁）では、故意の放火が疑われていた（ドイツでは、「倉庫火災事件」判決：RGSt 61, 318）。これらの事案では、

---

7)　現に、客観的帰属論の提唱者であるロクシンは、そう考えていたのである。

8)　この場合に、暴力団内部での指詰めは公序良俗に反し、被害者の同意では正当化できないというのであれば、同意による不処罰も使えない。そもそも、被害者自身がイニシャティヴを取っている場合に、他害行為に対する同意を持ち出すのは不自然ですらある。

第8章　過失と「客観的帰属」　131

防火管理を怠った被告人らの態度は、殺意を持った放火犯に対する過失的幇助にすぎないのに、なぜ（業務上）過失致死傷罪の正犯で処罰されるのかという問題が生じる。

　もっとも、人や物の安全システムに関する**管理責任**の懈怠は故意犯でも独立した正犯であって、ゆえに、故意であろうと過失であろうと放火犯とは**同時犯**の関係に立つと考えることもできないではない。しかし、次の「進言義務」の懈怠を理由とする場合には、一概にそうとはいえないであろう。

[6]「進言義務」

　「進言義務」とは、結果発生を防止すべき責任ないし義務を負っている者に対して、直接にはそのような義務は負っていない者が、義務者に対して義務を果たすよう助言ないし進言する義務をいう。管理責任の場合と異なり、多くの場合は義務者の部下ないし地位の低い者である。

　先の「大洋デパート火災事件」では、最高裁は「一般に会社の建物について防火管理上の注意義務を負うのは取締役会ではなく、代表取締役であり、代表取締役が自らの注意義務の履行として防火管理業務の執行に当たっているものであることにかんがみると、たとえ取締役が代表取締役の右業務の執行につき取締役会において<u>問題点を指摘し、必要な措置を採るべく決議を促さなかったとしても</u>、そのことから直ちに右取締役が防火管理上の注意義務を怠ったものということはできない。」（下線筆者）と述べて、代表取締役の部下であった平取締役に無罪を言い渡した（前掲最判平成3・11・14）。

　これに対して、「明石歩道橋事故事件」では、最高裁は、明石署の地域官であったAと警備会社の警備責任者であったBに対して次のように述べて、過失を認めている。すなわち、「被告人Aは、午後8時ころの時点において、直ちに、配下警察官を指揮するとともに、機動隊の出動を<u>明石警察署長らを介し</u>又は直接要請することにより、歩道橋内への流入規制等を実現して雑踏事故の発生を未然に防止すべき業務上の注意義務があったというべきであり、また、被告人Bは、午後8時ころの時点において、直ちに、<u>明石市の担当者らに警察官の出動要請を進言し</u>、又は自ら自主警備側を代表して<u>警察官の出動を要請する</u>ことにより、歩道橋内への流入規制等を実現して雑踏事故の発生を未然に防止すべき業務上の注意義務があったというべきである。」（下線筆者）と（最決平成22・5・31刑集64巻4号447頁）。

Aについては、機動隊の出動を直接に要請する権限もありえた可能性を前提にした判断であるが、上司である明石警察署長に機動隊出動命令を進言しなかったことが過失の根拠とされている。かわいそうなのはBである。認定事実では、BはAに対して機動隊出動の必要も示唆していたのに、Aから「あれは暴走族対策用だから」という理由ですげなく断られている。それなのに、もっと強く進言すれば機動隊が出動しただろうというのである（しかも、Bは実刑である）。Bについては、すでに義務は尽くしたか、あるいは**不可罰の不作為による過失的幇助**と考えるべきであったと思われる。

しかし、いずれにせよ、最高裁は、直接に管理責任を負わない者に対して「進言義務」違反による過失処罰の範囲に一定の歯止めをかけていることは、窺うことができるであろう[9]。

[7] 監督過失

監督過失とは、部下などの他者が行う作業が安全に行われるように監視する監督責任を負っている者による過失をいう。部下などにも過失責任が問われることがあるが、監督過失はこれと併存し得る。

これもまた、結果を直接引き起こした他人の背後にいる人物の刑事責任である。そして、この場合にも、管理責任の場合と同じく、監督責任の故意での懈怠には故意正犯成立の余地がある。たとえば、廃棄物処理法違反について、処理を委託した会社の代表取締役らにその共謀共同正犯を認めた裁判例（最決平成19・11・14刑集61巻8号757頁）は、「共同正犯」という形で、実質的には直接行為者と背後の、廃棄物処理の**委託によって生じる監督責任を故意に怠った監督者**との故意正犯の競合を認めたものである。

この**監督過失**の場合にも、**被監督者の適切な行動を信頼してよい限りでは、「信頼の原則」に基づいて刑事責任が限定される**。たとえば、「白石中央病院火災事故事件」控訴審判決（札幌高判昭和56・1・22刑月13巻1＝2号12頁）は、火災を出した病院長および事務長の業務上過失致死傷罪の責任を否定するにあたり、非常口の開錠などについては准看護師の適切な行動を信頼して

---

9)　他方で、同じく明石署長に機動隊の出動を進言すべきであった副署長は、公訴時効の壁によって責任を問われることなく終わった（最決平成28・7・12刑集70巻4号411頁）。これは、「進言義務」の理論的限界によるものではないであろう。

よかったと述べている。また、「日本アエロジル塩素ガス流失事件」判決（前掲最判昭和63・10・27）は、1、2審判決が、両被告人は右の安全教育又は指示を行っただけでは足りず、液体塩素の受入れ作業の現場を巡回して監視する義務がある旨を判示している点を、「右の安全教育又は指示を徹底しておきさえすれば、通常、熟練技術員らの側においてこれを順守するものと信頼することが許される」のであり、それでもなお信頼することができない特別の事情があるときは、そもそも未熟練技術員を技術班に配置すること自体が許されない」（下線筆者）と評している。そもそも部下への信頼がおよそ許されないなら、仕事の委託とその監督という関係自体が成り立たないはずだという趣旨であろう。

　他方、**監督責任は、仕事の委託ではなく、国家の任務として生じることもある**。「薬害エイズ厚生省ルート事件」に関する最高裁決定（最決平成20・3・3刑集62巻4号567頁）は、「被告人は、エイズとの関連が問題となった本件非加熱製剤が、被告人が課長である生物製剤課の所管に係る血液製剤であることから、厚生省における同製剤に係るエイズ対策に関して中心的な立場にあったものであり、厚生大臣を補佐して、薬品による危害の防止という薬務行政を一体的に遂行すべき立場にあったのであるから、被告人には、必要に応じて他の部局等と協議して所要の措置を採ることを促すことを含め、薬務行政上必要かつ十分な対応を図るべき義務があったことも明らか」であると述べている。ここでは、被告人の監督責任は、国（当時の厚生省）の「薬品による危害の防止という薬務行政」という任務から導かれている[10]。

　国と地方公共団体との間には、このような監督・被監督の関係は認められるであろうか。憲法には、国が地方公共団体を監督するという関係は規定されていない[11]。しかし、「明石砂浜陥没事故事件」に関する最高裁決定（第二次上告審：最決平成26・7・22刑集68巻6号775頁）は、明石市に占有させ同市が公園として管理していた人工海浜での陥没事故について、「本件当時、本

10) もっとも、そこでは「薬害発生の防止は、第一次的には製薬会社や医師の責任であり、国の監督権限は、第二次的、後見的なもの」であるとされていながら、非加熱製剤を安全な国産血で製造したものだと偽って販売を続けた製薬会社の態度が介在しているのに、行政指導による結果回避の仮定的因果関係があっさり認められている。嘘をついている製薬会社に行政指導をしても、彼らは指導に従っていると嘘をつくであろう。

11) 地方自治の尊重を文字通りに解するなら、両者の関係は対等である。

件砂浜の日常的な管理は国から占用許可を得ていた明石市が行っていた」と認めつつ、「これらの事情に照らすと、本件当時、本件砂浜の具体的な安全管理が明石市のみに委ねられていたとはいえず、国の組織である姫路工事事務所もその責任を負い、その具体的担当部署の一つである工務第一課としては、自ら又は東播海岸出張所若しくは明石市に対して要請するなどして、本件砂浜の安全管理を具体的に行うべき立場にあっ」たと述べて、国側の被告人の刑事責任を認めている[12]。つまり、地方公共団体に占有・管理させていた場所の安全管理について、国も口を出せというのである。

しかし、「本件砂浜に関する安全措置」とは、具体的には公園への立ち入り禁止措置にすぎない。そんなことは、一人前の地方公共団体なら、自分の責任でできるであろう。本件で国側に要請されていたのは、本件砂浜での陥没発生の原因究明とその対策であり、立ち入り禁止措置は、もっぱら占有者の仕事である。

---

2 │ 「客観的注意義務違反」と過失
── 「新」過失論とは何か？

[1] エンギッシュの三つの「客観的注意義務」

ここまでは、故意犯と共通した客観的帰属要件の話である。とくに、**過失不作為犯では、「注意義務」の内実は、主に、故意犯における「作為義務」である。**

ここで、今日**「客観的注意義務」**といわれるものの基礎を築いたドイツのカール・エンギッシュの理論を示しておこう[13]。

エンギッシュは、過失犯成立のためには、意思の緊張とは異なる3つの

---

12) その理由としては、「国は本件砂浜を含めて大蔵海岸についての海岸法上の占用許可を明石市に対して与えており、本件砂浜も国の一般的な管理下にあることを前提とした行動をとっていると理解できること、前記直轄工事区域内の海岸保全施設の維持管理を国がしていたことなどからすれば、本件砂浜についても、国がその安全管理をすべき基本的責任を負っていたというべきである。」と述べられている。

13) エンギッシュの見解については、カール・エンギッシュ（荘子邦雄、小橋安吉訳）『刑法における故意・過失の研究』（一粒社、1989年）および松宮孝明『刑事過失論の研究』（成文堂、1989年）295頁以下を参照されたい。

第8章 過失と「客観的帰属」 135

「外部的（＝客観的）」な注意というものがあると主張した。それは、①行為を思いとどまるべき義務と、②危険な状態において慎重に行動する義務、そして③自己の行為が法に違反しないように情報を収集する義務から成るものである。このうち、①は、故意犯における**「広義の相当性」**と同じく、行為を思いとどまるべき動機となる程度の結果発生の危険性（＝**「許されない危険」**）を創出しない義務をいい、②は、危険な状態において安全を確保するための**作為義務**をいう。つまり、①も②も、故意犯にある要件と同じなのである。ゆえに、エンギッシュは、過失犯固有の注意は③のみであるとした。

　しかも、その③は、結果を直接に回避する義務ではなく、回避行動が要請されるほどの危険性があるかないかを確かめるための情報収集なので、結局のところ、それは（結果発生の「許されない危険」の）**予見可能性**という要件の内実を成すものと解されたのである。

　つまり、「客観的注意義務」とは、③を除き、故意犯と共通のものなのである。ゆえに、客観的帰属論を唱えたロクシンは、「客観的注意義務」の違反を故意犯にも必要であるとしたのである。

　加えて、エンギッシュは、**相当因果関係説**を発展させ、結果を行為者に帰属させるためには、行為者によって作り出された「許されない危険」が当該結果に実現しなければならないとした（**「危険の実現」**）。これに、さらに規範的限定を加えたものが、今日の客観的帰属論なのである。

[2] 「危険の実現」、「被害者の自己答責性」、「中立的行為」

　今日の実務においても、過失犯を客観的帰属論によって限定する考え方が浸透しつつあることは、すでに第3章で述べた。

　「危険の実現」については、**三菱自工車輪脱落事件最高裁決定**（最決平成24・2・8刑集66巻4号200頁）が、傍論において「Dハブに強度不足があったとはいえず、本件瀬谷事故がDハブの強度不足に起因するとは認められないというのであれば、本件瀬谷事故は、被告人両名の上記義務違反に基づく危険が現実化したものとはいえないから、被告人両名の上記義務違反と本件瀬谷事故との間の因果関係を認めることはできない。」と述べている。

　「被害者の自己答責性」に関しては、**ダートトライアル事件**千葉地裁判決（千葉地判平成7・12・13判時1565号144頁）が、「このような認識、予見等の事情の下で同乗していた者については、運転者が右予見の範囲内にある運転方

法をとることを容認した上で……、それに伴う危険（ダートトライアル走行では死亡の危険も含む）を自己の危険として引受けたとみることができ、右危険が現実化した事態については違法性の阻却を認める根拠がある。」と述べている[14]。

「**中立的行為**」に関しては、過失犯では適切な裁判例は、まだ見当たらない。しかし、たとえば日本の自動車販売台数の約40パーセントを占めるトヨタ自動車であれば、トヨタ車が他社の車に比べて抜群に安全であるという根拠がない以上、単純計算で日本の2017年の交通事故死亡者数3694人の約40パーセント、約1500人がトヨタ自動車によるものと推定できるであろう。この統計数値を認識し、または認識し得るにもかかわらず、トヨタの社長がその自動車の製造と販売を続け、そして予想通り、翌年も年間交通事故死亡者の約40パーセントがトヨタ自動車によって引き起こされた場合、なぜ、トヨタの社長は業務上過失致死罪や殺人罪とならないかを考えてみよう。

それは、今のところ、事故自体は運転者や被害者、道路条件など、もっと結果に近い時点でコントロールできる人がいるので、三菱自工の事件のような構造的欠陥がない限り、車の製造・販売自体は事故に対して「中立的」だからだと答えるしかないであろう。

---

3 │ 「具体的予見可能性」と「予見の対象」

[1] 「予見の対象」

過失犯が成立するためには、どのような「結果」の認識・予見の可能性が必要なのであろうか。これは、可能であるべき**「予見の対象」**は何かという問題である。これについても、故意で述べたところと異なるところはない。つまり、結果の原因となった行動を思いとどまる動機となるべき、**結果発生の「許されない危険」が「予見の対象」**である。これが現に予見されていれば故意、予見されていないが注意すれば予見可能である場合が過失である。

---

14) もっとも、この判決は、「競技に準じた形態でヘルメット着用等をした上で同乗する限り、他のスポーツに比べて格段に危険性が高いものともいえない。」と述べていることに注意が必要である。つまり、**この判決では、そもそも本件死亡事故を回避するための客観的注意義務違反自体が認定されていないのである**。なぜなら、ダートトライアルは、日本ではそれまで、転倒しても死亡することがなかった競技だったからである。

第8章 過失と「客観的帰属」 137

これは、一般に、「**特定の構成要件的結果及びその結果の発生に至る因果関係の基本的部分**」と解されている。そこでは、「内容の特定しない一般的・抽象的な危惧感ないし不安感を抱く程度で直ちに結果を予見し回避するための注意義務を課するのであれば、過失犯成立の範囲が無限定に流れるおそれがあり、責任主義の見地から相当であるとはいえない。」（札幌高判昭和51・3・18高刑集29巻1号78頁）とされるのである（「**具体的予見可能性説**」）[15]。

[2]　予見可能性と「方法の錯誤」ないし「（抽象的）法定的符合説」

　Aさんが死亡することは予見可能であったがBさんが死亡することは予見できなかったという、故意犯における「**方法の錯誤**」に類した問題の場合には、どう考えるべきであろうか。この場合には、たしかに、Aさんの死亡については予見可能性があるので、それを「人（一般）が死亡することの予見可能性」と解して、Bさん死亡についての過失とすることができるかという問題である。

　最高裁は、**無断同乗事故事件**の決定（最決平成1・3・14刑集43巻3号26頁）において、「被告人において、右のような無謀ともいうべき自動車運転をすれば人の死傷を伴ういかなる事故を惹起するかもしれないことは、当然認識しえたものというべきであるから、たとえ被告人が自車の後部荷台に前記両名が乗車している事実を<u>認識していなかったとしても</u>、右両名に関する業務上過失致死罪の成立を妨げないと解すべき」（下線筆者）だと判示した。

　この決定については、過失犯の予見可能性についても、故意における「（抽象的）法定的符合説」と同じように、具体的な被害者ではなく「人」一般の死亡（ないし負傷）が予見できれば、（業務上）過失致死傷罪が認められ

15）これに対し、「森永ヒ素ミルク事件」控訴審判決（高松高判昭和41・3・31高刑集19巻2号136頁）は、「不安感こそまさに……危険の予見」と述べ、その差戻審判決（徳島地判昭和48・11・28刑月5巻11号1473頁）は、「このように、薬品販売業者、食品製造業者にして、右のような不安感、危惧感を持つというのであれば、それが結果の予見可能性を意味し、したがってこの不安感を払拭するに足りる程度の回避措置を命ずることに合理性が認められる」と述べた（「**危惧感説**」）。しかし、この見解では、不安、危惧感そのものが「結果の予見」ないし「予見可能性」だとされ、この不安、危惧感に基づいて慎重に情報を収集していたと仮定しても具体的な結果の予見および回避につながらない場合（「Uターン事故」に関する前掲福岡高那覇支判決昭和61・2・6等）にまで、過失が認められてしまう。

るのだとする理解もあった。しかし、本決定は「認識していなかったとしても」とは述べているが「認識できなかったとしても」とは述べていない。加えて、原判決（東京高判昭和60・12・27刑集43巻3号277頁）は、カッコ書きではあるが、「被告人には右両名が後部荷台に乗車していることの認識可能性があったと認められる」と述べていることに、注意が必要である[16]。つまり、この事件では、無断同乗者の存在とその死亡が具体的に予見できたのである。

　他方、このような無断同乗者の存在が認識不可能な場合には、「被告人はF（被害者——筆者注）の乗車を知らなかったのであるから同人の死亡（結果）についての予見はなかったというべく、また、右認定の具体的状況においては被告人にFの乗車を予見し得べき状況にあったとは到底認められないから、その結果発生（死亡）についての予見可能性は存在しないといわざるを得ない。」と述べた下級審判例がある（福岡高宮崎支判昭和33・9・9裁特5巻9号33頁）。

　理論的にも、故意の場合の「（抽象的）法定的符合説」は、第7章で述べたように、「因果関係の相当性の範囲内で」、つまり、当該結果について（客観的な）予見が可能である場合に、その範囲内で故意の符合を認めるものである。この法定的符合の範囲を画する予見可能性それ自体を「法定的に」抽象化したのでは、故意の符合の範囲を限界づけるものがなくなってしまう。ゆえに、結論としては、**予見可能性には抽象的な法定的符合は馴染まない**というべきであろう。

　もちろん、不特定または多数の人々に結果が生じると予見できる**「概括的予見可能性」**でも、過失を認めることはできる。しかし、これらの場合は、「夫々不特定の乗車・不特定の通行人として予見しているわけであるから、その点において予見ないし予見可能の範囲内であると認め得る」（前掲福岡高宮崎支判昭和33・9・9）のであり、かつ、この概括的予見可能性の範囲を

---

16) そこでは、「関係証拠によれば、被告人が本件車両に乗車して運転席に着く時点にH及びOが後部荷台にすでに乗り込んでおり、あるいは乗り込もうとしていたのであれば、その状況が被告人に見えることはもちろんであり、そうではなくて被告人が乗車して運転席に着いた後に右両名が後部荷台に乗り込んだものであるとしても、本件軽四輪貨物自動車の後部荷台に人が乗り込むと車体が相当に揺れて運転席に座っている者にそれが感じられるのであるから、いずれにしても被告人が後部荷台に右両名が同乗していたことを認識する可能性は一般の場合よりも更に高かったことが明らか」と判示されている。

第8章　過失と「客観的帰属」　139

外れた結果に対しては、予見可能性を認めることはできない。したがって、「概括的予見可能性」の指摘は、同種の結果が予見可能であればすべての結果に予見可能性の符合が認められるという結論を導かないので、予見可能性に「（抽象的）法定的符合」を認める根拠とはならない[17]。

[3]「予見のスパン」

　ある交差点を青信号で通過する際に、交差道路から赤信号無視の車が突入してくる可能性は、それがはっきり見えるといった特別な事情がない限り、無視してよいものであろう。しかし、1回限りの交差点通過ではなく、数十年に渡る営業期間のいずれかにおいて死亡事故が起きる可能性が問題となる場合には、「その営業の全期間中に、死亡事故が起きる可能性」を考えなければならない。これが、筆者が「予見のスパン」と呼ぶ問題である。

　最高裁では、長期間のサウナ風呂の営業に関してこれを考慮したものがある。そこでは、「本件組立式サウナ風呂は、長期間使用するときは、電熱炉の加熱により木製ベンチ部分に火災が発生する危険があるのであり、被告人らは、その開発及び製作の担当者として、その構造につき耐火性を検討・確保して火災を未然に防止する措置をとる業務上の注意義務があるというべきであるから、被告人らが原判決の認定する経過で火を失した場合には、業務上失火罪に該当するものと解するのが相当である。」（下線筆者）と判示されている（最決昭和54・11・19刑集33巻7号728頁）。

　類似の事情は、渋谷温泉爆発事故事件に関する最高裁決定にもみられる。そこでは、認定事実の中で、「本件爆発事故の具体的な因果経過は、結露水が各ガス抜き配管内にたまり、各ガス抜き配管が閉塞し、ないし通気を阻害されたことにより、行き場を失ったメタンガスが、B棟地下機械室内に漏出した上、同室内に設置された排気ファンも停止していたため滞留し、温泉制御盤のマグネットスイッチが発した火花に引火して、爆発が発生したというものであった。」（最決平成28・5・25刑集70巻5号117頁）と述べられている。この事件は、漏出したメタンガスが、排気ファンの停止という事情によって室内に滞留し、かつ警報ブザーも鳴らない状態になっていたという不運が重なって生じたものであるが、長期の営業期間のいずれかの時期に、このよう

17）詳細については、松宮・前掲注6）105頁以下参照。

な不運の重なりが生じることは、確率的には決して低くないと思われるものであった[18]。つまり、これら二つの事案では、**「長期のスパン」でみれば、結果発生の可能性は無視し得るほどに低くはないものだったのである**[19]。

　他方で、**福知山線脱線事故強制起訴事件**に関する最高裁決定では、「指定弁護士は、本件曲線において列車の脱線転覆事故が発生する危険性の認識に関し、『運転士がひとたび大幅な速度超過をすれば脱線転覆事故が発生する』という程度の認識があれば足りる旨主張するが、前記のとおり、本件事故以前の法令上、ATS に速度照査機能を備えることも、曲線に ATS を整備することも義務付けられておらず、大半の鉄道事業者は曲線に ATS を整備していなかったこと等の本件事実関係の下では、上記の程度の認識をもって、本件公訴事実に係る注意義務の発生根拠とすることはできない。」（下線筆者）と判示されている（最決平成29・6・12刑集71巻5号315頁）。

　この「ひとたび大幅な速度超過をすれば」という条件付きでの予見可能性の問題点は後で詳論するが、この事件では、ATS の曲線スポット設置を義務付ける法令がなかったほか、JR 西日本はすでに、福知山線に路線単位で ATS を設置することを決定しており、ただ、その設置が本件事故には間に合わなかったという事情があったことは、無視されるべきでない。この場合には、被告人らの注意（＝作為）義務は、「路線単位での設置までに本件のような事故が起きる無視できない可能性」があることを要し、かつ、過失にはその認識可能性が必要となる。もちろん、そうでなくても、本件のような事故は類似の先例がほとんどないものであって[20]、路線単位での設置計画がなくても、予見可能性が否定されていた余地はあるが、少なくとも、設置計画がある場合、「予見のスパン」は、計画による設置の時期までに限定され

---

18) 本決定には、「本件は、上記のような予見可能性の判断手法、すなわち、連鎖的な事態が発生していることを捉えて『因果関係の基本的部分』は何かを検討する手法によるのがふさわしい類型とはいえないと思われる。」とする大谷裁判官補足意見がある。しかし、このように述べるだけでは、何が本質的な問題なのかはわからないであろう。

19) 類似の事情は、「30年以内に20パーセント程度の確率で15メートルを超える大津波が襲う」可能性のあった**福島第一原発**にもみられる。20パーセントという確率は、1回のロシアンルーレットより高いのである。これは、過失どころか、故意の不作為犯かもしれない。

20) 函館本線での貨物列車の脱線事故はあったが、それは下り坂での事故であり、事故原因も異なる。

るのである。

4 │ 「危惧感を抱くべき状況」と「情報収集義務」

[1]「危惧感説」

　すでに述べたように、学説には**「危惧感説」**というものがある。これは、**森永ヒ素ミルク事件**に関する控訴審判決（前掲高松高判昭和41・3・31）および差戻審判決（前掲徳島地判昭和48・11・28）を基礎にして、藤木英雄博士によって唱えられたもので、**結果発生の一抹の不安感、危惧感を抱くべき状況があれば予見可能性が認められるとともに、その不安感を払しょくするに足る「結果回避措置」が要求され、それを怠れば過失が認められる**とするものである[21]。

　この見解は、過失を無限定に認め責任主義に反すると批判され、少数説に甘んじていたのであるが、近年、なぜかその支持者を増やしつつある。もっとも、それには、少し誤解があるのではないかとも思われる。というのも、単なる結果発生の不安感・危惧感によって要請されるのは、──結果的にそうしたほうがよい場合もあることは事実であるが──いきなりの結果回避措置ではなく、調査して情報を集めるという措置だからである。これは、エンギッシュの述べた③の客観的注意である[22]。その結果、仮に情報を収集していても結果回避行動の動機となるほどの危険の予見ができなかった場合には、「具体的予見可能性」がないとして過失が否定される。**「不安感・危惧感を抱くべき状況」は、この情報収集措置を促す契機となりうるにすぎない**。それなのに、「危惧感説」を文字通り貫くと、現に情報収集措置を取らなかったこと自体が過失になってしまうのである[23]。

21）藤木・総論240頁以下参照。

22）これを指摘したのは、三井誠「予見可能性」藤木英雄編『過失犯──新旧過失論争』（学陽書房、1975年）149頁以下。

23）この点において「危惧感説」と「具体的予見可能性説」の対比は、なお意味を持ちうる。換言すれば、「不安感・危惧感を抱くべき状況」を情報収集の契機と考え、そうしておれば「許されない危険」の認識（＝「具体的予見」）に到達し得た場合に「予見可能性」を認める見解は、もはや「危惧感説」ではなく、「具体的予見可能性説」なのである。そこがわかっていないと、学説対立を誤解する。

これは、実際には被告人はターン直前の後方確認を怠ったという、前述した「Uターン事故事件」の裁判例（前掲福岡高那覇支判決昭和61・2・6）によっても例証できる。「危惧感説」では、ターン直前の事故の不安感・危惧感から、いきなりターンを思いとどまる義務が引き出され、これを怠った被告人が有罪とされかねないのである。

[2] 「第2の黄色点滅信号事故事件」判決

　さらに、最高裁判例では、**「第2の黄色点滅信号事故事件」**判決（最決平成15・1・24判時1806号157頁）によって、これを説明することができる。この事件では、タクシー運転手である被告人が、夜間、対面信号が黄色の見通しの悪い交差点に、道交法上の徐行義務を怠って、時速35〜40キロメートルで進入したところ、交差道路から一旦停止も徐行もすることなく、時速約70キロメートルで突入してきた車に衝突され、乗客を死傷させ（られ）てしまった。もっとも、被告人が徐行をしていれば、相手車両を発見して即座に急ブレーキを踏むことにより、衝突を回避できたという。

　そこで、この事件の1、2審判決は、見通しの悪い交差点に徐行せずに進入したことで衝突事故の予見可能性を認め、かつ、即座の急ブレーキで結果を回避できたとして回避可能性も認めて、被告人を有罪とした。しかし、最高裁は以下のように述べて、これを破棄し、無罪の自判をしたのである。すなわち、「対面信号機が黄色灯火の点滅を表示している際、交差道路から、一時停止も徐行もせず、時速約70キロメートルという高速で進入してくる車両があり得るとは、<u>通常想定し難いもの</u>というべきである。しかも、当時は夜間であったから、たとえ相手方車両を視認したとしても、<u>その速度を一瞬のうちに把握するのは困難</u>であったと考えられる。こうした諸点にかんがみると、被告人車がA車を視認可能な地点に達したとしても、<u>被告人において、現実にA車の存在を確認した上、衝突の危険を察知するまでには、若干の時間を要する</u>と考えられるのであって、急制動の措置を講ずるのが遅れる可能性があることは、否定し難い。」（下線筆者）と。

　この判決は示唆に富むものである。まず、**本判決は、「予見の対象」を、急ブレーキの措置を講ずるために必要な「A車との衝突の危険」という具体的なものとしている。**単に、「見通しの悪い交差点に徐行しないで進入することによる一般的な衝突の危険」ではないのである。

第8章　過失と「客観的帰属」　143

次に、本判決は、「対面信号機が黄色灯火の点滅を表示している際、交差
道路から、一時停止も徐行もせず、時速約70キロメートルという高速で進入
してくる車両があり得るとは、通常想定し難い」という形で「信頼の原則」
を用いている[24]。それゆえに、交差道路に車両を発見したらすぐに急ブレー
キをかけろ、とはならないのである。

　さらに、本判決は、異常な事態であることを察知するには時間がかかるこ
とを指摘している。「現実にA車の存在を確認した上、衝突の危険を察知す
るまでには、若干の時間を要する」という部分がそれである。**異常事態の場
合には、予見可能性には、そうであることを理解する「判断時間」が組み込ま
れなければならないのである。**

　それでは、徐行義務は何のためにあるのであろうか。本件で明らかなよう
に、徐行だけでは、本件結果は回避できない。むしろ、徐行は、交差道路の
様子を観察するための時間を捻出する措置だと考えたほうがよいであろう。
つまり、**徐行もまた、情報収集のための措置なのである。**もちろん、本判決
は、被告人に道交法上の徐行義務の違反があることを否定していない。しか
し、**過失とは、法の期待する程度に慎重な人格であれば、行為者の心理を通し
て結果の回避が可能であったとする関係を意味する**のであるから、道交法上
の義務の違反が即座に過失になることはない。

[3]「因果関係の基本的部分」と「ブラック・ボックス」

　他方、「具体的予見可能性」といっても、現実の因果経過の詳細の予見可
能性を要求するものではない。自動車のアクセルを踏めばどういうメカニズ
ムで速度が上がるのかを知らなくても、アクセルを踏み続けてスピードを出

24）「第1の黄色点滅信号事故事件」判決（最判昭和48・5・22刑集27巻5号1077頁）では、
　　この点は、「特段の事情がない本件では、交差道路から交差点に接近してくる車両があっ
　　ても、その運転者において右信号に従い一時停止およびこれに伴なう事故回避のための適
　　切な行動をするものとして信頼して運転すれば足り、それ以上に、本件Aのように、<u>あえ
　　て法規に違反して一時停止をすることなく高速度で交差点を突破しようとする車両のあり
　　うることまで予想した周到な安全確認をすべき業務上の注意義務を負うものでな</u>」（下線
　　筆者）いと表現されていた。しかし、正確にいえば、「周到な安全確認」ではなく、「相手
　　車両を発見して即座に急ブレーキをかける」という注意義務を負わないと表現すべきだっ
　　たのであろう。しかし、「信頼の原則」についての考え方は、基本的に同じである。

しすぎたために、カーブを曲がり切れずに事故に至った場合、予見可能性が否定されるものではない。アクセルのメカニズムは「ブラック・ボックス」でよいのである。それゆえ、**予見可能なのは「因果関係の基本的部分」でよい**。

　参考になるのは、**生駒トンネル火災事故事件**に関する最高裁決定である（最決平成12・12・20刑集54巻9号1095頁）。そこでは、火災のメカニズムとして、高圧電流によって電気ケーブルに生じる誘起電流がわずかに抵抗のある分岐器本体を流れ続けたために、そこに炭化導電路が形成され、その部分が過熱して火災に至り死傷者を出したという因果経過が認定された。1審判決は、この炭化導電路の形成は本件事故を受けて専門家が実験をした結果初めてわかったメカニズムであるから、被告人にはこれが予見できないとして過失を否定した。しかし、控訴審判決は、取り付けるべき金具が分岐器に取り付けられず、かつ、被告人はそれを認識しながら、精度の低い抵抗計で分岐器本体の抵抗がないと即断しこれを放置したのであって、分岐器本体に長期間誘起電流が流れて加熱する可能性があることは予見できたと判示した。つまり、炭化導電路の形成は、アクセルによる加速のメカニズムと同じく、「ブラック・ボックス」でよいとされたのである。

　もっとも、最高裁は、「予見の対象」をさらに抽象化して、誘起電流が「本来流れるべきでない部分に長期間にわたり流れ続けることによって火災の発生に至る可能性」が予見できたとして上告を棄却した（前掲最決平成12・12・20）。しかし、すでに被告人は、分岐器本体に誘起電流が流れることを想定してその抵抗を測定しているのであるから、あとは、精度の高い抵抗計によってこの部分に微小な抵抗があることを調べれば結果が予見可能であった、と述べれば済んだのである。「本来流れるべきでない部分」を予見対象とするのは、すでに台風は九州方面に向かっているという予報をみて警戒態勢を解いた北海道の住民に、「台風が日本に上陸する可能性があるという予報があったのだから警戒を解くな」というに等しい。

[4] 大規模火災事故における予見可能性

　この点で難問なのは、**大規模火災事故における予見可能性**である。防火管理の不備ゆえに、火災の際に多くの死傷者を出した（言い換えれば、防火管理が十分であれば死傷者を出さずに済んだ、あるいは、少なくとも死傷者はもっ

第8章　過失と「客観的帰属」　145

と少なくて済んだ）事件では、建物の管理者等が業務上過失致死罪に問われることがある。この場合にも、「予見のスパン」は、その建物をホテルやデパート等として使用し、不特定多数の人間を出入りさせる期間になる。しかし、渋谷温泉爆発事故事件などと異なり、大規模火災事故では、20年間あるいは40年間そのような出火がなかったために**長期スパンで見積もっても火災による死傷結果の発生可能性は極めて小さかった**とか、防火技術の向上で以前は義務とされていなかったスプリンクラー等の設置が義務付けられたので、**危険の程度は変わらないのに以前なら過失を問われなかった事案が罪責を問われるようになった**とかいった特殊事情がある。

　とくに長期スパンでも火災発生の可能性自体が小さいことをどうみるかが問題である。これに関して**川治温泉火災事件**に関する最高裁決定は、「いったん火災が起これば、発見の遅れ、初期消火の失敗等により本格的な火災に発展し、建物の構造、避難経路等に不案内の宿泊客等に死傷の危険の及ぶ恐れがあることはこれを容易に予見できたものというべきである。」（下線筆者）と述べた（最決平成２・11・16刑集44巻８号744頁）。ここでは、火災が起きることを当然の前提にした**条件付の予見可能性判断**がなされているのである。「宿泊施設を設け、昼夜を問わず不特定多数の人に宿泊等の利便を提供する旅館・ホテルにおいては、火災発生の危険を常にはらんでいる上、被告人は、同ホテルの防火防災対策が人的にも物的にも不備であることを認識していた」（下線筆者）ことが理由である。**ホテル・ニュージャパン火災事件**に関する最高裁決定も、同様である（最決平成５・11・25刑集47巻９号242頁）[25]。

　しかし、ちょっと待ってほしい。そうであるなら、「ホテルの防火防災対策が人的にも物的にも不備であることを認識していた」被告人は、もはやこれ以上のものを予見できる必要はなく、すぐさま防火防災対策に邁進すればよいではないか。言い換えれば、「いったん火災が起これば」宿泊客等に死傷の危険の及ぶ恐れがあることはすでに認識されているかもしれないが、それにもかかわらず、「火災はまず起きない」と思っているからこそ、被告人は防火防災対策を怠っていたのである。つまり、**最高裁が指摘しているのは、予見「可能性」ではなくて、抽象的危険の認識そのものなのである。**

25）長崎屋尼崎店火災事件判決（前掲神戸地判平成５・９・13）のように、放火の疑いのある場合でも、過失正犯が認められていることは、先に述べた。

問題は、**なぜ、それが抽象的危険犯の故意ではなくて、過失犯の予見可能性になるのかを説明できない**ところにある。それどころか、刑事政策的には、死傷結果の発生を待つまでもなく、防火管理の不備をそれ自体抽象的危険犯として処罰したほうが、安全対策としては有効なのではないかと思われる[26]。

5 │ 「過失の標準」と責任非難の根拠

[1] 非難の根拠と標準

　冒頭に述べたように、責任能力ある市民は、標準的な規範遵守の心構えがあれば危険を意識して調査し、それによって「許されない危険」の認識に到達する可能性があるのであれば、そうしないで予見しなかった犯罪結果を発生させてしまったことにつき、標準的な規範遵守の心構えを欠いたことを理由に発生させた結果について非難される。ゆえに、規範遵守の心構えという**規範的能力**の標準は、行為者ではなく、法の期待する標準的な市民である。

　また、どのような危険が反対動機となり得る「許されない危険」であるかもまた、行為者が決めることではなく、法の期待する標準的な市民の世界観による。いずれの標準も、**行為者を離れた客観的なものである**。

　これに対して、「許されない危険」を冒さないためにどのような措置が適切かは、当該行為者の物理的・生理的能力によって異なる。車の運転ができない人に、前方を注視しブレーキとハンドルを的確に操作して衝突を回避する義務を措定しても意味がない。また、**自分の行動が「許されない危険」を冒すことになることを知り得るか否かについては、行為者自身の知識・教育水準が基準となる**。一酸化炭素中毒の危険性を知らない家政婦が、居眠りしている主人のために寒い朝、暖炉の火を起こし部屋を閉め切りにして主人を死亡させても、彼女の教育水準からみれば危険がわからないというのであれば、予見可能性（＝過失）を認めることはできない[27]。**非難可能性というのは、行為者が「愚か」であることを理由とするのではなくて、行為者の心構えが「悪**

---

26) しかし、消防法上の罰則は、消防署長からの措置命令に従わなかった場合に科せられる間接罰である。それはそれで、建物の多様性を考慮すれば、合理性のあることかもしれない。

27) 行為当時に詳しい法則を知らなくても、一抹の不安感・危惧感を感じれば、被害者のために配慮すべき地位にある者は、法則知識を手に入れて結果を予見するべきだとする非難は可能である。これは、情報収集義務を介した予見可能性の典型である。

第8章　過失と「客観的帰属」　147

い」ことを理由とするのである[28]。

[2]「過失の標準」

「過失の標準」とは、客観的注意義務を決定する際の、あるいは予見可能性を判断する際の標準をいう。その際、誰のどのような能力を基準に判断すべきかが問題となる。

これについては、従前は、一般人の能力を基準とすべきだとする「客観説」、行為者の能力を基準とすべきだとする「主観説」、違法（＝構成要件）要素としての過失（＝客観的注意義務違反）では一般人の能力を基準とし責任要素としての過失（＝主観的予見可能性）では行為者の能力を基準とすべきだとする「折衷説」（＝ほぼ通説）が対立するとされてきた。

しかし、実務では、「その一般的注意能力においても、一般平均的な製造課長に比しなんら遜色のなかった者であることが認められる」（前掲徳島地判昭和48・11・28）というように、「客観的注意義務」判断の際に被告人の個人的能力はすでに考慮されているし、予見可能性の有無についても「当該行為者の置かれた具体的状況に、これと同様の地位・状況に置かれた通常人をあてはめてみて判断」（前掲札幌高判昭和51・3・18）されるだけで、これと別に「主観的予見可能性」が判断されるわけではない。

ゆえに、先に非難の根拠と標準について述べたように、実務でも、「許されない危険」の決定と規範心理的能力については客観的標準が措定され、他方、「許されない危険」を遵守するための措置や予見するための知識については主観的（＝行為者個人の）能力が考慮されているのである（**「能力区別説」**）[29]。

[3]「薬害エイズ帝京大ルート」1審判決

もっとも、「薬害エイズ帝京大ルート」1審判決（東京地判平成13・3・28判時1763号17頁）は、この「能力区別説」の真意を理解せず、表面的な「客観説」に依拠してしまった。いわく、「本件において被告人に過失が認められるのは、通常の血友病専門医……が本件当時の被告人の立場に置かれてい

28）平野・総論 I 204頁以下参照。
29）詳細は、松宮・前掲注13）121頁以下参照。

れば、血友病患者の通常の出血に対しては当然に外国由来の非加熱製剤の投
与を中止してクリオ製剤等の代替治療に切り替えたであろうと認められる場
合である」、「ここでいう『血友病専門医』は、……大学病院や専門性の高い
医療施設に所属して専門医としての立場から血友病の診療等を行うほか、そ
の専門分野については自ら先端的研究を行って、医学雑誌に論文を発表する
ような医師であって、一般開業医を始めとする内科あるいは小児科の単なる
臨床医よりも専門性が高いと考えられる医師の類型である。」（下線筆者）と。

　しかし、この事件の被告人は、単なる「血友病専門医」ではなく、日本で
のその道の第一人者であり、かつ、自分が診てきた血友病患者のエイズ抗体
検査をアメリカのエイズ研究者に依頼し、そのうちの半数近くに陽性反応が
出たことを知っていた人物であった。しかも、ここで必要な知識は「血友
病」の知識ではなく、その治療薬として用いられる血液凝固因子非加熱製剤
によるエイズ感染のリスクと、その発症確率等のエイズに関する専門知識で
あった。それは、事件当時の日本においてはまだ明確な情報は流通していな
かったけれども、米国血友病財団（NHF）による非加熱製剤使用回避を求め
る一連の勧告がすでに出ていた時期でもあった。ゆえに、被告人の有する個
人的知識と、患者の安全に対する標準的な心構えとをかけ合わせれば、
NHF勧告の入手などの情報収集措置を介して、エイズ発症による患者死亡
の「許されない危険」の認識には十分到達できたと思われる。**被告人より知
識水準の低い「通常の血友病専門医」を標準にするのは、「過失の標準」に対
する大きな誤解である**[30]。

[4]　「特別な知識」

　もっとも、最近の学説には、行為者の**「特別な知識」**（＝**「特に知っていた
事情」**）の中には注意義務の根拠とならないものもあると指摘するものがあ
る。たとえば、ブレーキに造詣の深いエンジニアが一日だけ借りたレンタカ
ーのブレーキに異常があることにたまたま気づいたが、何も言わずに車をレ
ンタカー会社に返した――後日、別の客が死傷した――という場合、レンタ
カーを借りた客という役割にすぎないこの人物には、その特別な知識を用い
て危険を指摘することは社会的に期待されていないので、故意犯にも過失犯

30）詳細は、松宮・前掲注6）168頁以下参照。

第8章　過失と「客観的帰属」　149

にもならないという考えである[31]。気づいた場合にまで何も言わなくていいのかという疑問を持つ人物でも、気づかなかったが彼が注意深く調べれば気づくことができたという理由で、客にすぎないこの人物に過失を認めることには、躊躇を覚えるであろう。

　もっとも、**「特別な知識」が注意義務の根拠とならないか否かは、その行動の脈絡における行為者の役割によって決まる。**日本の血友病治療の権威であり厚生省の「エイズ研究班」の班長として、当時最先端の情報に接しまた接することができた被告人に、一病院の内科長であるからその「特別な知識」は用いなくてよいとはいえない。その治療行動は、他の血友病専門医の範となるべきものであったと思われる。

---

6 ｜業務上過失

[1] 「業務上過失」の定義

　過失致死傷罪や失火罪、過失往来危険罪では、「業務上必要な注意」が怠られた場合や（117条の2、211条）「業務に従事する者」の場合に（129条2項）、法定刑が加重されている。このような場合を**業務上過失**という。判例は、**211条の業務上過失を、①社会生活上の地位に基づき、②反復・継続して行う行為であって、③他人の生命・身体に危害を加える虞あるもの**、と定義している（最判昭和33・4・18刑集12巻6号1090頁）。

　これには、人の生命・身体の危険を防止することを義務内容とする業務も含まれる。しかも、行為者の目的がそれによって収入や報酬を得ることにあるかどうかは問わないとされている（最決昭和60・10・21刑集39巻6号362頁）。さらに、判例は、仕事と一切関係のない銃による狩猟（前掲最判昭和33・4・18。しかし、大判大正8・11・13刑録25巻1081頁は、これを否定していた。）や自動車運転（東京高判昭和35・12・12高刑集13巻9号648頁）も「業務」に含まれるとしてきた。

　しかし、およそ仕事と関係のない行為を「業務」というのは、どう考えて

---

31) G. Jakobs, System der strafrechtlichen Zurechnung, 2012. S.33. この問題を扱ったものに、森川智晶「過失犯における特別知識と特別能力の考慮について（1）（2）（3・完）」関大法学67巻2号（2017年）343頁、4号（2017年）770頁、6号（2018年）1380頁がある。

も罪刑法定原則に反する被告人に不利益な類推であろう。大審院の判例から
すでに業務上過失は広く解されてきたという主張もあるが、実は、それはほ
とんど、①開業医などの本来の業務に付随して往診のために自動車を運転す
ることがあるので、**本来の業務に付随したものだから「業務」**としたものと、
②トラックの運転手を生業とする者が娯楽で運転した車で事故を起こした場
合のように、仕事で培った能力を利用した活動の際に注意を怠ったという**仕
事で必要な注意の懈怠なので「業務」**としたものに分けられる。これに対し
て、戦後の判例は、およそそのような事情のない場合でも、**仕事での運転で
も娯楽での運転でも必要な注意は同じ**という理由で「業務上過失」を認めた
のである。

　しかし、むしろ、娯楽としてのドライブが普及したのだから、もはや業務
による刑の加重[32]は意味を失ったと考えるべきであろう。ゆえに、「業務上
過失」規定の母国ドイツが1940年に決断したように、業務上過失規定を削除
すべきである。

　もっとも、不思議なことに、**業務上失火罪（117条の2）の業務は、職務と
して火気の安全に配慮すべき社会生活上の地位**と定義されている（前掲最決昭
和60・10・21刑集39巻6号362頁）。これは、火気の扱いをすべて「業務」とし
ていたのでは、愛煙家や家庭の主婦、それどころか台所で火を使う人はすべ
て「業務者」ということになって、加重処罰の意味がなくなるからであろう。

[2] 加重処罰の根拠

　業務上過失が通常の過失よりも重く処罰される根拠にも争いがある。通説
は、業務者には**特別の注意義務**があるとするが（最判昭和26・6・7刑集5巻
7号1236頁）、同じ行為である場合に業務者とそうでない者との間に義務の
違いがあるのか、という批判がある。業務者の方が一般人より**注意能力が高
い**ので、その過失は実質的に重過失なのだとする見解もある。しかし、業務

---

32) そもそも、「業務上過失」規定は、明治40年の現行刑法典になって採用されたもので、旧
　刑法典にはなかった。その参考にされたのは、ドイツ刑法典の「業務上過失」規定である。
　そのドイツ刑法での「業務上過失」加重処罰は、実は、危険な業務に対して適切な注意を
　払うことのできない者に「業務禁止」処分を課していたプロイセン刑法典の規定を、「営
　業の自由」を理由に、業務禁止ではなく加重処罰に置き換えたものであった。詳細につい
　ては、松宮・前掲注6）78頁以下参照。

第8章　過失と「客観的帰属」　151

者の過失であっても軽過失はあり得るし、自動車の運転免許を持っている人がみな「業務者」なら、一般人はほとんどみな「業務者」になってしまう。

[3] 過失運転致死傷罪への移行

　自動車運転上の過失については、2007（平成19）年の改正により、211条2項に自動車運転過失致死傷罪が新設され、さらに2013（平成25）年には、これが「自動車の運転により人を死傷させる行為等の処罰に関する法律」5条に移されて過失運転致死傷罪となった。これにより、それまで業務上過失致死傷罪（211条）などで処罰されていた自動車運転中の過失致死傷が、この規定で処罰されることになった。これにより、自動車事故に関しては──その法定刑の重さの問題を別にすれば──「類推」の疑いは解消された。

　もっとも、その法定刑の上限は7年の懲役であり、業務上過失致死傷罪よりも2年引き上げられている。自動車による悪質・重大事故に対処するためというのがその理由である。

　しかし、自動車運転過失自体は、自動車運転中の過失という意味でしかなく、通常の過失に比べて特に重いわけではない。しかも、過失犯罪者をそれほど長く刑務所に入れても、却ってその社会復帰を困難にし犯罪を助長するだけである。加えて、船舶の衝突事故にくらべて自動車運転の場合だけ、運転者がさらに重く処罰されるというのは、法の下の平等（憲法14条1項）に反するのではないかという疑いもある。

第9章

未遂・未完成犯罪

1 │ 刑法総論の「未遂」

[1] 総則の「未遂」は各則の「刑罰拡張事由」

　本章では「未遂」およびそれ以前の「予備」・「陰謀」などを含む「未完成犯罪」を扱う。もっとも、主に扱うのは、刑法43条という**総則上の未遂**である。

　刑法典には、殺人予備（201条）や内乱予備・陰謀（78条）のように、重大な犯罪では、本命の犯罪行為のほかに、その予備さらには陰謀まで処罰する規定がある。もっとも、これらの予備罪ないし陰謀罪では、刑法の各則に（不明確ではあるが）「構成要件」が置かれており、総則上の未遂のように処罰の範囲を各則の「構成要件」該当行為からさらに拡張するものではないので、正確には、以下にいう「刑罰拡張事由」ではない[1]。

　総則上の未遂は、「犯罪の実行に着手してこれを遂げなかった」ときに、その「犯罪」の法定刑から減軽することができるというもので、処罰の範囲を既遂行為から一般的に拡張するとともに（「**刑罰拡張事由**」）、任意的減軽を

---

1) さらに、削除された大逆罪（旧73条）のように「害を加えんとした」という形で、既遂と未遂を共に処罰する「企行犯」というタイプの犯罪もある。もっとも、旧刑法制定当時の学説では「企行犯」には予備・陰謀は含まれないとされていたのに（立野胤政『刑法註解』〔1882年〕631頁）、その後の学説および判例では予備・陰謀も含むとされ、この解釈によって幸徳秋水らは死刑判決を受けた（大判明治44・1・18新聞集成明治編年史14巻〔1940年〕359頁）。他方、2017年に作られた「共謀罪」（組織的犯罪処罰法6条の2）は、一定の組織的犯罪の共謀について、その準備行為を伴う場合に広く「共謀」を処罰する点で、総則上の未遂と同じく、「刑罰拡張事由」である。

第9章　未遂・未完成犯罪　153

認めたものである。このうち、「これを遂げなかった」という部分は、未遂の積極的要素ではなく、既遂ではない場合を意味する限界設定要素にすぎない。ゆえに、既遂に至ったか否かが証拠上明らかでない場合でも、「犯罪の実行に着手」したことが明らかであれば、未遂での処罰は可能である。もっとも、未遂処罰は各則に明文がある場合に限られるが（44条）。

[2] 予備罪の未遂

　一般的には、犯罪はその計画や陰謀ないし共謀からその予備（＝準備）を経て未遂段階に至り、最終的に既遂に発展するのであり、予備とは未遂以前の段階を意味すると説明されている。しかし、総則上の未遂は、このような、最終目標を固定した絶対的な概念ではなく、もっと相対的な概念である。

　前述のように、総則上の未遂は、「犯罪の実行に着手してこれを遂げなかった」ときに、その「犯罪」の既遂の法定刑から減軽することができるというものである。ここにいう「犯罪」とは、刑法典の各則（第2編「罪」）や特別刑法・行政刑法の「構成要件」に該当し、違法で有責な（場合によっては、特別な処罰条件をも充たした）行為をいう。そして、ここには、支払用カード電磁的記録不正作出準備罪（163条の4第1項）のように、最終目標である支払用カード電磁的記録不正作出罪（163条の2第1項）——厳密には、最終目標は不正作出カード供用罪（同条2項）であり、作出罪自体がその予備であるが——の予備であっても、刑法各則や特別法などで「構成要件」が規定されている予備行為も含まれる。ゆえに、現に刑法163条の5にあるように、その「未遂」もまた、観念できるのである。

　つまり、保護法益からみれば実質的には予備段階に当たる行為であっても、その行為が「構成要件」化されている以上、その犯罪の「実行の着手」つまり未遂は観念できるのであり、その意味で、**総則上の未遂は何が構成要件とされているかに左右される相対的なものなのである。**

---

2 ｜ 「実行の着手」と「形式的客観説」・「実質的客観説」

[1]「形式的客観説」と「実質的客観説」

　刑法43条にいう「実行の着手」を判断する基準については、現在、**「形式的客観説」**と**「実質的客観説」**が競い合っている。「犯意の飛躍的表動」等を

基準とする「主観説」ないし「行為者の犯行計画を客観的に判断する」という「折衷説」もないわけではないが、少数説である。実質的な予備罪についても未遂が観念できる以上、最終犯罪を遂行する意思が行動に明確に現れなくても予備罪の未遂は成立するので客観的な「構成要件」を無視することはできず、また、いかに犯行計画を考慮しても、不能犯（不能未遂）を処罰しないという前提では、計画の危険性だけでは未遂とできず、現実世界におけるその計画の実現可能性を必要としなければならないからである。

　それゆえ、「実行の着手」を判断する基準は、常に、「構成要件」を出発点としなければならない。なお、**ここにいう「構成要件」とは**、実質予備罪のそれも含めて、「基本的構成要件[2]」、つまり**犯罪の「既遂類型」を意味する**。その上で、「実行の着手」に当たるためには「基本的構成要件に該当する行為の少なくとも一部が行われたこと」が必要だとされる[3]。

　しかし、ちょっと待ってほしい。「基本的構成要件に該当する行為」とは、殺人罪（199条）では、「人を殺そうとする」行為ではなく、「人を殺した」行為である[4]。その「一部が行われた」というのは、一体どういう意味なのであろうか。

　「形式的客観説」は、「実行の着手」を、既遂類型という意味での**「構成要件」に該当する行為を開始した時点に求める**[5]。そうすると、結局、それは**既遂の直前に位置する行為**、殺人罪では「人を殺そうとした行為」だということになる。そうであれば、それは、既遂類型としての**「構成要件」に「該当する」のではなく「密接する」（大判昭和9・10・19刑集13巻1473頁）行為**でしかない。

　他方、手段が「構成要件」に明記されている罪では、その手段の開始が既

---

2)　団藤・総論354頁。

3)　団藤・総論355頁。

4)　この点に関連して、塩見淳「実行の着手について（3）・完」法学論叢121巻6号（1987年）16頁が、「『着手』を、行為者の犯罪計画上構成要件行為の直前に位置する行為と解する」と述べる際に、ここにいう「構成要件行為」が「基本的構成要件」に該当する行為、すなわち既遂行為（たとえば「人を殺した」行為）であることが明確でない点が危惧される。

5)　団藤・総論354頁参照。ドイツ刑法22条では、「構成要件の実現を直接に開始した」時点である。なお、法務省大臣官房司法法制部編『ドイツ刑法典』（法曹會、2007年）25頁参照。

遂の直前行為ということになる。ゆえに、強盗罪（236条）や強制性交等の罪（177条：旧強姦罪）などでは、その罪の手段たる暴行または脅迫が開始された時点が「実行の着手」である。ゆえに、**手段が明記されている犯罪においては、「構成要件」の一部（＝手段部分）に該当する行為が行われれば未遂となる**[6]。

[2] 単純結果犯の「実行の着手」

　もっとも、単純結果犯では、何がこの直前行為に該当するか判断する基準は実質的判断を必要とする。ゆえに、殺人罪では、「人の死」という結果を惹起し得る相当な危険が明らかに認められる時点が（最決平成16・3・22刑集58巻3号187頁「クロロホルム事件」）、窃盗罪では「窃取」に至る相当な危険が明らかに認められる時点が、既遂の直前段階として未遂になる。このようにして、**「既遂に至る危険が明らかに認められる」**という実質的基準を用いるのが、「実質的客観説」なのである。

　したがって、「形式的客観説」と「実質的客観説」を対立する見解として捉えてはならない[7]。後者は、前者がいう「既遂の直前段階」か否かの判断を、既遂に至る危険が明らかに認められる時点か否かという形で実質化しただけだからである。その際、繰り返しになるが、**「密接な行為」とは既遂構成要件の実現に「密接な行為」**だということに注意しなければならない。言い換えれば、殺人罪の「実行の着手」では「人を殺した」行為に密接することが必要であり、そもそも、これ自体が未遂行為である「人を殺そうとする」行為に密接するだけでは足りないということである[8]。

　要するに、「形式的客観説」では、「実行の着手」は既遂の構成要件実現に密

---

6) ゆえに、このような罪において、手段行為より前の、これと密接な関係を有する行為があったときにすでに「実行の着手」があったとするのは、「『実行』の観念を不当にゆるめるもの」であろう。団藤・総論355頁注（4）。

7) 現に、前掲最決平成16・3・22刑集58巻3号187頁は、「第1行為は第2行為に<u>密接な行為</u>であり、実行犯3名が第1行為を開始した時点で既に<u>殺人に至る客観的な危険性が明らかに認められる</u>」（下線筆者）と述べて、形式的基準と実質的基準を並列させている。もっとも、これは、犯行計画上、第2行為が被害者の死亡に直結するものであり、結果発生とほぼ同視できるものであったからであり、第2行為からさらに第3行為を経て結果に至る犯行計画であった場合には、殺人罪の「実行の着手」は認められない。

156

接する行為（「密接基準」）または構成要件の一部に該当する行為（「一部基準」）
に認められる。

[3] 結合犯（＝二行為犯）の場合の実質的基準

　もっとも、既遂に至るための手段が特定されている結合犯（＝二行為犯）[9]
でも、実質的基準が必要な場合がある。当該暴行が目的たる行為を遂行する
ための直接の手段といえるかどうか不明確な場合があるからである。

　たとえば、最決昭和45・7・28刑集24巻7号585頁は、被告人が被害女性
をダンプカーに引きずり込んだ際に彼女を負傷させ、そのまま約5キロメー
トル離れた護岸工事現場で強姦した事案につき、「かかる事実関係のもとに
おいては、被告人が同女をダンプカーの運転席に引きずり込もうとした段階
においてすでに**強姦に至る客観的な危険性が明らかに認められる**から、その
時点において強姦行為の着手があったと解するのが相当」として、すでに強
姦の未遂段階で被害者を負傷させていることを理由に強姦致傷罪（181条2
項）を認めている。

　この判決は、一般に、実質的客観説に依拠したものと理解されている。し
かし、それは、ダンプカーに引きずり込んだ際の暴行を旧強姦罪の手段たる
暴行ではないと考えた上でのことではないであろう。むしろ、被害者がダン
プカーに引きずり込まれてしまえば外部に助けを求めることもできず5キロ
先の強姦現場まで運ばれて姦淫される事態に容易に直結するがゆえに、引き
ずり込む際の暴行もまた姦淫の手段たる暴行と考えられたものと解するべき
であろう。その意味で、**結合犯における構成要件の一部に該当する行為か否
かの判断にも、実質的な思考が必要な場合がある**のである。

---

8)　この点では、窃盗罪の「実行の着手」に関する前掲大判昭和9・10・19刑集13巻1473頁が
　　「屋内ニ於テ金品物色ヲ為箪笥ニ近寄リタルトキハ財物ニ対スル事実上ノ支配ヲ侵スニ付
　　密接ナル行為ヲ為シタルモノニシテ窃盗罪ノ著手アリタルモノトス」（下線筆者）と述べ
　　ているのは、「財物ニ対スル事実上ノ支配ヲ侵」そうとする行為（＝窃取の未遂）に密接
　　する行為という意味ではなく、「財物ニ対スル事実上ノ支配ヲ侵」した行為（＝窃取した）
　　に密接する行為という意味であると解するべきであろう。
9)　ここでは、「結合犯」とは、二つないしそれ以上の行為が手段と目的という形で結合され
　　て「構成要件」となっている犯罪を意味する。学説には、いずれの行為も独立して犯罪の
　　「構成要件」が存在する場合だけを「結合犯」と呼ぶものもあるが、結合されるものを犯
　　罪行為に限る必要はないであろう。

第9章　未遂・未完成犯罪　157

なお、この点に関して、最判平成30・3・22刑集72巻1号82頁は、いわゆ
る「特殊詐欺」の事案において、被告人は氏名不詳者に依頼され、被害者か
ら詐取する金員につき警官を装って受け取る役を引き受けたが、氏名不詳者
は被害者に警察官が向かうと述べただけで、まだ財物を交付するよう求めて
はいなかったという段階で詐欺の「実行の着手」を認め、これを否定した原
判決（東京高判平成29・2・2刑集72巻1号134頁）を破棄して、被害者宅に到
着する前に警察官から職務質問を受けて逮捕された被告人に氏名不詳者との
詐欺未遂の共同正犯を認めた。その際、本判決は、「このように段階を踏ん
で嘘を重ねながら現金を交付させるための犯行計画の下において述べられた
本件嘘には、預金口座から現金を下ろして被害者宅に移動させることを求め
る趣旨の文言や、間もなく警察官が被害者宅を訪問することを予告する文言
といった、被害者に現金の交付を求める行為に直接つながる嘘が含まれてお
り、既に100万円の詐欺被害に遭っていた被害者に対し、本件嘘を真実であ
ると誤信させることは、被害者において、間もなく被害者宅を訪問しようと
していた被告人の求めに応じて即座に現金を交付してしまう危険性を著しく
高めるものといえる」と述べている[10]。
　ここでも、旧強姦罪に関する前述の最決昭和45・7・28と同じく、結合犯
における「実行の着手」について実質的基準が用いられている。しかし、問
題は、それが詐欺罪の手段としての欺罔行為性を判断するものとして用いら
れているか否かにある。
　この点に関し、本判決に対する山口厚裁判官の補足意見は、「従来の当審
判例によれば、犯罪の実行行為自体ではなくとも、実行行為に密接であって、
被害を生じさせる客観的な危険性が認められる行為に着手することによって
も未遂罪は成立し得る」として、前述の最決平成16・3・22を参照させてい
る。その上で、「財物の交付を求める行為が行われていないということは、
詐欺の実行行為である『人を欺く行為』自体への着手がいまだ認められない

10）本件での問題は、被害者に対し警察官を装って預金を現金化するよう説得する行為は、財
　物の交付に向けた準備行為を促す行為であるものの、被害者に対し下ろした現金の交付ま
　で求めるものではなく、詐欺罪にいう人を欺く行為とはいえないのではないかという点に
　ある。加えて、以上の嘘はすべて氏名不詳者がついたものであり、被告人は警官を装って
　受け取る役を引き受け被害者宅付近まで行っただけで、被害者には何の働き掛けもしてい
　ない。しかし、ここでは、「実行の着手」の判断基準のみを検討しよう。

とはいえても、詐欺未遂罪が成立しないということを必ずしも意味するものではない。」（下線筆者）と述べられている。

先に見たように、「形式的客観説」における「密接」行為は、既遂構成要件の実現に密接する行為を意味する。そして、それは主として単純結果犯において用いられるものである。詐欺罪のような結合犯では、既遂構成要件の直前段階は手段たる行為の開始という意味での「構成要件の一部に該当する行為」である。したがって、詐欺罪の手段たる欺罔行為に当たらないのに同罪の「実行の着手」を認めることは、その不当な拡張であるというべきであろう[11]。もちろん、そうではなくて、法廷意見は詐欺罪の手段たる欺罔行為につき、交付を求める直前段階の嘘も含まれるというのであれば、それはまた別に検討が必要であるが。

[4] 二段階計画の場合（「クロロホルム事件」など）

直前ないし密接な行為といっても、それは既遂に至る過程に二段階ある犯行計画の場合に、一段階目では「実行の着手」を認めないというものではない。拳銃で人を撃ち殺そうとして狙いをつけたときには、まだ引き金を引く行為が残っているにもかかわらず、殺人罪の「実行の着手」を認めることにほとんど異論はない。

同じ考え方は、前掲最決平成16・3・22（「クロロホルム事件」決定）の事案にも当てはまる。この事件では、被告人らは被害者にクロロホルムを吸引させて昏倒させ（第1行為）、意識を失わせている間に被害者を近くの海まで運んで自動車事故に見せかけて海中に投棄し溺死させようとした（第2行為）。しかし、裁判では、被害者は海中に投棄される前に、大量のクロロホルムのために呼吸停止で死亡していた可能性が認められたのである。そこで、仮に被害者が犯行計画よりも早く、第1行為のために死亡していたとしても、被告人らに殺人既遂の罪が認められるか否かが争われた。

これにつき最高裁は、①被害者にクロロホルムを吸引させて昏倒させた時

---

11) この点につき、佐伯仁志・考え方347頁が「構成要件該当性が充足される切迫した危険が認められれば、手段に着手していなくとも未遂を認めてよいようにも思われる。」と述べるのも、「形式的客観説」と「実質的客観説」との関係の理解に問題があるように思われる。

点で殺人罪の「実行の着手」が認められ、②それと被害者の死亡との間に——実質的には相当——因果関係が認められれば[12]、③具体的な因果経過に関する被告人らの錯誤は無視して、殺人既遂を認めてよいという考えを背景に、最大の争点であった①を認めて殺人既遂とした。要するに、「実行の着手」と「既遂結果」との間に「(相当)因果関係」があり、かつ、故意がこれらに符合しているのであれば、何らの阻却事由もない本件では殺人既遂が成立するというだけのことである。

あとは、第1行為が、拳銃で狙いをつける行為と同じ意味で、連続する予定の第2行為を考慮して既遂に至る客観的な危険性が明らかに認められるものであれば、これに「実行の着手」を認めても構わないであろう。その際には、第1行為と第2行為との手段・目的ないし連続関係、第2行為と計画された既遂結果との間の近接性およびそれを介した第1行為と既遂結果との間の時間的・場所的近接性、さらには計画上、第1行為から第2行為に至る経過に障害がないこと(「自動性」)が——要件ではなく——考慮要素となる[13]。

---

12) この(相当)因果関係の判断は、本決定の事実関係の概要部分で述べられている。すなわち、「客観的にみれば、第1行為は、人を死に至らしめる危険性の相当高い行為であった。」(下線筆者)という判断は、第1行為の「広義の相当性」を示したものであり、また、その結果への実現は「Vの死因は、でき水に基づく窒息であるか、そうでなければ、クロロホルム摂取に基づく呼吸停止、心停止、窒息、ショック又は肺機能不全であるが、いずれであるかは特定できない。」けれども、「たとえ、実行犯3名の認識と異なり、第2行為の前の時点でVが第1行為により死亡していたとしても」という、被告人らに有利かもしれない可能性が現実であったらという仮定的ないし択一的な形で行われているのである。そもそも、何らかの形で因果関係が認定できなければ、「実行の着手」だけで既遂になるわけがない。

13) この点につき、本決定は、「第1行為は第2行為を確実かつ容易に行うために必要不可欠なものであったといえること、第1行為に成功した場合、それ以降の殺害計画を遂行する上で障害となるような特段の事情が存しなかったと認められることや、第1行為と第2行為との間の時間的場所的近接性など」を挙げている。もっとも、「必要不可欠」は本件の第1行為がそうだったという話であって、常に必要な条件ではないであろう。なお、「必要不可欠性」以外の考慮要素を挙げて殺人罪の実行の着手(中止未遂)を認めた裁判例に、名古屋高判平成19・2・16判タ1247号342頁がある。

3 │ 「客観説」と犯行計画

[1] 「客観説」の意味

なお、形式的ないし実質的客観説といっても、それは行為者の具体的な犯行計画を考慮せずに「実行の着手」を判断するものではない。むしろ、既遂構成要件実現の前段階にあるか否か、あるいはその相当な危険が明らかに認められるか否かは、行為者が次に何をするつもりであったのかによって左右される。ゆえに、これらの見解は、犯行計画という主観的要素を考慮してはいるが、既遂構成要件実現の客観的な直前性ないし危険性を判断するものだという意味で「客観説」なのである。

また、犯行計画の考慮は、着手時点をどこに認めるかという問題とは関係がない。それどころか、財物である電気器具が置いてある店舗に忍び込んだ者が現金のみを盗みたいと思っていた場合には、目の前に電気器具が置いてある場所に来ても、現金の置いてあると思われる煙草売場の方に行きかけたのでなければ、窃盗罪の「実行の着手」にはならないのである（最決昭和40・3・9刑集19巻2号69頁）[14]。大事なことは、**着手判断の基礎となる既遂構成要件の実現は、行為者が計画していた態様のもの**（この事件では現金を盗むこと）**でなければならない**ということである。

同じことは、前述の最決昭和45・7・28にも当てはまる。ここでも、着手判断の基礎となる既遂構成要件の実現は、5キロメートル離れた場所での被害者の姦淫であって、その場での姦淫ではない。つまり、計画された既遂結果を基礎とするからこそ、その「実行の着手」が争点となったのである。ゆえに、**犯行計画を考慮すれば「実行の着手」時期が早まるという論理関係はない**。それは、判断者が有する物差しが長いか短いかの問題である。

[2] 犯行計画と故意

他方、「実行の着手」の判断には、**犯行計画の考慮は不可欠であるが、犯罪の故意の考慮は不要である**。というのも、既遂構成要件の実現からみて行為者が現在どの段階にきているか、あるいは既遂結果発生の相当な危険が明ら

---

14) この事件では、被告人が煙草売場の方に行きかけた際に帰宅した被害者らを、逮捕を免れる目的で死傷させたという事案につき、（事後）強盗致死傷罪の成否が問題となった。

かに認められるか否かは、犯罪の故意の有無とは関係ないからである。たとえば、人を熊と間違って射殺しようとする人は、狙いをつけた後に目標に向かって引き金を引くという行動計画があるからこそ、「人の死」という既遂結果発生の危険を引き起こしているのであって、その際に目標が人であることを知って行動している必要はない。ゆえに、この場合、結果発生の直前性ないし危険性は、殺人罪の故意の有無に左右されない[15]。さらに、このような錯誤状態にある人物に対して、目標が人であることを知りつつ発砲を幇助した者に殺人罪の幇助を認めるのであれば、共犯の従属対象に正犯の故意は含まれないことを例証することになろう[16]。

[3] 犯行計画と実現可能性

　他方、次に述べる「不能犯」との関係では、純粋に計画の危険のみを判断する見解（「抽象的危険説」）と異なり、**「客観説」では、その犯行計画は何らかの意味で実現可能であることを要する**であろう。つまり、既遂結果発生の危険があることが必要なのであり、その点で、明文で不能未遂を処罰するドイツ刑法と異なり、わが国の見解は「客観説」なのである。

4 ｜ 「不能犯」

[1]「不能犯」と危険概念

　「犯罪の実行に着手し」（43条本文）ただけで未遂犯として処罰されるためには、その行為は既遂結果を発生させる危険性を有するものでなければならない。刑法は、「犯罪をしたい」という行為者の意思を処罰するのではなく、一歩間違えば現に既遂結果ないし構成要件実現（以下、単に「結果」と呼ぶ）を招きそうになった行為を処罰するものだからである（「客観主義」）。ゆえに、結果の発生が不可能な場合（**「不能犯」**ないし**「不能未遂」**）には、行為者が結果を発生させたいと思っていても、それは未遂ではない。それも、「犯罪の実行に着手し」たに当たらないという意味で。

---

15) 佐伯仁志・考え方344頁以下。これに対し、故意は考慮するが犯行計画は考慮しないとする見解（大谷・総論366頁等）には、再考の余地がある。

16) 松宮孝明『刑事立法と犯罪体系』（成文堂、2003年）122頁。

もっとも、既遂結果が発生しなかった場合に、その行為に結果発生の危険があるというのはどういうことを意味するのであろうか。というのも、結果が発生しなかったのは、常に、何らかの理由があってそうなったはずだからである。ゆえに、その理由を最初から見通すことのできる全能の神の目からみれば、未遂はすべて不能未遂である。

　そのため、通説は、何らかの形で結果不発生に至った諸要因のうち、いくつかのものは分からなかったことにして、結果発生の可能性を判断しようとする。この可能性がゼロないし無視してよいほどに小さいときが「不能未遂」だというのである。

　このような判断の資料を制限する方法をめぐって、現在、「客観的危険説」と「具体的危険説」が争っている。**「客観的危険説」**は、外形的に「実行の着手」とみられる時点において存在した事情は——行為者にも誰にも認識できなかったものも含めて——すべて考慮した上で、その後の事情によって結果発生が阻まれた場合を危険と定義する。ゆえに、外形的な「実行の着手」の時点ですでに——被害者がすでに死んでいた（**「客体の不能」**）、あるいは拳銃に弾丸が入っていなかった（**「手段の不能」**）といった事情で——結果の不発生が確定していた場合には「不能未遂」である[17]。

　これに対して**「具体的危険説」**では、行為当時に実際には結果不発生が確定していたとしても、そのような事情を行為者は知らず、かつ行為者と同じ立場に置かれた一般人も知り得なかった場合には、結果発生の危険はあると判断する[18]。もちろん、行為後に介入した事情によって結果発生が阻まれた場合にも、危険はあったとするのである[19]。

　このほか、行為当時に存在した事情によって結果不発生が確定していた場

---

17) 身分犯の未遂において、行為者が自分に身分があると誤想していた場合（**「主体の不能」**）にも、行為時に結果不発生が確定しているので、「不能未遂」となる。

18) この考え方を貫けば、「主体の不能」の場合にも、一般人に対して行為者に身分があるように見えたなら、身分犯の未遂が認められることになる。しかし、とくに真正身分犯は最初から規範の名宛人を身分者に限定したものだとする理解によって、一般に、「主体の不能」は「不能犯」ないし**「幻覚犯」**だと解されている。なお、賄賂収受の要求罪ないし約束罪（197条以下）のように、実質的には目的とされた犯罪の未遂段階を処罰するものであっても、主体が「公務員」というように限定されている規定では、非身分者に要求罪ないし約束罪は成立しない。

第9章　未遂・未完成犯罪　163

合でも、そのような事情の存在が偶然である場合は「相対的不能」として未遂を認め、それが必然である場合には「絶対的不能」として不能未遂とする見解もある（**日本の「絶対的不能・相対的不能区別説」**）。これによって、硫黄で人を殺そうとした場合には絶対的不能（大判大正6・9・10刑録23輯998頁）、懐中物をすり盗ろうとしたが財物がなかった場合には相対的不能（大判大正3・7・24刑録20輯1546頁）が認められてきた。そして、最高裁もまた、これまで、この見解に依拠してきたとされるのである（最判昭和25・8・31刑集4巻8号1593頁、最判昭和37・3・23刑集16巻3号305頁）[20]。

[2] 「中止行為」、「阻止行為」と「不能犯」

　このうち、「客観的危険説」に対しては、とくに「具体的危険説」を支持する多数説の側から、**現に存在したすべての事情を考慮すれば未遂はすべて不能未遂となってしまう**という常套的な批判が加えられている。しかし、これは、**「実行の着手」後に介在した阻止行為によって結果発生が阻止された場合には結果発生の危険はあったとする暗黙のルール**を無視した批判である。それどころか、このルールを無視して危険判断をすれば、完璧なボディーガードが付いているために殺害が不可能な被害者を襲撃した殺し屋は、「具体的危険説」によっても不能未遂となってしまうであろう。その結果、危険のない殺害行為に対しては、侵害の急迫性がないので正当防衛はできないといったパラドキシカルな結論まで引き出されてしまう。

　刑法もまた、「自己の意思により」（43条但書）結果が不発生に終わったと

---

19) 結果をもたらす事実がありえたかどうかで危険を判断しようとする山口・総論290頁は、行為時に存在した結果阻止要因でも考慮されない余地を認める点、および「仮定的事実の存在可能性」の判断基準を一般人が「ありえたことだ」と判断するか否かに求める点で、「客観的危険説」ではなく、「具体的危険説」と同質のものと思われる。

20) もっとも、「絶対的不能・相対的不能区別説」が、本来、行為当時に適切な客体や手段が存在しなかったために結果不発生が確定していた場合でも「相対的不能」の余地を認める見解であったという理解には、疑いがある。むしろ、行為時にすでに適切な客体（たとえば懐中の財布）や手段（弾丸の入った拳銃）が存在しなかったのであれば、結果の発生は「絶対的不能」だからである。たとえばヒッペルは、「すでに手段それ自体または客体それ自体が目標の達成にとって疑いもなく不適切であるなら、絶対的不能未遂である。」と述べている。*R. v. Hippel*, Deutsches Strafrecht, 2. Band, 1930, S. 418. もっとも、ヒッペル自身は、「具体的危険説」の支持者なのであるが。

きには、そのような事態が一般人に予見可能であったか否かにかかわらず、「不能犯」ではなく、中止「未遂」を認めている[21]。同じように、完璧なボディーガードによって結果が不発生に終わったときにも、そのような事態が一般人に予見可能であったか否かにかかわらず、「未遂」が認められるであろう。つまり、問題は、**結果発生の可能性があったか否かというより、結果発生を阻止した要因がどのようなものであれば未遂となり、どのようなものであれば不能未遂となるかを、合目的的に考えることなのである。**そして、少なくとも阻止行為によって結果が不発生に終わったときには、危険はあったと考えるべきである。なぜなら、阻止しなければ結果は発生してしまうのであり、ゆえに阻止される行為は危険だったからである。

[3]「具体的危険説」の意味——「判断資料」と「判断基準」

　問題は、このような「中止行為」や「阻止行為」によって結果が不発生に終わった場合以外でも、未遂処罰を認めるべき場合があるか否かにある。この点につき、未遂処罰は結果が起きそうだったという印象を人々が抱くことにより結果惹起禁止規範が動揺させられたことに対する鎮静化であるという考えから危険概念を定義する**「印象説」**がある。行為当時に結果不発生が確定していたとしても、そのような事情を行為者は知らず、かつ行為者と同じ立場に置かれた一般人も知り得なかった場合には結果発生の危険はあるとする「具体的危険説」は、このような「印象説」を背景とする。

　もっとも、「具体的危険説」では、たしかに結果不発生の要因が行為者と同じ立場に置かれた一般人にとって認識不可能であった場合にはこの要因を判断資料から排除するが、そのようにして限定された情報に基づいた危険の判断は、合理的・理性的に行う[22]。つまり、ここでの**判断基準は「科学的一般人」**なのである[23]。ゆえに、判断基準のみを科学化しただけでは、まだ、

---

21) つまり、ここでも、「実行の着手」後に介在した（自己の）阻止行為によって結果発生が阻止された場合には結果発生の危険はあったことにするという暗黙のルールが妥当しているのである。なお、旧刑法112条は、「意外ノ障礙若クハ舛錯（せんさく）」によって未遂に終わった場合のみを可罰未遂とすることで、既遂に至らなかった原因に着目していた。

22) ここでは、相当因果関係説で用いられる判断基準と同じ合理的判断が行われる。ただ、ドイツ刑法では「不能未遂」であっても未遂として処罰する余地を残しているが。Vgl., *G. Stratenwerth / L. Kuhlen,* Strafrecht AT 6, Aufl. 2011, S. 205f.

第9章　未遂・未完成犯罪　165

「客観的危険説」とは言えない。

　他方、一般人による印象を重視するなら、判断基準も**「素人的一般人」**で
よいではないかとする見解もある。しかし、その場合には、無害であること
を専門家が啓蒙すればよいだけである。一般人が啓蒙されていないことを行
為者の負担とするのは、筋が悪い（恥ずかしながら、硫黄に殺害能力がないこ
とを、筆者は前掲大判大正6・9・10によって初めて知った）。

[4]「不能犯」と「危険根拠の錯誤」

　なお、**行為者が認識した事情ないし予見した経過では結果発生は不可能であ
るが、別の理由から結果発生が可能な行為の場合に、このような錯誤を理由と
して可罰的な未遂を否定することができるかどうかも**問題となる。岐阜地判
昭和62・10・15判タ654号261頁のように、行為者は都市ガスを吸うことで一
酸化炭素中毒による無理心中を図ったが、現在の都市ガスの成分である天然
ガスには一酸化炭素は含まれておらず、代わりに引火によるガス爆発によっ
て死亡する危険があったという事案がこれに当たる。

　これは、厳密には「不能犯」の問題ではなく、危険はあるが行為者はその
根拠とは別の根拠で危険があると考えていた錯誤であり、結果が発生した場
合の**「因果関係の錯誤」**に相当する。ゆえに、通説的な考え方によれば、現
実の危険状態の発生が行為者の立場に置かれた一般人に認識可能である限り、
それは（広義の）相当性の範囲内の錯誤として無視されることになろう。も
っとも、岐阜地裁は、一般人は天然ガスでも中毒死の危険があると感じるこ
とを理由としたようである。これは、硫黄による殺人未遂と同じく、啓蒙さ
れるべきであろう。

　なお、行為者が──「丑の刻参り」のような──迷信を信じて殺害可能と
思っていたときには、およそ科学的根拠のない危険の認識では──「願望」
ではあっても──故意にはならないと考えるべきであろう。そうでないと、
その様子をたまたま目撃した──心臓に持病のある──被害者が心臓発作を
起こして危険な状態に陥った場合に、殺人未遂を認めることになってしまう。

---

　23)「具体的危険説」を支持するヒッペルは、「判断の基礎に置かれるのは、行為の時点で行為
　　者の立場に置かれた客観的で専門的な判断者である。」と述べている。*Hippel*, a.a.O.,
　　［Anm. 20］S. 427.

[5]「だまされたふり作戦」と「不能犯」

　最近、この「不能犯」問題は、特殊詐欺に対する**「だまされたふり作戦」**において脚光を浴びている。被害者に見破られた後に、そのことを知らずに財物の受取りを引き受けた人物に詐欺未遂の共犯が成立するかという問題である。

　このような事案に関して高裁レベルの裁判例では、「具体的危険説」に依拠して詐欺が既遂になる危険があったという理由で詐欺未遂の共同正犯を認めるものが多かった（福岡高判平成29・5・31刑集71巻10号562頁のほか、名古屋高判平成28・11・9 LEX/DB25544658、福岡高判平成28・12・20判時2338号112頁、大阪高判平成29・5・24 LEX/DB25448842）。つまり、被告人らは、被害者が「だまされたふり作戦」への協力を了承した事実を認識していないし、一般人も認識し得たものではないからこれを判断の基礎とすることはできず、詐欺が見破られないまま既遂に至る具体的危険はあったというのである。

　しかし、最決平成29・12・11刑集71巻10号535頁（前掲福岡高判平成29・5・31の上告審）は、加担行為に結果発生ないしその促進の危険があるか否かを検討せずに、「だまされたふり作戦の開始いかんにかかわらず、被告人は、その加功前の本件欺罔行為の点も含めた本件詐欺につき、詐欺未遂罪の共同正犯としての責任を負うと解するのが相当である。」と述べた。被告人は「本件詐欺を完遂する上で本件欺罔行為と一体のものとして予定されていた本件受領行為に関与している」からだというのである。

　これだけをみると、本決定は、被告人が関与した時点で本件詐欺を既遂にする危険性がなくなっていても、関与前の欺罔行為の時点で成立している詐欺未遂を被告人が**承継**するので共同正犯になると述べているようである。

　しかし、これでは、「共謀加担前にＡらが既に生じさせていた傷害結果については、被告人の共謀及びそれに基づく行為がこれと因果関係を有することはないから、傷害罪の共同正犯としての責任を負うことはな」いと述べた最決平成24・11・6刑集66巻11号1281頁の考え方と矛盾する。加えて、最決平成29・12・11の論理では、加担者は共謀したとたんに詐欺未遂の共謀共同正犯になりかねない。なぜなら、共謀後の行為が不能でもよいなら、いっそ何もしなくてもよいともいえるからである。これでは、組織的犯罪処罰法6条の2の**「共謀罪」**より広い共謀罪が、解釈という名の下に認められることになってしまう。

おそらく、最高裁はこれまで「具体的危険説」を支持する判断を示してこ
なかったので[24]、ここでもそれに触れずに、氏名不詳者が成立させた未遂の
承継という方法で問題を解決しようとしたのであろう。しかし、それは、行
為者らが現金の受け取りを「一体のものとして予定」していたという主観的
要素のみで共犯の成立を認める極端な主観主義である。このような混乱を招
かないために、最高裁は、単純に原審の結論を是認しておけばよかったと思
われるし、本決定の先例的意義もその限度でしかない。

5 │ 「中止未遂」減免の根拠
── 「刑罰消滅・減少事由」となる根拠

[1] 現行規定とその提案理由

　紙幅が少なくなってきたので、「中止未遂」（＝「中止犯」）については簡単
に述べよう[25]。刑法は、犯罪の実行を「自己の意思により犯罪を中止したと
きは、その刑を減軽し、又は免除する。」（43条但書）と規定する。未遂に終
わった原因が「自己の意思」にあったときは、**刑の任意的減軽**にとどまる通
常の未遂（**「障害未遂」**）と異なり、**必要的減免**となるのである。その理由は、
現行刑法の提案理由によれば、中止者は社会に及ぼす害悪が少なく犯情も憫
察すべきところがあることと、必要的減免の但書がなければ刑の不均衡を来
たすばかりでなく中止しても未遂として処罰されるなら犯罪の実行に着手し
た者はこれを中止することなく遂行してしまう虞があることに求められてい
る[26]。純粋な量刑理由のほかに、実行に着手した犯罪を中止させようという
刑事政策が挙げられていることに注目しなければならない。

24）たしかに、「方法の不能」については弾丸の入っていない拳銃による殺人未遂に関する福
　　岡高判昭和28・11・10判特26号58頁や「だまされたふり作戦」に関する他の下級審判例が、
　　「客体の不能」については死体に対する殺人未遂に関する広島高判昭36・7・10高刑集
　　14巻5号310頁が、それぞれ「具体的危険説」に依拠したと思われる判断を示している。
　　しかし、これまでの最高裁判例には、そのようなものはなかったのである。なお、大阪高
　　判平成29・10・10公刊物未登載（法セ767号127頁参照）は、「具体的危険説……は判例と
　　して実務上確立した解釈となっているわけではない」と述べている。
25）中止未遂の沿革を含めた詳細な研究については、野澤充『中止犯の理論的構造』（成文堂、
　　2012年）を参照されたい。
26）倉富勇三郎ほか監修、松尾浩也増補解題『増補刑法沿革綜覧』（信山社、1990年）2147頁。

旧刑法では、フランス刑法の影響の下、そもそも可罰未遂は「意外ノ障礙若クハ舛錯（せんさく）」によって未遂に終わった場合に限定されており、自己の意思による中止未遂は端から処罰対象ではなかった。これが、「中止犯ヲ無罪ト為ス法制ノ不当ナルハ論ナキトコロナリ[27]」という理由により、「中止未遂」も可罰未遂の一種とされたのである。

[2] 「法律説」と「非法律説」

　もっとも、「中止未遂」も、「実行の着手」までは「障害未遂」と同じであり、「自己の意思」による中止はその後になされるものである。ゆえに、「中止未遂」行為の違法性と責任は、「実行の着手」までは「障害未遂」と何ら変わらない。よって、この時点では、「中止未遂」の違法性や責任が「障害未遂」に比べて小さいわけではない。また、成立時点での未遂行為の違法性や責任が事後に減少するわけでもない。ゆえに、「中止未遂」の違法性や責任は「障害未遂」に比べて小さいと主張する**違法減少説**や**責任減少説**、さらには**違法・責任減少説**といった**「法律説」**およびこれと「非法律説」との折衷説は論理的に誤りである[28]。

　未遂行為は「実行の着手」だけでなく「これを遂げなかった」時点まで継続するものであり、「遂げなかった」理由によって「障害未遂」と「中止未遂」が区別されるので、両者は違法性や責任が小さいとする説明は可能である。もっとも、この場合には、「障害未遂」と「中止未遂」はその成立要件（＝「未遂の構成要件」？）によって類型的に区別されるので、これに対する共犯も「障害未遂」に対する共犯と「中止未遂」に対する共犯に分かれることになる。その結果、通説が避けたいと思っている結論が回避できなくなる。すなわち、自らは中止行為をしなかった共犯者も刑の必要的減免に与ることになるのである。

　これに対して、既遂を止めさせるための「黄金の（？）橋」をかけるのだとする**刑事政策説（奨励説）**や自己の意思で中止したことに対する褒賞を与

27）倉富ほか監修・前掲注26）2147頁。

28）過剰防衛や過剰避難に関する違法性や責任の減少説は、防衛行為はその時点で、防衛でない構成要件該当行為に比べてすでに違法性や責任が小さいと主張するものであって、一旦成立した構成要件該当行為の違法性や責任が事後に小さくなると主張するものではない。

えるのだとする**褒賞説**、何らかの意味での刑罰目的から処罰の必要性が減少ないし消滅するのだとする**刑罰目的説**などの「**非法律説**」では、「中止未遂」を理由とする刑の必要的減免は、未遂行為の違法性や責任とは別の刑罰権の減少・消滅事由だとする「**刑罰減少・消滅事由**」という位置づけになる。この位置づけだと、自らは中止行為をしなかった共犯者も刑の必要的減免に与るという結論は回避できる。

[3]「共犯の中止」と「因果関係のない真摯な努力」

　もっとも、自らは実行に着手しない共犯者が正犯を未遂に終わらせたときには、問題が残る。「**自己の意思により犯罪を中止したとき**」（43条但書）は、「**犯罪の実行に着手して**」（43条本文）を受けたものだからである。ゆえに、自らは実行に着手していない共犯者に、どのようにしたら「中止未遂」の効果を適用できるのかが問題になるのである。端的にいえば、43条但書を類推するしかない[29]。しかし、類推が可能であるためには、その前提として、正犯の中止と共犯の中止は本質的に同じであることを論証しなければならない。

　他方、中止のための真摯な努力がなくとも既遂に至らなかったような場合に、真摯な努力をした中止行為者に特典を与えないというのも、中止奨励の効果を削ぐものである。

　実は、1871年以降のドイツの「法律説」は、このような課題を解くためのものであったと言ってもよい。つまり、このような場合に正犯を未遂段階で阻止した共犯者や中止の努力をした者につき、その態度の違法性や責任においては本来の中止行為者と本質的に変わらないと述べて、類推を認めるということである[30]。しかし、このような構成は、**[2]**で述べた「法律説」の問題点を回避できないため、「共犯の中止」や「因果関係のない真摯な努力」に関する特別規定（ドイツ刑法24条1項2文、同条2項）が作られたことにより、ほぼ消滅した。

　日本では、近年、実行共同正犯や共謀者の離脱ばかりが議論され、そもそ

---

29) 平野・総論Ⅱ384頁は、中止犯の規定を「正犯に準じて」適用すべきだと述べている。

30) わが国でも、団藤・総論430頁注（4）は、「正犯の完成を阻止する積極的人格態度が責任減少的に働くべきことは、教唆者・幇助者についてもまったく同様である」ことを理由に、責任減少説の立場から、43条但書の「準用」あるいは適用の拡張を認める。

も自ら実行に着手していない者や、さらには真摯な努力をしたが結果に影響のなかった者について、刑法はどのような態度を取るべきか、ほとんど議論されていない。これは再考の余地があろう。

[4] 中止行為の任意性と真摯性

「中止未遂」は「自己の意思により」なされなければならない。これを**中止行為の任意性**という。これと区別すべきものに、**中止行為の真摯性**がある。端的にいえば、**任意性は中止が自由な意思に基づくものであることを意味し、真摯性は中止が犯罪を未遂で終わらせるのに適したものであること**を意味する。ゆえに、前者は中止者の主観であるが、後者は中止行為の客観的性質である。

任意性については、これを、単なる自由な意思ではなく、反省・悔悟や被害者への**憐憫**といった**「褒められた動機」**によるものであることを要求する見解を**「限定主観説」**という。これに対して、およそ自由ないし自発的な意思であればよいとする見解を**「主観説」**という（その結果、任意性が否定されるのは、犯行が発覚する具体的な虞によって中止したような場合に限られる）。これに対して「通常、犯行の妨げとなるもの」が中止の動機であったか否かで区別しようとするのが**「客観説」**である。そして、行為者に中止を奨励しようとする刑事政策説からは「主観説」が支持され、褒賞説あるいは刑罰目的説からは「限定主観説」が支持されるという関係になる（「客観説」は、基準が曖昧なので、どちらにも転ぶ）。

現行法の立案関係者は「主観説」を採り、かつ「褒められた動機」によるときには刑の免除を考慮していた。これに対して、現在の実務は、そもそも「中止未遂」を「褒められた動機」による場合に限定する傾向にある[31]。もっとも、「中止未遂」を否定するときには、「客観説」でも任意性が認められないというのであるが[32]。

他方、真摯性は、もともと、犯行中止と行為者の努力との間に因果関係がなかったときに、中止の効果を類推するために持ち出されたものである。ゆ

---

31) 任意性を認めるときには必ず「限定主観説」でも認められるという理由が付される。これは、上訴審で破棄される可能性を考慮したためであろう。たとえば、福岡高判昭和61・3・6高刑集39巻1号1頁。

32) これは、表向き少数説である「限定主観説」だけで任意性を否定すると、上訴審で覆される虞があると考えるためであろう。

第9章 未遂・未完成犯罪 171

えに、「自己の意思」と「犯罪を中止した」との間に――相当な――因果関係
があればよく、それ以上の要件を刑法は要求していない。せいぜい、真摯性
は、相当因果関係にいう「広義の相当性」と同様に、当該中止行為に当該犯
罪を中止させる一般的な可能性があることを意味するにすぎない。偶然に未
遂に終わった不適切な中止行為は――相当因果関係がないがゆえに――排除
するということである。

　ゆえに、真摯性を何か倫理的に真摯な態度と理解してはならない。また、
犯罪を中止するために最善の努力であることを要求してもならないであろう。
そうでないと中止未遂のハードルが高くなりすぎて、ともかくも犯罪を中止
させようとする刑法の政策的意図が妨げられることになる。ましてや、大阪
高判昭和44・10・17判タ244号290頁のように、現に被告人が被害者を病院に
運んだおかげで殺人が未遂に終わったのに、自分が犯人であることを打ち明
けることも含めて万全の努力を要求するのは、明らかに行き過ぎである。

　同じことは「危険の消滅」という要求[33]にも当てはまる。現に行為者が殺
害行為を中止したために危険が減少して被害者が死ななかったのであれば、中
止未遂の因果関係はすでに充たされている。

---

6 │ 「共謀罪」が生み出す混乱
──中止行為、「客観的処罰条件」と共犯

[1] 犯罪中止奨励の妨げ

　最後に、「中止未遂」との関係で、「共謀罪」が生み出す混乱を指摘してお
こう。「共謀罪」は、これにより従来、未遂すら処罰されていなかった傷害
罪（204条）や横領罪（252条）についても、組織によって行われるものを二
人以上で計画した場合には、そのうちの誰かが何らかの「準備行為」をした
だけで――たとえ、その後に反省して犯罪実行を中止しても――処罰される
ことになり、中止未遂制度による犯罪の自発的中止奨励という刑事政策を妨
げることになる。

---

33) 山口・総論293頁以下参照。

[2] 未遂が処罰されない犯罪のほうが不利？

　すでに未遂が処罰されていた犯罪では、「共謀罪」は未遂が成立すればこ
れに吸収されるという罪数論的解決により、なお、「中止未遂」の場合に刑
の必要的減免の余地を認めることができる。もっとも、それでも、予備段階
では刑の免除の可能性がないという矛盾は残るのだが。

　これが、未遂は処罰されていなかった犯罪になると、その「実行の着手」
段階で中止しても、43条但書による刑の必要的減免の可能性がないことにな
ってしまう。つまり、未遂が処罰される——通常、未遂が処罰されないもの
より悪質な——犯罪のほうが優遇されるという矛盾が生じるのである。その
結果、一部には、このような場合には43条但書を類推しようという見解もあ
る。しかし、その場合には、但書は類推できるが43条本文は類推できないと
いう矛盾が生じる。なぜなら、法律によらずに未遂処罰の範囲を解釈で拡張
することは許されないからである。

　この点からも、「共謀罪」立法はなかったことにしてしまうほうがよいの
ではないかと思われるのである。

第9章　未遂・未完成犯罪　173

第10章

共同正犯

1 | 刑法60条の趣旨

[1] 共同正犯は刑罰拡張事由か？

　第10章から第12章までは、共犯（広義）を扱う。ここにいう「共犯」とは、刑法第1編第11章の「共犯」をいい、**共同正犯**（60条）、**教唆犯**（61条）、**幇助犯**（＝従犯）（62条）を含む。もちろん、共犯現象とは、最広義では複数人が一個の犯罪に関与する場合をいうので、このほかに、騒乱罪や贈収賄罪のように、刑法各則に複数人の関与が規定された犯罪もある。これは一般に**「必要的共犯」**と呼ばれる。これもまた、第12章で扱う予定であるが、さしあたりここでは、それを除いた**総則上の共犯**を扱うことにする。

　さて、共犯は、しばしば、**「刑罰拡張事由」**（または**「処罰拡張事由」**〔Strafausdehnungsgrund〕）と呼ばれることがある。これは、「共犯規定は、それがなければ処罰されない共犯行為……にまで刑罰を拡張するための規定[1]」だという意味である。

　そこで問題は、共同正犯はここにいう「刑罰拡張事由」なのか、ということにある。言い換えれば、共同正犯行為の中には、総則の共同正犯規定がなければ処罰されないものもあるのか、ということである。

　この点につき、わが国には、共同正犯もまた「刑罰拡張事由」であるとする見解が有力に唱えられている[2]。しかし、フランス刑法では、1810年の刑法典も1992年の現行法も、共同正犯の規定を持たないままで共同正犯を処罰

---

1) 佐伯千仭・総論342頁。総則上の未遂も、それがなければ処罰されない共犯行為にまで刑罰を拡張するための「刑罰拡張事由」である。

174

しているし[3]、ドイツ刑法でも、M.E.マイヤーなどは、共同正犯は「刑罰拡張事由」ではなく、教唆・幇助のみがそれに当たると述べている[4]。

　これは、以下のように考えるべきであろう。単独犯であれば、犯行の準備から実行の着手による犯罪の実現までを一人でやらなければならない。共同正犯は、これを**分業**して行うもので、その限りでは、単独犯として処罰される行為の範囲を拡張するものではない。これに対して教唆や幇助は、他人に犯罪をやらせたり他人の犯罪実行を外から援助したりするだけであり、単独正犯がやらなければならないことを分業するものではない。ゆえに、そのような行為にまで処罰範囲を広げるためには、総則に処罰範囲を広げるための特別な規定が必要となる。これが、本来の「刑罰拡張事由」なのであり、ゆえに、これに当たるのは教唆・幇助だけなのだと。つまり、**総則の共同正犯規定は「刑罰拡張事由」ではない**のである。これを比喩的に追えば、一枚のピザは数人で共同して盗み食いをしても大きくなるわけではないが、他人のピザを盗み食いするよう唆したり援助したりする行為はピザを食べる行為そのものではないので、これを罰する教唆・幇助規定は、「盗み食いの罪」（？）に対する刑罰拡張事由だということである。

[2] 実行の着手と分業

　もっとも、**共同正犯における分業は、必ずしも実行の着手後の行為の分担に限る必要はない**であろう。犯罪というものは、その準備から着手を経て、既遂要件の実現に至るまでを支えるパーツによって成り立っているので、実行の着手以前でも重要なお膳立てという役割は存在するからである。とりわけ、毒物を郵送して殺害を狙うような「離隔犯」において毒物到達時に殺人罪の

---

2) 代表的なものとして、山口・総論305頁は、「構成要件該当事実の周辺に位置する犯罪関与者の行為にまで処罰を拡張するために設けられた規定が**共犯規定**（刑60条以下）であり、この意味で、共犯は**処罰拡張事由**であるといえよう。」と述べて、共同正犯をここに位置づけている。

3) フランス刑法の共同正犯については、G.ステファニ＝G.ルヴァスール＝B.ブーロック（沢登俊雄＝沢登佳人＝新倉修訳）『フランス刑事法〔刑法総論〕』（成文堂、1981年）214頁以下参照。

4) Vgl., *M. E. Mayer*, Der Allgemeine Teil des Deutschen Strafrechts, 2. unveränderte Auflage, 1923, S. 380.

第10章　共同正犯　175

実行の着手を認める見解では[5]、行為者は郵送後に認められる着手時には何もしなくてよいのであるから、これについても共同正犯があり得るとする場合には、分業は必然的に実行の着手前の段階で行われる。

2 │「共謀のみの共同正犯」？
──「重要な役割」と「正犯意思」

[1]「共謀共同正犯」の意味

この関連で、「共謀共同正犯」といわれてきたものの意味が問題となる。その定義自体が、すでに問題なのである。というのも、「共謀共同正犯」を認めるというのは、①共同正犯における分業は実行の着手後のものに限らないという趣旨なのか、それとも、②「共謀」＝「謀議」に参加しただけの者も共同正犯となり得るとする趣旨なのかにより、その意味は全く異なってくるからである。

この相違は、現行刑法制定時における議論を見れば明らかになる。すなわち、1902（明治35）年の貴族院特別委員会での質問に対して政府委員の石渡敏一は、「共謀のみによる共同正犯は入らない」ということをはっきり述べていながら[6]、それにもかかわらず、住居侵入窃盗において、そのリーダーが見張りをするような場合には、共同正犯、しかも実行共同正犯だと述べている[7]。つまり、その当時の政府委員の考え方からすれば、一方で共謀のみに関与した者には共同正犯は認めないけれども、しかし、窃盗の実行共同正犯であるかどうかは形式的に窃取したか否かではなく、侵入窃盗という**犯行の実現に果たした役割の重要性**によって決まるのである。これは、今日でい

---

5) 大判大正 7・11・16刑録24輯1352頁。

6) 倉富勇三郎ほか監修、松尾浩也増補解題『増補刑法沿革綜覧』（1990年）925頁参照。そこでは、「数人集まって犯罪を行わんと相談をして其の中の一人だけが犯罪を実行した、残りの者の処分の御質問と察しますが、其の残りの者が教唆になる若しくは幇助に当たると云うならば43条、44条（明治35年草案73条〔教唆〕、74条〔幇助〕の間違いか──筆者注）で罰します。之にも当たってぬとなるならば罰しない積もりであります。」と述べられている（なお、表記は現代風に改めた）。その趣旨は、おそらく、共謀プラス実際に犯行にとって不可欠な、あるいは重要な役割の両方をやった場合が共同正犯であるというものであろう。というのも、そこでは、そのような役割を果たしていない場合には、やはり教唆か幇助、あるいはどれにもならないと説明されているからである。

う**実質的客観説**の一種であろう。その意味で、**刑法60条を離れた「共謀のみ
の共同正犯」なるものは、実定法上、存在するわけがない。**

　しかし、石渡のこのような見解も、先の①の趣旨でみるなら、「共謀共同
正犯」を認める見解ということになる。それも、石渡自身が相談をしただけ
の者は教唆にも幇助にも当たらないなら処罰しない趣旨だと述べているにも
かかわらず。しかし、石渡の見解を「共謀共同正犯」肯定説とみることは妥
当でないであろう。というのも、このような見方で線引きをすると、「実行
の着手」以降の行為は分担しないが犯罪実現に至る重要な役割を果たした者
に限って「共同正犯」を認める見解も、すべからく「共謀共同正犯」肯定説
に分類されてしまい、その結果「正犯」の線引きが過度に拡張され、謀議に
しか参加していない者にも共謀「共同正犯」が認められてしまうからである。

[2] 「練馬事件」大法廷判決

　いわゆる**「練馬事件」大法廷判決**（最大判昭和33・5・28刑集12巻8号1718
頁）が、「共謀共同正犯が成立するには、二人以上の者が、特定の犯罪を行
うため、<u>共同意思の下に一体となって互に他人の行為を利用し、各自の意思
を実行に移すことを内容とする謀議をなし、よって犯罪を実行した事実が認
められなければならない。</u>」（下線筆者）と述べる趣旨も、謀議参加者に当該
犯罪実現のための**「重要な役割」**を果たすことを求めたものと解される。と
いうのも、そこでは、「互に他人の行為を利用し、各自の意思を実行に移す
ことを内容とする謀議」がなされ、そして実際にそのような謀議に「よって
犯罪を実行した」事実が認められなければならないとされているからである。

　「互に他人の行為を利用」というからには、犯罪の実現を直接かつ最終的
に分担するのではない者も、少なくとも最終分担者らに利用されるような行
為をすることを内容とする謀議がなされ、かつ、この謀議に「よって」犯罪
が実現されたことが必要であろう[8]。共同正犯者に**「正犯行為」**（＝正犯者と
なるための行為）を必要とする見解[9]も、同旨と思われる。

---

7)　倉富ほか監修・前掲注6）927頁参照。そこでは、菊池武夫委員による「一人が人家へ忍
　　び入って品物を窃に取る、一人が窃盗と名づくべき行為には加行しないけれども余所に番
　　をして居ると云うようなものは、其の実行と云う方に這入ると云う解釈になるのでありま
　　すか。」という質問に対し、政府委員の石渡敏一は「我々は矢張り実行の一つと見て居り
　　ます。」と答えている。

なお、その場合、「正犯意思」というものも、このように犯罪の実現に重要な役割（＝「正犯行為」）をしようとする意思以外に特段の意味はないであろう。このような見解は、明治35年の石渡の見解によるなら、「共謀のみで共同正犯を認める見解」ではなく、広い意味での「実行共同正犯」のみが共同正犯となるとする見解である。そしてまた、**この意味での「共謀」共同正犯は、刑法に明文のない判例の作り出した観念ではなく、刑法60条にいう「共同正犯」の一類型にすぎない。**

3 │ 「水平的」共同正犯と「垂直的」共同正犯

[1]「スワット事件」決定

　もっとも、近年、一部では、「練馬事件」大法廷判決は「**スワット事件**」決定（最決平成15・5・1刑集57巻5号507頁）によって変更されたと評されている。しかし、結論から言えば、両者はその適用領域を異にするのであって、後者が前者を変更するという関係にはない。というのも、「練馬事件」は対等・平等な、いわば水平関係にある共犯者間での事案であるのに対し、「スワット事件」は拳銃不法所持事件に関する上下関係のある、いわば垂直関係にある共犯者間での事案だからである。

　しかも、「スワット事件」決定では、単に被告人がスワットと呼ばれる警護要員らの拳銃所持を認識していた事実ばかりでなく、「スワットらは被告人の警護のために本件けん銃等を所持しながら終始被告人の近辺にいて被告人と行動を共にしていたものであり、彼らを指揮命令する権限を有する被告人の地位と彼らによって警護を受けるという被告人の立場を併せ考えれば、実質的には、正に被告人がスワットらに本件けん銃等を所持させていたと評し得る」と述べて、暴力団組長である被告人が拳銃を所持している「スワット」らと行動を共にし、実際にその警護の利益を受けているという事実を重視している[10]。この場合、組長と「スワット」との間で「相互利用」関係はない。組長が「スワット」の拳銃所持による警護の利益を一方的に享受して

---

　8)　もっとも、「練馬事件」大法廷判決の事案がそのようなものであったかどうかについては、議論の余地があるものと思われる。

　9)　平野・総論Ⅱ404頁参照。

いるだけである。

これは、この種の事例が単なる共謀共同正犯を問題にしているのではなく、「被告人がスワットらに本件けん銃等を所持させていた」という評価から示唆されるように、拳銃所持の認識に加えて指揮命令権のある人物が現場で行動を共にして警護の利益を受けているという事実を根拠に、いわば拳銃所持の間接占有を理由に正犯性を根拠づけたものだからである。そうだとすれば、「スワット事件」決定の射程は、「垂直的」共同正犯よりもさらに狭く、所持罪に限定されるものとも考えられよう。

[2]「廃棄物処理法違反事件」決定と故意の監督違反

さらに、「**廃棄物処理法違反事件**」決定（最決平成19・11・14刑集61巻8号757頁）では、暴力団のような統制力の強いものではない垂直的関係が問題となった。そこでは、下請けに委託した廃棄物が不法投棄される可能性を強く認識しながら、それでもやむを得ないと考えて処理を委託した被告人らに、廃棄物処理法違反の共同正犯が認められている。

ここで問題となっているのは、未必の故意による共謀共同正犯一般ではなく、本来は自らが果たすべき廃棄物処理を他者に委託した場合に委託者に認められる**監督責任の故意の違反**である。このような故意の監督違反は、本来、被監督者との間に意思の連絡を要しない。また、被監督者が監督者の故意を知っている必要もないのである。ゆえに、本決定は、廃棄物処理の受託者が被告人らと不法投棄について意思を通じていたといった事実に触れていない。この、過失であれば監督過失と呼ばれる類の正犯類型が、直接行為者にも故意の違反が認められるがゆえに、——意思の相互連絡はないにもかかわらず——故意の共同正犯として処理されたものと思われる[11]。

---

10) 暴力団組長が拳銃を所持している組員と行動を共にし、実際に警護の利益を受けているという事実を重視している点は、その後の最決平成17・11・29 LEX/DB25352559や最判平成21・10・19裁集刑297号489頁、最決平成27・3・3 LEX/DB25506118（前掲最判平成21・10・19の第二次上告審）も同様である。

11) この点につき、松宮孝明「過失の競合——とりわけ過失不作為犯の競合——」刑法雑誌52巻2号（2013年）329頁も参照されたい。

第10章　共同正犯　179

4 ｜ 「意思の連絡」──過失犯の共同正犯と現場共謀

[1] 過失犯の共同正犯

　共同正犯にとって意思連絡は不要であることが端的に現れるのが、過失犯の共同正犯である。学説には、なお、過失犯の共同正犯を認めない見解もあるが、実務は、**「メタノール事件」**決定（最判昭和28・1・23刑集7巻1号30頁）以来、必要に応じて、過失犯にも共同正犯を認めている。

　その「メタノール事件」決定は、「原判決の確定したところによれば、右飲食店は、被告人両名の共同経営にかかるものであり、右の液体の販売についても、<u>被告人等は、その意思を連絡して販売をしたというのであるから</u>、此点において被告人両名の間に共犯関係の成立を認めるのを相当とする」（下線筆者）と述べて、過失による有毒飲食物取締令違反の共同正犯を認めた[12]。ここでは、「不注意」の内実である「当該液体を検査しなかったこと」についての意思連絡ではなく、それ自体は中立的な「当該液体を販売したこと」の意思連絡が重視されている。

　その後、**「清少納言火災事件」**控訴審判決（名古屋高判昭和61・9・30高刑集39巻4号371頁）は、被告人両名が交替して行った溶接作業が原因での失火につき、「被告人両名の間には、あらかじめ前説示の遮へい措置を講じないまま本件溶接作業を始めても、作業中に一方が溶接し他方が監視し作業終了後に溶接箇所にばけつ一杯の水を掛ければ大丈夫である（可燃物への着火の危険性はない）からこのまま本件溶接作業にとりかかろうと考えていること<u>（予見義務違反の心理状態）についての相互の意思連絡の下に本件溶接作業という一つの実質的危険行為を共同して……本件溶接作業を遂行した」（下線</u>

---

12) 他方、東京高判昭和26・11・7判特25号31頁は、被告人が製造したメタノール含有の飲料をＡに販売させたという事案に関し、「若し被告人が規定量を超えるメタノールを含有するものであることを認識しながら右飲料水を前記Ａの過失を利用して販売するという犯意を有していたとしたら被告人にいわゆる間接正犯の責を問うて然るべきであるが被告人にかかる犯意があったことも記録上これを認定することができないから被告人の所為を間接正犯であるとする訳にも行かない。」などと述べて、過失正犯に対する過失による教唆の成立を否定した。これに対し、前掲最判昭和28・1・23の事案では、被告人両名が共同経営する店で当該液体が販売されていたという事実が、共同正犯性を認める根拠とされたようである。

筆者）ことを根拠に、業務上失火罪の共同正犯を認めた。ここでは、「予見義務違反の心理状態」というものについての意思連絡が要求されている。

　しかし、「これで大丈夫」という認識の共有もない「うっかり」事案では、「予見義務違反の心理状態」についての意思連絡というものも要求できない。そこで、「消火の相互確認をしなくても大丈夫」という意思連絡のなかった**「世田谷ケーブル火災事件」** 1審判決（東京地判平成4・1・23判時1419号133頁）では、「右危険を回避するためには、被告人両名において、前記作業で使用した計二個のトーチランプを指差し呼称するなどして確実に消火したことを相互に確認し合い、<u>共同して火災の発生を未然に防止すべき業務上の注意義務があった</u>のにも拘わらず、これを怠り、右二個のトーチランプの炎が確実に消火しているか否かにつき何ら相互の確認をすることなく、トーチランプを前記防護シートの近接位置に置いたまま、被告人両名共に同所を立ち去った」（下線筆者）という理由で、業務上失火罪の共同正犯が認められている。つまり、ここでは、意思連絡ではなく、「共同の注意義務」をみな怠ったことが共同正犯の根拠とされているのである[13]。

　そして、ついに最高裁も、**「歩道橋事故強制起訴事件」**上告審決定（最決平成28・7・12刑集70巻6号411頁）において、相互の現実の意思連絡にはまったく言及せずに、「業務上過失致死傷罪の共同正犯が成立するためには、共同の業務上の注意義務に共同して違反したことが必要である」という一般論を明言するに至った。これは、いわゆる**「共同の義務の共同の違反」**である。

　ここにいう「共同の義務」とは、相互に利用・補充し合って結果を防止すべき義務をいう。そして、「共同の義務」には、故意の共有どころか犯罪でない行為についての**現実の意思連絡も不要**である。むしろ、ここで必要なのは、相互の意思連絡により互に利用・補充し合って結果回避のための義務を果たすべきであったという**「仮定的な意思連絡」**なのである[14]。

13）また、「計二個のトーチランプを指差し呼称するなどして確実に消火したことを相互に確認し合」う義務は、他者に不注意がないか相互に監視し合う義務ではなく、危険物に直接向けられた義務であることにも、注意が必要である。

14）同じことは、**不作為犯の共同正犯**にも当てはまるであろう。ここでもまた、共同正犯のために必要なのは、意思を通じて不作為を決め込んだことではなく、意思を通じて共同の作為義務を果たすべきであったという状況である。

[2] 「現場共謀」

犯行現場で咄嗟に共謀が成立する**「現場共謀」**の事案でも、よくみると相互の意思連絡があったかどうか怪しい事例が散見される。たとえば、**「フィリピンパブ事件」**上告審決定（最決平成 4・6・5 刑集46巻 4 号245頁）では、当初は殺意のなかった実行犯が被告人に包丁を持たされて現場に送り出されたあげく、「予想外にも、同店から出て来たM（被害者——筆者注）に被告人と取り違えられ、いきなりえり首をつかまれて引きずり回された上、手けん等で顔面を殴打されコンクリートの路上に転倒させられて足げりにされ、殴り返すなどしたが、頼みとする被告人の加勢も得られず、再び路上に殴り倒されたため、自己の生命身体を防衛する意思で、とっさに包丁を取出し、被告人の前記指示どおり包丁を使用してMを殺害することになってもやむを得ないと決意し」（下線筆者）た時点で、被告人との間に殺人罪の共謀が認められることとなった。

つまり、この事件では、実行犯は、いわば被告人に「見放された」と思った時点で殺意を抱き包丁で被害者を殺害するに至ったのである。実行犯は被告人から何の加勢も得られなかったのであるから、ここに相互利用・補充関係は認められず、ましてや実行犯の殺意が相互の意思連絡によるものとは認められないであろう。**ここでは、「共謀」というのは、単に実行犯と背後の被告人との間で殺意がシンクロしたという意味でしかない。**

さらに問題なのは、集団での暴行などの場合に、現場にいたが暴行を加えた証拠のない被告人に、「集団で暴行する」という現場の雰囲気に同調していたように見えただけで、騒乱罪の「共同暴行の意思」と同じような形で「共謀」を認めてしまう事例である。たとえば、対立するグループが警備の警官隊と衝突したりする場合に、そのグループのメンバーではあるが自らは暴行行為に参加しないで現場で状況を傍観していた者や、さらには現場で傍観していた対立するセクトに属する者も、現場において暴行や公務執行妨害などの共謀が成立したとされたことがある（東京高判昭和55・1・30判タ416号173頁、**「アスパック伊東事件」**に関する東京高判昭和57・3・8判時1047号157頁[15]）。

しかし、**これでは、騒乱罪（106条）でさえ付和随行者には罰金しか規定されていないのに、暴行の現場に居合わせ、雰囲気を同調させると、暴行罪の共謀共同正犯として 2 年以下の懲役になるというアンバランスが生じる。**これは、

「重要な役割」ないし実質的な「正犯行為」すらしていない人物を共同正犯として処罰するもので、現行刑法の60条の趣旨に反するものと思われる[16]。

5 │ 「実行行為をする従犯」？

[1] 強盗殺人において財物を運び出す行為

「共謀共同正犯」とは反対に、犯罪の実行（＝「実行の着手」後の実行）を自らの手で行いながら、従犯（＝幇助犯）にとどまる（**「実行行為をする従犯」**）ということがあり得るであろうか。このような議論を呼んだのが、財物を客体とする強盗殺人未遂の共犯に関する福岡地裁判決（福岡地判昭和59・8・30判時1152号182頁）である。

本判決の被告人は、主犯格の暴力団関係者に脅されて、取引だと騙されて呼び出された対立する暴力団の幹部（被害者）からその資金源となる覚せい剤を奪うとともに、これを射殺するという犯行につき、ホテルに呼び出された被害者から覚せい剤を受け取ってホテルの外に運び出した。被告人は、強盗殺人未遂罪の実行共同正犯として起訴されたが、本判決は「実行行為一部分担の事実も、結局は共同実行意思認定の一つの有力な判断材料にすぎないことに鑑みると、当該行為者が右実行行為に及んだ事情や当該犯罪全体に占める右行為者の行為の意義の如何を問わず、<u>単に実行行為の一部を分担したことの一事のみで、常に共同実行の意思ありと解するのは相当でない</u>」（下線筆者）とし、特段の事情のある場合には「たとえ当該行為者が形式上実行行為の一部に該当する行為を行なった場合であっても、共同実行の意思の存在を否定して、幇助犯の成立を認めるのが相当である。」と述べたのである。もっとも、判決は懲役5年の実刑であり、強盗殺人未遂に酌量減軽をしても、同じ刑が宣告できるものであった。

ところが、その後この事件の主犯格の被告人らについては、最高裁（最決昭和61・11・18刑集40巻7号523頁）は、被害者に向けて発砲した時点ですで

---

15) 前掲東京高判昭和57・3・8では、中核派に属する被告人が、普段から敵対関係にあった革マル派の行った警官隊に対する投石について、公務執行妨害罪の現場共謀共同正犯として現行犯逮捕されたことが適法とされている。

16) 松宮孝明「共謀共同正犯」法学教室387号（2012年）32頁注41参照。

第10章　共同正犯　183

に覚せい剤はホテルの外に運び出されており本件発砲は財物奪取の手段とはいえないとして財物を客体とする強盗殺人未遂の成立を否定し、本件は窃盗または詐欺と2項強盗殺時未遂の包括一罪であるとした。

ゆえに、最高裁の評価を前提とするなら、本件の被告人は、窃盗または詐欺の実行正犯ではあるが、2項強盗殺人未遂に関しては実行を分担しておらず幇助にとどまると解することができよう。そして、窃盗または詐欺は——従犯減軽をしても——法定刑の重い2項強盗殺人未遂に包括されるのであるから、結局、被告人には2項強盗殺人未遂の幇助しか成立しないと考えてよい[17]。ゆえに、結論的には、本判決による「実行行為をする従犯」という認定は修正されたと考えるべきであろう。

また、そうでないと、実行を分担しているのに否定される「共同実行の意思」とは一体どのような内容のものなのかという疑問が生じる上、そのような不明確な要件で共同正犯と従犯を分けるのは恣意的な判断を導くか、あるいは従犯規定を単なる量刑規定に貶めるものであるとする批判を招くであろう。加えて、「実行行為をする従犯」の承認は、従犯は自ら強窃盗の行為を実行するものではないから盗品等有償譲受罪の正犯になり得るとした最高裁判例[18]とも矛盾することになる。

[2]「取引犯罪」

もっとも、構成要件に売買などといった**法律行為ないし取引行為を含む犯罪**（便宜上**「取引犯罪」**と呼ぶ）では、自ら手を下した人物が正犯とならないことがある。食糧管理法違反事件に関する最高裁判決（最判昭和25・7・6刑集4巻7号1178頁）では、同法に違反して他人の手足として米を運搬輸送した者がその情を知っていた場合でも、会社の代表取締役たる被告人が会社の使用人に命じ自己の手足として米を運搬輸送させたなら、「被告人の行為が運搬輸送の実行正犯たることに変りはない」（下線筆者）と述べている。これは、米の運搬輸送という構成要件該当行為が、まさに輸送契約の取引の主体を把握することのできるものであったためであり、ゆえに、本判決は、

---

17) この点を指摘するのは、植村立郎「判批」山口厚ほか編『刑法判例百選I総論〔第7版〕』（有斐閣、2014年）159頁。

18) 最判昭和24・10・1刑集3巻10号1629頁。

被告人に対して、間接正犯ではなく直接正犯を認めたものと解される。

つまり、**この種の「取引犯罪」においては、取引の主体を直接正犯とすることが可能であり**、他方、その手足として使われた者は「取引」という「実行」を分担したのではないとして正犯性を否定されることがあり得ると解するべきであろう。たとえば贈収賄では、賄賂たる現金を公務員に届けた者が贈賄の正犯となるのではなく、まさにこれを贈与した者が正犯なのであり、反対にこの現金を手で受け取った議員秘書が収賄の正犯となるのではなく、贈与の相手方である議員が収賄の正犯なのである[19]。

6 │ 刑法60条の「犯罪」？

[1] 適法行為の「共同正犯」？

前述の**「フィリピンパブ事件」**決定（最決平成4・6・5刑集46巻4号245頁）は、共同正犯が何を共同で実行するものかについても、議論を呼ぶものであった。というのも、本決定は、正当にも、「共同正犯が成立する場合における<u>過剰防衛の成否は、共同正犯者の各人につきそれぞれその要件を満たすかどうかを検討して決するべきであって</u>、共同正犯者の一人について過剰防衛が成立したとしても、その結果当然に他の共同正犯者についても過剰防衛が成立することになるものではない。」（下線筆者）と述べ、「情状」に左右される過剰防衛（36条2項）を理由とする刑の減免が共同正犯者ごとに個別化されることを明言した[20]。しかし、その理由については、「被告人は、Mの攻撃を予期し、その機会を利用してPをして包丁でMに反撃を加えさせようとしていたもので、積極的な加害の意思で侵害に臨んだものであるから、MのPに対する暴行は、積極的な加害の意思がなかったPにとっては急迫不正の侵害であるとしても、被告人にとっては急迫性を欠くもの」であったと述べたからである。

すでに、第5章で検討したように、積極的加害意思があれば侵害の急迫性

---

19) 収賄罪に関して「ロッキード事件」丸紅ルート第1審判決（東京地判昭和58・10・12判時1103号3頁）参照。

20) もともと、過剰防衛に関する刑法36条2項が「情状により」刑を減免できるとしている以上、過剰防衛は単なる「違法性減少事由」だと解することはできない。なぜなら、「情状」は、明らかに、違法を超えた責任の問題を含むからである。

第10章　共同正犯　185

を否定しようとする解釈[21]は、「官憲に救助を求める義務」を課す点で、救助を求められた警察官も救助を求めた人物も侵害に「急迫性」がないために正当防衛ができないという致命的な矛盾に陥る。加えて、本件の特殊性を考慮するなら、現に襲われた人物にとって「急迫不正の侵害」があるのに背後の人物は襲われた人を救助するための正当防衛ないし襲われた人の防衛行為の幇助ができないという矛盾もある（その結果として、本件ではＰが殺意を抱きＭを刺殺してしまう）。

　加えて、本決定には、正犯の行為は犯罪の構成要件に該当していれば共犯が成立しうるとする「最小従属形式」の考え方によるなら、Ｐの行為が正当防衛であっても被告人に殺人罪の「共同正犯」が成立しうるとする調査官解説まで付されていた[22]。これが、適法行為を相手方とする共同正犯も認められるのだとする見解を生むことになる。

　しかし、本決定は、事案としては「過剰防衛」による刑の減免が背後の共犯者には認められなかったものにとどまる。ゆえに、正当防衛のような適法行為にも共同正犯が成立しうるのかといった議論の混乱は、２年後の**「仲間の過剰防衛事件」**判決によって収拾が図られることとなった。

[2] 刑法60条にいう「犯罪」の意味

　この**「仲間の過剰防衛事件」**判決（最判平成6・12・6刑集48巻8号509頁）は、仲間が被害者による侵害終了後も暴行を加えて被害者を負傷させた状況を傍観していた被告人につき、次のように述べて、無罪の自判をしたものである。

　「本件のように、相手方の侵害に対し、複数人が共同して防衛行為としての暴行に及び、相手方からの侵害が終了した後に、なおも一部の者が暴行を続けた場合において、後の暴行を加えていない者について正当防衛の成否を検討するに当たっては、侵害現在時と侵害終了後に分けて考察するのが相当であり、侵害現在時における暴行が正当防衛と認められる場合には、侵害終了後の防衛については、侵害現在時における防衛行為としての暴行の共同意

---

21) 最決昭和52・7・21刑集31巻4号747頁、最決平成29・4・26刑集71巻4号275頁等。

22) 小川正持「判解」最高裁判所判例解説刑事篇平成4年度（法曹会、1994年）40頁、45頁。

思から離脱したかどうかではなく、新たに共謀が成立したかどうかを検討すべきであって、共謀の成立が認められるときに初めて、侵害現在時及び侵害終了後の一連の行為を全体として考察し、防衛行為としての相当性を検討すべきである。」（下線筆者）

　学説の一部には、本判決の趣旨を、後述する**「共犯関係の解消」**ないし**「共犯からの離脱」**が認められた事案と理解するものがある[23]。しかし、本判決は「侵害現在時における防衛行為としての暴行の共同意思から離脱したかどうかではなく」と明言している。

　ゆえに、本件を「共犯からの離脱」として考えない以上、「共犯からの離脱」ないし「共犯関係の解消」が認められるために「防止する措置」を要求した**「俺帰る事件」**決定（最決平成 1・6・26刑集43巻 6 号567頁）と本判決とでは、「事案を異にする」ものと考えざるを得ない。そうして、両判例の間の事案の相違として最も目につくものは、本件では、「第 1 暴行」が適法な正当防衛行為だということである。

　ゆえに、**本判決は、「共同正犯」の共謀の対象となる行為を、単なる構成要件該当行為ではなく、「違法な」構成要件該当行為と考えているものと思われる**。そのため、侵害終了後の違法な暴行についての共謀がなければ、被告人にはそもそも犯罪の「共同正犯」が成立しないと考えられたのである[24]。

　これにつき、「第 1 行為」と「第 2 行為」の相違を、前者が防衛ないし侵害阻止行為、後者が追撃ないし加害行為という点に求める見解もある。しかし、もしそうなら、本判決が「侵害現在時における暴行が正当防衛と認められる場合には」という条件を付けていたことを説明できないであろう。なぜなら、そう読んでしまうと、「第 1 行為」がすでに（質的に）過剰な防衛であった場合でもそれは「防衛行為」であるから、この場合にも第 1 暴行と第 2 暴行を分けて考察すべきことになってしまうからである。

---

23) たとえば、十河太郎「判批」山口厚ほか編・前掲注17）195頁。

24) 本判決の調査官解説である川口政明「判解」最高裁判所判例解説刑事篇平成 6 年度（法曹会、1996年）223頁も、「自己又は第三者の権利の防衛という<u>適法行為に関与したことで不当にも追撃行為にも関与したとされてしまうことのないよう、追撃行為についてはあらためて攻撃意思、さらには共同遂行意思の存在を厳格に再確認する必要がある</u>」（下線筆者）と指摘していることに注意が必要である。

第10章　共同正犯　187

ところで、刑法60条は、（共同正犯）というタイトルで、「二人以上共同して犯罪を実行した者は、すべて正犯とする。」と規定する。ここにいう「犯罪」を、単に刑罰法規の構成要件に該当する行為だと解すると、正当防衛としての——つまり、適法な——暴行でも、それを共同して行えば、「共同正犯」になりうることになる。その場合、本件のような「一連の暴行」であれば、急迫不正の侵害の有無・前後を問わず、「暴行」自体について意思を通じて行えば、全体が暴行罪の「共同正犯」に該当する行為ということになる[25]。

そのため、「第2行為」について、「俺帰る事件」決定と同様に、「共犯者による暴行の恐れがあったのに、これを防止する措置を講ずることなく、成り行きに任せた」として、被告人に「共犯からの離脱」が認められないことになる。その結果、被告人は、「第2行為」を含めて暴行・傷害の「構成要件」に該当する「共同正犯」となるのであり、無罪とはならないのである。

ゆえに、**「仲間の過剰防衛事件」**判決が被告人に、「第2行為」について新たな共謀が認められない以上は、正当防衛として無罪だとしたのは、刑法60条にいう「犯罪」を、単なる「構成要件該当行為」と解したのではなく、「違法な構成要件該当行為」と解したからだと考えることになる。ゆえに、判例上、**刑法60条の「犯罪」は、少なくとも、「違法な構成要件該当行為」**と解されていることになる。たしかに、**正当防衛を一緒にやった人物に「共同して犯罪を実行した」**などと言ったら、一般社会では発言者の常識を疑われる**であろう。**

なお、刑法60条は「修正された構成要件」だから、その要件も、違法性や責任の評価を交えずに、構成要件該当性のレベルだけで判断すべきだという見解[26]も短絡的であろう。なぜなら、刑法103条にいう「罰金以上の罪を犯した者」にいう「罪」は、たとえば適法な令状逮捕をした警察官を含まないことを考えればわかるように、構成要件要素の解釈の際に、他人の行為についてその違法性（場合によっては、その責任）まで考慮しなければならないこ

---

25) ここでは、罪数処理を考えてみればよい。侵害現在時の暴行が仮に正当防衛でない場合には、第2暴行と併せて傷害1罪になるのであり、かつ、1罪ということは、通説である構成要件標準説によれば、構成要件としては1個の行為だということである。

26) たとえば、大谷・総論414頁、井田・総論513頁以下。

とはありうるからである。

　加えて、罪数評価の基準となる「構成要件」は、違法性や責任の評価を含んだ「保障構成要件」＝「一般構成要件」であって、通常の「構成要件」＝「特別構成要件」とは異なる。この点では、**「構成要件→違法性→責任（→処罰条件等）」という段階的犯罪体系は、刑罰効果発生要件を確認していくための便宜的な段階にすぎないと考えておいた方がよい。構成要件に該当しない行為と、これには該当するが違法性を阻却される行為とは、いずれも罪責の対象となる行為（＝不法）ではないという点で共通なのであって、共同正犯を含む共犯は、これに対しては成立し得ない。**

[3] 責任のない者との間での「犯罪」の共同

　これに、12歳の少年との間の、強盗罪についての（共謀）共同正犯を認めた**「母子共同正犯事件」**決定（最決平成13・10・25刑集55巻6号519頁）を考え合わせるなら、判例は、刑法60条の「犯罪」について、責任（＝有責性）は要求しない立場、少なくとも12歳の刑事未成年者の強盗行為も「犯罪」と解してよいという立場だと考えられる。これは、狭義の共犯に関する**「要素従属性」**という問題では、**「制限従属形式」**という考え方と一致する。

[4]「共同性」否定の効果

　もっとも、「仲間の過剰防衛事件」のような実行共同正犯の場合には、他の者の行為が正当防衛によって違法性を阻却されるとしても、**当該行為者の行為が単独で犯罪成立要件を充たすときには、その者に単独犯が成立する**のであって、教唆や幇助の場合のように、正犯が違法性を阻却されれば教唆や幇助も不成立となるわけではない。この点で、一部には、相手方の行為が違法性を阻却されればこちらの行為の違法性も阻却される、それが「要素従属性」の意味だとする理解がある[27]が、それは適法行為とでは「犯罪実行の共同性」が否定されるということが正確に理解されていないことによる誤解で

---

27) たとえば、高橋・総論487頁。付言すれば、次回検討する「制限従属性」は、違法評価が共犯者間で共通であることを原則とする（松原芳博『刑法総論〔第2版〕』〔日本評論社、2017年〕470頁）ものではない。単に、共犯の対象となる行為は「犯罪の構成要件に該当し違法であること」が必要だ（必要条件）というにとどまる。ゆえに、背後者の行為は、「適法」であっても構わないのである。

ある。

　もっとも、背後者が実行着手後の行為をまったく分担しない「共謀」共同
正犯では、その実行者への従属性の故に[28]、実行者が適法行為しかしていな
いのであれば、これに対する共同正犯その他の共犯の成立はあり得ない。し
かし、その場合には、背後の共謀者は単純に不処罰となるのではなく、**適法
行為を利用する間接正犯**の余地があることを忘れてはならない。ゆえに、も
しも「フィリピンパブ事件」決定のＰが正当防衛であったなら、被告人がＰ
の防衛行為を利用してＭを殺してやろうと思っていた場合、殺人罪の間接正
犯の成立が考えられるのである。

---

7 ｜ 共犯の成立要件の裏返しとしての「共犯関係の解消」

[1]「共犯関係の解消」とは？

　共犯者間で犯罪の実行を予定していたが、ある者がそこから抜けたために、
残りの者によって実行された犯罪の罪責を負わないということがある。これ
が**「共犯関係の解消」**または**「共犯からの離脱」**と呼ばれているものである。
従来の裁判例に現れた事案では、そのほとんどは共同正犯関係の解消に関す
るものであった。ゆえに、この問題はここで扱うことにする。

　たとえば、数人が強盗を共謀し、該強盗の用に供すべき「匕首」を磨くな
ど強盗の予備をなした後、そのうちの一人がその非を悟り該犯行から離脱す
るため現場を立ち去ったという事例について、「たとい、その者が他の共謀
者に対し、犯行を阻止せず、又該犯行から離脱すべき旨明示的に表意しなく
ても、他の共謀者において、右離脱者の離脱の事実を意識して残余の共謀者
のみで犯行を遂行せんことを謀った上該犯行に出でたときは、残余の共謀者
は離脱者の離脱すべき黙示の表意を受領したものと認めるのが相当であるか
ら、かかる場合、右離脱者は当初の共謀による強盗の予備の責任を負うに止
まり、その後の強盗につき共同正犯の責任を負うべきものではない。[29]」と
述べた裁判例がある。目的とした犯罪の実行着手前であれば、①離脱者は黙
示的にでも離脱の意思を表明し、②他の共犯者がその離脱の事実を意識して

28）共謀共同正犯に「従属性」があり得ることについて、平野・総論Ⅱ404頁参照。

29）福岡高判昭和28・1・12高刑集6巻1号1頁。

残りの者だけで犯行を遂行した場合に、離脱者は離脱後の犯行について罪責を負わないとしたのである。①は一般に**「離脱の意思表明」**と呼ばれ、②は**「他の共犯者によるその了承」**と呼ばれている。注意すべきは、**「了承」**というのは離脱を是とするという評価ではなく、**残りの者だけで犯行を遂行するという決意にほかならない**ということである。

　もっとも、離脱者が共犯者の中でリーダーないし率先して犯行を組織した者であったときには、「離脱の意思表明」と「他の共犯者によるその了承」だけでは、「共犯関係の解消」は認められない。「殊に離脱しようとするものが共謀者団体の頭にして他の共謀者を統制支配しうる立場にあるものであれば、離脱者において共謀関係がなかった状態に復元させなければ、共謀関係の解消がなされたとはいえない[30]」のである。

[2]「実行の着手」前後で基準は異なるか？

　他方、すでに犯罪の「実行の着手」があった後の離脱については、最高裁は、「被告人が帰った時点では、Ｆ（暴行の共犯者——筆者注）においてなお制裁を加えるおそれが消滅していなかったのに、被告人において格別これを防止する措置を講ずることなく、成り行きに任せて現場を去ったに過ぎないのであるから、Ｆとの間の当初の共犯関係が右の時点で解消したということはできず、その後のＦの暴行も右の共謀に基づくものと認めるのが相当である。[31]」と判示している。この場合には、少なくとも①**他の共犯者による犯行継続のおそれが消滅していなかった**場合に、②**格別これを防止する措置を講**じていなければ、「共犯関係の解消」は認められないのである。

　もっとも、ここでは**「他の共犯者による犯行継続を防止した」ことまでは要求されていない**ことに注意しなければならない。相手のほうが強くて殴り倒されてしまった者に、犯行継続を防止していないから共犯関係の解消は認められないとするのは酷であり、また、すでに実質的に敵対関係に入っているのになおも共犯関係が継続していると評するのは不自然だからである。

　この点で、集団で暴行を受けていた被害者に同情して話し合いで金を払わ

30）松江地判昭和51・11・2刑月8巻11=12号495頁。

31）最決平成1・6・26刑集43巻6号567頁。致命傷が被告人の去った後に加えられた暴行によって生じた疑いのある傷害致死の事件であった。

せようとした被告人が他の共犯者（Ｂ）に殴り倒された後の行為につき、「Ｂを中心とし被告人を含めて形成された<u>共犯関係は、被告人に対する暴行とその結果失神した被告人の放置というＢ自身の行動によって一方的に解消され</u>、その後の第二の暴行は被告人の意思・関与を排除してＢ、Ｃらのみによってなされたものと解するのが相当である。[32]」（下線筆者）と判示した裁判例が注目される。

　もっとも、問題は、この「防止する措置を講じた」ことは、「実行の着手」後の「共謀関係の解消」にだけ要求されるものなのかというところにある。この点については、強盗の実行着手前に犯行現場から離脱した被告人に、「防止する措置を講じていない」ことを理由に「共謀関係の解消」を否定した最高裁決定[33]が注目される。そこでは、次のように述べられている。

　「上記事実関係によれば、被告人は、共犯者数名と住居に侵入して強盗に及ぶことを共謀したところ、共犯者の一部が家人の在宅する住居に侵入した後、見張り役の共犯者が既に住居内に侵入していた共犯者に電話で『犯行をやめた方がよい、先に帰る』などと一方的に伝えただけで、被告人において格別それ以後の犯行を防止する措置を講ずることなく待機していた場所から見張り役らと共に離脱したにすぎず、残された共犯者らがそのまま強盗に及んだものと認められる。そうすると、<u>被告人が離脱したのは強盗行為に着手する前であり、たとえ被告人も見張り役の上記電話内容を認識した上で離脱し、残された共犯者らが被告人の離脱をその後知るに至ったという事情があったとしても、当初の共謀関係が解消したということはできず、その後の共犯者らの強盗も当初の共謀に基づいて行われたものと認めるのが相当である。</u>」（下線筆者）

　ところで、本決定には、「上記事実関係によれば」という条件が付されて

---

32) 名古屋高判平成14・8・29判時1831号158頁。もっとも、この判決は、共犯関係解消後の暴行と傷害についても、刑法207条の同時傷害の特例を適用して、被告人の罪責を認めてしまった。それは、暴行の全過程に関与した者がいる場合には刑法207条の適用を否定する大阪高判昭和62・7・10高刑集40巻3号720頁と矛盾する考え方であろう。なお、この問題については、第12章の「承継的共犯」の中で検討する。

33) 最決平成21・6・30刑集63巻5号475頁。

いることを見過ごしてはならない。そして、その事実関係とは、被告人が「本件犯行の前夜遅く、自動車を運転して行って共犯者らと合流し、同人らと共に、被害者方及びその付近の下見をするなどした後、共犯者7名との間で、被害者方の明かりが消えたら、共犯者2名が屋内に侵入し、内部から入口のかぎを開けて侵入口を確保した上で、甲を含む他の共犯者らも屋内に侵入して強盗に及ぶことにした」というものである。つまり、この事件では、被告人は犯行のための下見と具体的な犯行計画の策定に関わっていたのである。

　このような具体的な犯行計画の策定は、見方によっては、「犯行のための重要な役割」ないし「犯行に対する重要な寄与」である。ゆえに、少なくとも、これを帳消しにするための犯行防止の措置が取られない以上、その後にこの犯行計画に沿って残りの共犯者によって行われた強盗に関し、「共犯関係の解消」は認められないと考えてよい。「当初の共謀に基づいて行われた」という評価は、これを意味するものと思われる。ゆえに、先のリーダー的人物につき、「離脱者において共謀関係がなかった状態に復元させなければ、共謀関係の解消がなされたとはいえない」と述べた裁判例[34]が示唆したように、**「防止する措置を講じた」ことは、実行の着手前の離脱にも要求されることがある**のである。同時に、本決定の射程は、下調べや犯行計画の立案に関与せずに現場に呼ばれただけですぐに離脱した人物には及ばない。彼は、後の犯行に対して何の寄与もしていないからである。

　見方を変えれば、離脱前にすでに現に行われた犯行について「重要な役割」ないし「重要な寄与」をした人物については、それを帳消しにしない限り、その貢献を踏まえて行われた犯行については共犯となるということである。つまり、**「共犯関係の解消」とは「裏返された共犯の成立要件」**であって、離脱後の犯行について「共犯の成立要件」が充たされていないから共犯が否定されるというだけのことにすぎない。その人物が抜けた後に、残された共犯者のみで行われた「犯罪」について、共同正犯その他の共犯の成立要件が充たされれば、抜けた者にこれらが成立するのである。

　なお、「共犯関係の解消」には**「因果性の遮断」**が必要だとする見解[35]があ

---

34) 前掲松江地判昭和51・11・2。

35) 前田・総論366頁参照。

第10章　共同正犯　193

る。しかし、それは、言葉の真の意味での「因果関係」の遮断ではない。な
ぜなら、実行者に侵入強盗の目標となった家屋の見取り図を見せた者は、相
手の記憶を消さない限り、後の犯行に対する「因果関係」を遮断することは
できないからである[36]。そうではなくて、もっと**価値的・評価的な意味で**
「離脱者において共謀関係がなかった状態に復元」すればよいのである。それ
は、比喩的にいえば、犯行への寄与を帳消しにする程度に他の共犯者の足を
引っ張ればよいということである。

---

36) そんなことができるのは、「時をかける少女」の深町一夫（＝ケン・ソゴル）だけであろ
う。

第11章

狭義の共犯

1 ｜ 共犯と「刑罰拡張事由」

[1] 規範の拡張

　本章では、主に教唆犯と従犯、すなわち「狭義の共犯」に関わる問題を扱う。以下で単に「共犯」というときは、断りなき限り、この「狭義の共犯」の意味である。

　さて、刑法は、61条と62条に以下のような条文を置いている。

第61条　人を教唆して犯罪を実行させた者には、正犯の刑を科する。
2　教唆者を教唆した者についても、前項と同様とする。
第62条　正犯を幇助した者は、従犯とする。
2　従犯を教唆した者には、従犯の刑を科する。

　その上で、従犯の刑については正犯の刑を減軽するとしている（63条）。

　正犯とは犯罪を実行した者すべてであるから（60条参照）、共犯はそこから除外された者、すなわち、原則として「犯罪を実行しない者」を意味する。しかも、「拘留又は科料のみに処すべき罪の教唆者及び従犯は、特別の規定がなければ、罰しない。」（64条）こととされているので[1]、共犯は本来処罰されるべき正犯の外に処罰範囲を拡張したもの、すなわち、**各則の構成要件によって画された処罰範囲を総則によって拡張する「刑罰拡張事由」**である。このように、総則の共犯は各則の正犯の外に処罰を拡張するものであるとする体系を**「限縮的正犯体系」**または**「共犯体系」**と呼ぶ。

第11章　狭義の共犯　195

これを行為規範——それが刑法内在的規範なのか、それとも刑法外の文化規範なのかは度外視して——で説明すれば、たとえば殺人罪の正犯は「汝、他人を殺すなかれ」という規範に違反する者であるのに対し、同罪の教唆犯は「汝、他人を教唆して殺人罪を実行させるなかれ」という規範に違反するものであり、同罪の従犯は「汝、他人の殺害を実行する者を幇助するなかれ」という規範に違反する者である。このようにして、**共犯規定は行為規範を拡張する**。

[2] 規範の名宛人の拡張

　さらに、**共犯は行為規範の名宛人を拡張することもある**。単純収賄罪（197条1項前段）を例に取れば、「汝、その職務に関し、賄賂を収受し、又はその要求若しくは約束をするなかれ」という行為規範は公務員にのみ向けられている。これに対して、同罪の教唆犯および従犯は、65条1項を介して、「身分のない者」でも可能である。そこでは、行為規範は「汝、公務員を教唆して、その職務に関し、賄賂を収受し、又はその要求若しくは約束をさせるなかれ」または「汝、公務員が、その職務に関し、賄賂を収受し、又はその要求若しくは約束をすることを幇助するなかれ」という内容になる。

　これに対し、**共同正犯では、それが正犯である限り、このような規範の拡張は難しい**。殺人罪については「二人以上共同して他人を殺害した」という事態はあり得るが、単純収賄罪では、公務員でない者も公務員と「共同してその職務に関し、賄賂を収受し、又はその要求若しくは約束をした」という事態はあり得ない。なぜなら、非公務員には、ここにいう「その職務」がないので、これに関して「賄賂を収受」するという事態もあり得ないからである。

　ゆえに、現行刑法立案時の議論では、「身分のある者に依って構成する罪であるから、身分の無い者が共に犯すと云う筈はない」という理由で、原案にあった「犯人の身分により構成すべき罪を共に犯したるとき」という文言が「犯人の身分により構成すべき犯罪に加功したるとき」（現代風に表記）に

---

1)　実際には、「拘留又は科料のみに処すべき罪」の大部分を規定している軽犯罪法上の行為については、これを「教唆し、又は幇助した者は、正犯に準ずる。」（軽犯罪法3条）とされているので（共犯にも正犯と同じ刑を科す体系を「機能的統一的正犯体系」という。軽犯罪法は、限縮的正犯体系を採用している刑法典と異なり、この体系を採用している。）、この規定が妥当するのは侮辱罪（231条）くらいしかない。

修正されたのである[2]。

　また、非身分者による共同正犯を認めた大審院判例[3]も、実行共同正犯があり得ないことは認めた上で、**共謀なら非身分者でも可能である**という理由で、共謀共同正犯によってかろうじて非身分者による共同正犯を認めたにすぎない。もっとも、現行刑法がそのような「共謀のみの共同正犯」を認めない趣旨であることは、すでに第10章で明らかにした。この問題について詳しくは、第12章で述べる。

[3] 正犯と共犯の区別

　現行法上「実行行為をする従犯」というものがありうるかという問題についても、前章で少し検討した。ここでは、より一般的に、正犯と共犯の区別、とりわけ共同正犯と従犯との区別を検討する。

　主観的共犯論によれば、共同正犯と従犯との区別は「正犯意思」（animus auctoris）と「従犯意思」（animus socii）によって区別される。「正犯意思」で関与した者は「正犯」ないし「共同正犯」であり、「従犯意思」で関与した者は「従犯」ということである。もっとも、どういう場合に「正犯意思」があり、どういう場合に「従犯意思」があるのかは、明確ではない。「自己の犯罪を行う意思」が「正犯意思」だとすれば、極端な場合、他人のために殺人を犯す者にはそれがないので、この人物は殺人罪の従犯ということになってしまう。

　そこで、犯罪による利益が誰に帰属するかで「正犯意思」と「従犯意思」を区別しようとする**利益説**と呼ばれる見解もある。しかし、これによるなら、他人に領得させる目的で窃盗を犯す人物は、窃盗罪の正犯にならないことになりかねない。

　これに対して、何らかの客観的な基準ないし要素で共同正犯と従犯とを分

---

2) 倉富勇三郎ほか監修、松尾浩也増補解題『増補刑法沿革綜覧』（信山社、1990年）944頁以下参照。

3) 収賄罪に関して大判大正 3・6・24刑録20輯1329頁および大判昭和 7・5・11刑集21輯614頁。なお、物理的意味での文書の作成が可能な虚偽公文書作成罪では、すでに大判明治44・4・17刑録17輯605頁、大判明治44・4・27刑録17輯687頁が、非身分者による共同正犯を認めていた。しかし、これとて「虚偽作成」は真実義務を負う公務員にのみ可能な行為と考えるなら、非公務員の行為は「共同して犯罪を実行した」には当たらない。

けようとする見解を**客観的共犯論**という。このうちの**形式的客観説**は、構成要件に該当する実行の一部を分担したか否かを区別基準とする。これに対して、構成要件に該当する実行の一部の分担に限らず、当該犯罪について**「行為支配」**を有した者、あるいは当該犯罪の実現にとって**「重要な役割」**を果たした者を正犯とする考え方を**実質的客観説**という。

日本の裁判例では、しばしば、正犯を「自己の犯罪を行った者[4]」とする定義が見受けられる。これは、一見すると、主観的共犯論に拠るもののようである。

もっとも、実際に裁判例で見受けられる基準は、「自己の犯罪を行ったといえる程度に当該犯罪にとって重要な役割を果たしたか」というものである。**つまり、実は「重要な役割」という客観的な基準が、「自己の犯罪」であることの基準なのである。**

たとえば、強盗殺人罪に関する東京高判平成25・5・28高刑集66巻2号1頁は、資産家一家3名を殺害して現金を強取し、遺体を遺棄したという強盗殺人、死体遺棄の事案において、共犯者らが被害者らを殺害して現金を奪い、その中から自分に対する報酬を支払うことを十分に知りながら、遺体の運搬処分を引き受け、屈強な被害者1名を殺害するために睡眠導入剤の使用を勧めてこれを提供するなどした被告人につき、被告人は遺体の運搬保管を依頼され、その依頼どおりの行動に終始したという従たる役割を強調して、被告人が「強盗殺人までも自己の犯罪として犯したといえる程度に、その遂行に重要な役割を果たしたといえるだけの合理的理由を示したものとはいい難い。」とし、これを同罪の共同正犯とした原判決を破棄した。注意すべきは、被告人による睡眠導入剤の提供に関し、「確かに、睡眠導入剤を提供した事実は、その後の強盗殺人の遂行の上で重要な行為であったことは否定できないが、強盗殺人の実行を決断させるのに重要な働きをしたとまではいえないし、提供するに至った経緯やその状況は、Cからの相談や交付要請に応答した受動的なものであったことは否定できない。」と述べられていることであ

---

4) 裁判所職員総合研修所監修『刑法総論講義案〔四訂版〕』（司法協会、2016年）344頁。同書は、これを「自ら犯罪を実行した者」と同義としている。しかし、現に「自ら犯罪を実行した」ことと、実行した犯罪が「自己の犯罪」であることとが同義であるというのは、日本語として理解し難い。

る（これは、講学上**「不可欠幇助」**と呼ばれているものに当たる）[5]。ここでは、本件強盗殺人の実現全体の中で、被告人の役割の重要性が判断されている。

　財産犯の場合でも、事情は異ならない。たとえば、死者に成りすました詐欺・窃盗事件に関する名古屋地判平成27・4・27 LEX/DB25540401は、主犯格の共犯者のために ATM から振込まれた金員を報酬無しで払い戻す役割を遂行した共犯者に対し窃盗罪の共同正犯を認めつつ、引き続き「出し子」役を引き受けると約束することで以後の詐欺に協力した行為については詐欺罪の従犯にとどまるとしている。すなわち、本判決は、窃盗罪については、「通常、実行行為を行ったことから、当該犯罪に自己の犯罪として関与する意思、すなわち正犯意思の存在も推認されるので、実行行為をしているにもかかわらず、正犯意思を欠くのは特段の事情が存する場合に限られる。」と述べて[6]、被告人が ATM からの引き出しを一人で担っていたこと等を指摘し「被告人が本件において果たした役割は極めて重要なもの」と評する一方、詐欺罪については、「欺罔行為により現金が口座に振込入金されれば、その時点で詐欺は既遂となるから、詐取金を口座から引き出すことは、詐欺の実行行為ではないが、詐欺による利益を実質的に手にするには、詐取金相当額を振り込まれた口座から引き出す必要があるので、口座からの引き出しは、詐欺の目的を達する上で重要な行為である。」と述べつつも、本件詐欺についての具体的な内容は事前に知らされておらず、被告人は共犯者に一方的に従属し逆らい難い関係にあり、さらに「被告人には詐取金の分配を受けるなど金銭的な報酬を得る目的はなく、実際に利益分配も報酬も受けてはい

---

5)　樋口亮介「共謀共同正犯における共謀の意義」研修844号（2018年）3頁は、「不可欠幇助」の存在を指摘して、共同正犯と従犯との区別においては「重要な役割」は妥当でないと主張するが、それは、犯罪実現全体の中で判断される「重要な役割」と一つの必要条件にすぎない「不可欠従犯」とを混同したものではないかと思われる。

6)　構成要件該当行為を直接実行したなら正犯だとする考え方は、公正証書原本不実記載・同行使罪に関する札幌高判平成16・3・29高刑速（平16）271頁にも示されている。そこでは、「共犯者において、強制執行を妨害する目的で、被告人に架空融資を了承させた上で実印の交付を受け、共犯者が経営する会社名義の不動産に被告人名義の根抵当権を設定した事案において、被告人には、被告人名義で共犯者所有の重機類に担保を設定しその旨の公正証書を作成するという認識しかなかったものの、公正証書原本不実記載・同行使罪の故意に欠けるところはなく、これらの罪の共同正犯が成立する。」との判断が示されている。

ない」（下線筆者）といった事情を考慮して、被告人には本件詐欺を「自己の犯罪として行おうとする意思、すなわち正犯意思があったとは認められない」と結論づけている。これもまた、本件詐欺の実現全体において被告人が占める役割は重要でないことを根拠として、「正犯意思」を否定したものといえよう（**利欲犯**である詐欺罪では、犯罪により得た利益の分配を受ける意思は「不法領得・利得の意思」を構成する事実であり、かつ、これらの意思は同罪の正犯と共犯を区別する上で重要な構成要件要素である）。

そのほか、利益分配計画を含む犯行全体に占める役割に着目して共同正犯を否定し従犯を認定したものに、事後強盗に関する大阪地堺支判平成11・4・22判時1687号157頁や、第一次情報受領者によるインサイダー取引のための情報伝達行為に関する横浜地判平成25・9・30判タ1418号374頁がある[7]。

2 │ 共犯の「従属性」

[1] 共犯の類型性──「実行従属性」と「要素従属性」

共犯は正犯に従属するといわれる。しかし、その意味は何であろうか。

教唆犯は「人を教唆して犯罪を実行させた」（61条）ときに成立する。また、従犯は「正犯を幇助した」ときに成立する。正犯とは「犯罪を実行した者」（60条）であるから、結局、従犯もまた「犯罪を実行した者を幇助した」ときに成立する。いずれも、人が①犯罪を②実行したときに成立するのである。ゆえに、人が実行したものが「犯罪」でなかったり、人がまだ犯罪を「実行」していないときには、共犯は成立しない。

このうち、人が実行したものが「犯罪」であることを要するとするのが

---

7) なお、最決平成25・3・5刑集67巻3号267頁は、「第1審判決の理由中で、本位的訴因とされた賭博開張図利の共同正犯は認定できないが、予備的訴因とされた賭博開張図利の幇助犯は認定できるという判断が示されたにもかかわらず、同判決に対して検察官が控訴の申立てをしなかった場合には、検察官は、その時点で本位的訴因である共同正犯の訴因につき訴訟追行を断念したとみるべきであって、本位的訴因は、原審当時既に当事者間においては攻防の対象から外されていたものと解するのが相当である」と述べて、「原審としては、本位的訴因については、これを排斥した第1審裁判所の判断を前提とするほかなく、職権により本位的訴因について調査を加えて有罪の自判をしたことは、職権の発動として許される限度を超えたものであり、違法というほかない。」とし、共同正犯を認定した原判決を違法としている（著反正義は認められないとして上告は棄却）。

「要素従属性」であり、人が犯罪を「実行」したことを要するとするのが「実行従属性」である。「要素従属性」については、共犯の必要条件とされる「犯罪」が構成要件、違法性、責任のどこまでの要素を備えていなければならないかが論じられるので、「犯罪従属性」でなく、「（犯罪となるための）要素従属性」と呼ばれるのである。

[2] 刑法43条の「犯罪」と「実行従属性」

「実行従属性」では、一般に、共犯が未遂で処罰されるためには、共犯自体の未遂ではなく、その対象である正犯が未遂すなわち「実行の着手」（43条本文）に至らなければならないとされている。その結果、正犯が予備の段階に止まるときには共犯は成立しないとされる。これを解釈論として示せば、**「犯罪の実行に着手し」（43条）にいう「犯罪」には、教唆犯や従犯は含まれないということ**である。

　ここで、**予備罪に対する共犯**があり得るかという問題が生じる。殺人予備（201条）、強盗予備（237条）、放火予備（113条）について、共同正犯その他の共犯があり得るかが論じられるのである。そして、学説の一部には、予備は「**実行の着手**」以前なので予備罪には「共同して**実行**」や「教唆して**実行**」といった観念の入り込む余地はなく、ゆえに予備罪に共同正犯や共犯はあり得ないと主張するものがある。これに対して、最決昭和37・11・8刑集16巻11号1522頁は、殺人予備罪の共同正犯を認めている。

　しかし、2001年に、支払用カード電磁的記録不正作出準備（163条の4）の第1項にある、カード情報をコピーする「スキミング」の罪に未遂処罰規定（163条の5）が設けられた時点で、状況は変わった。本来、支払用カード電磁的記録不正作出罪の予備罪であるスキミングの罪に、さらに未遂罪が設けられたからである。これは、予備罪という構成要件が設けられ、その「実行の着手」が観念できる以上、その未遂も、またその（広義の）共犯もあり得ることを意味する。つまり、ある罪が実質的に他の罪の予備罪であることと、ある罪の「実行の着手」以前をその予備（＝準備）と呼ぶことは、同じ「予備」という言葉を用いていても次元の異なるものなのである。簡単に言えば、**予備罪にもその「構成要件」があり、その「実行」が観念できる以上、その未遂も（広義の）共犯もあり得る**のである。

　これを解釈論として示せば、「犯罪の実行に着手し」（43条）にいう「犯罪」

や「共同して犯罪を実行」や「教唆して犯罪を実行」にいう「犯罪」には予備罪も含まれるということである。

　他方、「実行従属性」といっても、正犯がまだ処罰可能な段階に入っていないのに、共犯だけが処罰されるということはないであろう。ゆえに、未遂処罰規定のない犯罪では、共犯の処罰もまた、正犯が既遂になるまで待たなければならない。同様に、**客観的処罰条件**のある犯罪では、これが充足されない以上、正犯ばかりでなく共犯も処罰されないと考えるべきであろう。その意味で、「実行従属性」は、より正確には**「可罰段階従属性」**とでも呼ぶべきである。

　この点で、一部の学説には、次の「要素従属性」に関する**「誇張従属形式」**を、共犯の処罰が正犯による処罰条件の充足を要するとする見解と定義し、その上でこれは過度の要求であって採りえないとするものがある[8]。しかし、これは、以下で述べるように「誇張従属形式」の定義を誤っている上に、共犯の処罰にも客観的処罰条件の充足が必要なことは、衡平上、むしろ当然であるとの非難を免れない。論者は、処罰条件を一身的刑罰阻却事由と混同している嫌いがあるが、一身的刑罰阻却事由の効果は、「誇張従属形式」においても一身的なのである。

[3] 刑法61条および60条の「犯罪」と「要素従属性」

　「要素従属性」とは、前述の「誇張従属形式」を除いて、共犯の処罰のために必要とされる、正犯が実行する「犯罪」に備わるべき要素への従属性を意味する。つまり、これは共犯処罰のための**「必要条件」**に関するものなのである。「必要条件」であるから、正犯の行為がこの要素を充足していても、共犯が処罰されないことはあり得る。

---

8) たとえば、大塚・総論286頁は、「誇張従属形式」をして「正犯が構成要件該当性、違法性、責任のほか、さらに、一定の可罰条件をも具備しなければならない」ものと定義している。この定義に従うのは、大谷・総論406頁、前田・総論333頁、高橋・総論449頁、井田・総論483頁、今井猛嘉ほか『刑法総論〔第2版〕』（有斐閣、2012年）361頁〔島田聡一郎〕、裁判所職員総合研修所監修・前掲注4）385頁等。これは、**原典の確認を怠ったことと必要条件としての「従属性」を「連帯（＝連動）」と混同したことが原因である**。それは、後に述べるように、「違法の連帯性」を「違法の連動性」と混同することと同根のものでもある。

たとえば自己の殺害を嘱託する被殺者は、これによって相手方が殺害の実行に及んだ場合、他人を教唆して「犯罪」を実行させたことになるが、たとえこれが失敗して生き残ったとしても、嘱託殺人未遂罪の教唆犯として処罰されることはないとするのが、学説の一致した見解である。しかし、これをして「要素（＝犯罪）従属性」が否定されたなどと評することはできない。なぜなら、「要素（＝犯罪）従属性」は共犯処罰の必要条件に過ぎないのであって、それが充足されても共犯が処罰されないことは論理的にあり得るからである[9]。

　この要素従属性には、ドイツのM.E.マイヤーが提唱した4つの形式があるとされている[10]。このうち、②の「制限従属形式」が、今日の日本の通説であると解されている。

---

① 　共犯の処罰は正犯が構成要件を充足したことを要するとする **「最小従属形式」**

② 　共犯の処罰は正犯が構成要件を違法に充足したことを要するとする **「制限従属形式」**

③ 　共犯の処罰は正犯が構成要件を違法かつ有責に充足したことを要するとする **「極端従属形式」**

④ 　共犯の処罰は正犯の一身的な身分にも依存し、その結果、正犯にある刑を加重および減軽する事情は、共犯にも加重的および減軽的に作用するとする **「誇張従属形式」**

　しかし、この4つの従属形式は単一の観点で分類されているのではなく、①〜③の従属形式は共犯処罰のための**必要条件**であるが、④の「誇張従属形式」だけは、正犯の刑を加重または減軽する事情が共犯の刑にも連動することを意味している。そして、**加減的身分犯**（＝**不真正身分犯**）に関し身分のない者には通常の刑を科すとしている65条2項により、現行法ではこの従属

---

9)　にもかかわらず、未だに、この事例をして「共犯は正犯の違法性に従属しない」として、以下で述べる「最小従属形式」の根拠としようとする見解がある。

10)　*M. E. Mayer*, Der Allgemeine Teil des Deutschen Strafrechts, 2. Unveränderte Aufl. 1923, S. 391.

第11章　狭義の共犯　203

形式は排除されている。反対に、このような規定のないフライス刑法や1851年プロイセン刑法では「誇張従属形式」が採用されているのであり、その結果、フランス刑法のように、一方で加減的身分犯に対する身分のない共犯者の処罰も正犯の刑に連動しながら他方で責任能力のない者に対する共犯を認めるという**「誇張従属形式」と「制限従属形式」の共存も可能**なのである[11]。

しかも、「極端従属形式」から「制限従属形式」への従属性の緩和は、間接正犯の成立範囲を縮小して共犯の成立範囲を拡大するということを理由とするものではない。そうではなくて、もともと刑法60条以下にいう「犯罪」を「構成要件に該当する違法で有責な行為」と解していた「極端従属形式」の下では、背後者が直接行為者に責任能力があると誤想して幇助したが実際には責任能力はなかったケースにおいて、背後者は責任のない者に対しては従犯ともならず、また、責任無能力者を利用する意思もないことから間接正犯ともならないという**「処罰の間隙」**が生じていたのである[12]。マイヤーは、主に、この「処罰の間隙」を、共犯の成立を拡張することで埋めようとしたにすぎない（**「拡張的共犯論」**)[13]。

しかも、マイヤーは、そのためには、当時のドイツ刑法の改正が必要であると考えていた。言い換えれば、当時の現行法は「極端従属形式」を採用するものと解さざるを得ないと考えていたのである。その後、ドイツでは、共犯の対象を「可罰的行為」から「刑を規定された行為」に置き換える1943年の法改正を経て明文で制限従属形式が採用され、直接行為者の責任能力を誤想したケースはひとまず解決されることとなった。

[4]「制限従属形式」と解釈論

ここでちょっと考えてほしい。日本では、明治40年の現行刑法が改正されることなく、「極端従属形式」から「制限従属形式」への従属性の緩和がなされている。それは学説においてばかりでなく、判例においても[14]、である。では、**刑法60条以下の「犯罪」**という文言は変わらないのに、なぜ、解釈論と

---

11) 詳細については、松宮孝明『刑事立法と犯罪体系』（成文堂、2003年）247頁以下参照。

12) 詳細は、松宮・前掲注11)226頁以下参照。現に、間接正犯（当時は「発起者」）も従犯も否定した裁判例として、1884年6月9日のライヒ裁判所判決（RGSt 11, 56）がある。

13) ゆえに、このような「処罰の間隙」が生じていたことを想定せずに正犯・共犯の理論を構築することは、その前提において道を誤る危険を有する。

して「極端従属形式」から「制限従属形式」への移行が可能なのであろうか。

この文言解釈に意を用いている日本の文献はほとんどない。単に、**責任の個別化を意味する「個人的責任」**を挙げたり[15]、「是非弁別能力の十分な刑事未成年者に窃盗をそそのかしたりした場合にも教唆犯は成立しないことになる[16]」のは不都合だとするのみである。しかし、それでは、60条以下に「犯罪」と書いてある文言をどのようにして「構成要件に該当する違法な行為」で足りると解釈できるのか[17]、説明したことにはならない。

この問題については、さしあたり、次のように考えることができよう。たしかに、刑法19条の没収規定にあるような刑罰の前提となる「犯罪」を「構成要件に該当する違法な行為」で足りると解釈することは不可能であろう。なぜなら、責任無能力者の行為は「罰しない」（39条1項、41条）からである。しかし、38条1項の**「罪を犯す意思」**（＝故意）における**「罪」**は、意思の対象となるものであるから、意思そのもの、つまり故意を含むものではないであろう。同時に、責任能力もまた意思の対象ではない。したがって、ここにいう「罪」は故意における認識の対象となる犯罪の客観的な要素と解すべきである。ところで、「罪」と「犯罪」は通常同じ意味であるから、**38条1項の解釈からは、現行刑法は「犯罪」や「罪」という言葉を、少なくとも二つの意味で用いている**ということが明らかになる。

---

14) 下級審では、刑事責任年令に達していない者を刑事責任能力者と信じて窃盗を唆した者を「窃盗の教唆と認定したのは相当である。」と述べた仙台高判昭和27・2・29判特22号106頁がある。なお、これをして「間接正犯と教唆犯とにまたがる錯誤」の事案であることを理由に「制限従属形式」の採用例ではないとする理解も一部にはあるが、教唆犯が成立するためには、その前提として、正犯に責任能力がない場合を教唆犯で拾うことができることを要する。そのことは、1884年6月9日のライヒ裁判所判決（前掲注12））がすでに明らかにしていることである。他方、60条の「犯罪」に関して同様の理解をしたのは、12歳の少年との間に強盗の共同正犯を認めた最決平成13・10・25刑集55巻6号519頁である。この場合も、共同正犯にいう「犯罪」に有責性まで要求するか否かの問題であることを明らかにしたドイツの裁判例として、1906年12月7日のライヒ裁判所判決（RGSt 40, 21）がある。

15) 小野・総論199頁。

16) 裁判所職員総合研修所監修・前掲注4）385頁。

17) 現に、裁判所職員総合研修所監修・前掲注4）384頁は、「刑法61条は『教唆して犯罪を実行させた』と規定するが、この『犯罪』とは何かという問題であるといってよい。」と述べている。

第11章　狭義の共犯　205

このように解するなら、60条以下の「犯罪」も38条1項と同じ意味で解釈してよいであろう。したがって、日本では、現行法のままで、めでたく「極端従属形式」から「制限従属形式」への移行が可能となる[18]。

[5] 教唆と間接正犯とにまたがる錯誤

　ところで、背後者が直接行為者に責任能力があると誤想したケースはこれで解釈できるとしても、**背後者が直接行為者に——いわゆる「構成要件的故意」を含む——「罪を犯す意思」があると誤想した場合**、あるいはその逆にそれがないと誤想した場合は、これで解決できるのであろうか。

　たとえば、甲が乙に頼まれて、Aを殺害するために昨晩二人で毒薬を仕込んでおいた牛乳を冷蔵庫から取り出して渡したとしよう。乙はこれをAに渡して飲ませることにより、Aを殺害するというわけである。この際、甲は終始乙の指示に機械的に従っているだけであり、先に挙げた名古屋地判平成27・4・27における被告人と同じく、A殺害について固有の動機は持っていなかったとしよう。ゆえに、乙がこの牛乳は毒入りであることを認識してAに渡していれば、甲は単純に殺人罪の従犯となるはずである。

　しかし、ここで、乙は極端な健忘症で、昨晩この牛乳に二人で毒薬を仕込んでおいたことをすっかり忘れていたとしたら、どうであろうか。この場合、乙は、殺人罪の実行の着手時点では責任能力は失われていないが同罪の——いわゆる「構成要件的故意」を含む——「罪を犯す意思」はない。

　ここで、「故意をその要素として含む[19]」構成要件概念を用いた「制限従属形式」では、乙は殺人罪の構成要件に該当する行為すらしていないことになるので、どのような従属形式を採用しても、甲に殺人罪の従犯は成立しないはずである。しかし、論者は、教唆者が直接行為者に故意が生じたと誤想したケースについて「おそらく、教唆の限度で責任を問われるべきであろう[20]。」と述べている。つまり、ここでは、**「構成要件的」故意のない者に対しても共犯が認められている**のである。

　これを論理矛盾なく解決しようとするなら、方法は二つしかない。第1は、

---

18) なお、松宮孝明「演習刑法1」法学教室223号（1999年）116頁も参照されたい。
19) 団藤・総論384頁。
20) 団藤・総論429頁。

共犯の成立には正犯の構成要件該当行為も不要であり、ただ、構成要件のうちの客観的要素を充足する行為があれば足りるとすることである。**この場合、共犯の成否にとって意味のない構成要件は、その刑法体系的意味を失う。**第2は、構成要件には「構成要件的」故意をも含めて、およそ故意は不要であるとすることである。この場合、構成要件によって故意犯と過失犯とを区別するという**「犯罪個別化機能」**は放棄せざるを得ない。いずれも採用しないのであれば、殺人罪に対する共犯の成立は諦めるしかない。

　この論理的帰結を無視して共犯の成立を認めるのは、矛盾した態度であろう。そして、筆者は、この場合に第2の選択肢を推奨する。なぜなら、たとえ「構成要件的故意」を構成要件の要素に位置づけたとしても、**構成要件の「犯罪個別化機能」は、「過失のある誤想防衛」の場合に過失犯の成立を認める以上、破られてしまうからである。**第2章で示唆したように、「構成要件的故意」には犯罪体系上の意味はなく、せいぜい、それは刑訴法335条1項の「罪となるべき事実」に属するものにすぎない。

　同じことは、故意のない者を利用する間接正犯のつもりであったのに、直接行為者が事情を見破ったうえで犯罪結果を引き起こした場合にも妥当する。窃盗罪に関してこの問題を扱った松山地判平成24・2・9判夕1378号251頁は、「間接正犯の故意はその実質において教唆犯の故意を包含すると評価すべきであるから、刑法38条2項の趣旨により、犯情の軽い窃盗教唆の限度で犯罪が成立すると認められる。」（下線筆者）と述べる。しかし、問題は、**なぜ、故意のない者を利用するという間接正犯の故意が、故意を引き起こして犯罪を実行させるという教唆犯の故意を含むのか**にある。遺憾ながら、この判決はその理由を示していない。また、これをして「間接正犯の故意は、他人を道具として利用し、特定の犯罪を実現する意思であるから、広い意味では教唆犯の故意を含んでいる[21]」と述べるだけでは、他人を「道具」としない教唆犯の故意が、なぜ、間接正犯の故意に含まれるのかを説明したことにはならない。

　この答えもまた、教唆犯を含む共犯の成立要件には正犯の故意は含まれていないとすることに求めるしかないであろう。なぜなら、**問題は共犯の成立要件が充足されていることをいかに論証するか**にあるからである。正犯に故

21）裁判所職員総合研修所監修・前掲注4）408頁。

意がない場合でも共犯が成立するのであれば、端的に、共犯の成立要件には正犯の故意は含まれないとするしかない。そして、これを「要素従属性」によって説明するのであれば、犯罪の故意は構成要件の要素でも違法性の要素でもなく責任の要素であるからこそ、「制限従属形式」によれば故意のない者に対しても共犯が成立するのだと説くことになる。

　なお、そうだとすれば故意のない者を利用する間接正犯がすべて共犯に解消されてしまうという疑問を抱く人がいるかもしれない。そのときは、**正犯と共犯が競合して成立可能なときは正犯が優先する**という原則を思い出していただきたい。単独での間接正犯と共同正犯とでは、罪責の重い前者が優先するということも。

[6] 違法の相対性と「制限従属形式」

　さらに、一部には、嘱託殺人未遂罪では、生き残った被殺者は正犯に同罪の構成要件（厳密には未遂の類型性）に該当する違法な行為をさせているけれども教唆犯として処罰すべきではないから、このように「違法の連帯性」を一部否定すべき場合を説明するためには「**最小従属形式**」が最も妥当だとする意見がある[22]。

　しかし、**これは――「誇張従属形式」を除く――「要素従属性」の議論が共犯処罰のための必要条件を論じたものだということを看過したものである**。そうではなくて、正犯が不法であっても、当該法益が背後者に対しては保護されていないことから、背後者の関与行為は不法でないとすることは、「制限従属形式」の下でも論理的にあり得る。そうでなければ、「極端従属形式」は、正犯に責任がある以上、共犯が責任無能力者であっても責任が連帯して処罰可能だとするものになってしまうであろう。

　加えて、「最小従属形式」は、「違法でない行為に対する共犯が可罰的などとはおよそ考えられない」としてマイヤーが一蹴したものであり、現代日本でも、治療行為として違法性が阻却される手術を依頼した患者家族に「教唆犯が成立することになり、不合理[23]」であると評されていることを忘れてはならない。**現行法の解釈としては、「極端従属形式」と「制限従属形式」の**

　22）　代表して、平野・総論Ⅱ358頁。

　23）　裁判所職員総合研修所監修・前掲注4）385頁。

いずれかを採用するしかないのである。

---

3 | 「共犯の処罰根拠」

[1] 共同正犯の処罰根拠？

　共犯については、1970年代以来、「**共犯の処罰根拠**」という論点が注目を集めている[24]。問題は、それが共同正犯をも含んだ処罰根拠を示すものなのかという点にある。

　結論からいえば、**「共犯の処罰根拠」は教唆犯・従犯に限った処罰根拠を述べるものであり、共同正犯の処罰根拠は正犯の処罰根拠そのものであってここには含まれない**。それは、議論の沿革上も、当然のことなのである。

　たとえば、一部の少数説[25]を除き、犯人蔵匿罪（103条）や証拠隠滅罪（104条）については、蔵匿される犯人ないし自己の刑事事件の証拠を隠滅してもらう者は共同正犯になりえない。争われるのは、これらの者自身もこれらの罪の（狭義の）共犯となり得るかだけである。ゆえに、ここでは、共同正犯は成立し得ないのになぜ共犯は成立し得るのかが問われることになる。

　同様に、真正身分犯には非身分者による共同正犯はあり得ないとする現行法立案時の見解によるなら、非身分者はなぜ真正身分犯の共犯にはなり得るのかが問われることになる。

[2] 共犯としても不処罰となる根拠

　他方、関与者が共犯としても不処罰となる場合には、その根拠を説明することも、「共犯の処罰根拠」論の役割である。たとえば、①**「未遂の教唆」**と呼ばれている問題では、教唆者である捜査員または捜査協力者が正犯を現行犯逮捕するために、最初から未遂に終わらせる意図であることを秘して犯罪を教唆する。この場合に教唆者を犯罪の教唆犯として処罰し得ないことを、「共犯の処罰根拠」から説明するのである。また、②必要的共犯の一種であ

---

24) 代表的な研究として、大越義久『共犯の処罰根拠』（青林書院新社、1981年）。

25) 伊藤渉ほか『アクチュアル刑法各論』（弘文堂、2007年）487頁〔安田拓人〕は、身分犯でないのに、蔵匿される犯人ないし自己の刑事事件の証拠を隠滅してもらう者にも65条1項を適用して、犯人蔵匿罪や証拠隠滅罪の共同正犯が成立し得るとする。

第11章　狭義の共犯　209

る「片面的対向犯」では、わいせつ物の購入者や非弁活動[26]の依頼人が、それぞれわいせつ物頒布罪（175条）ないし弁護士法違反（弁護士法72条、77条3号）の共犯として処罰されないことを説明するのも、「共犯の処罰根拠」論の課題である。さらに、③犯人蔵匿罪や証拠隠滅罪について犯人ないし自己の刑事事件の証拠を隠滅してもらう者は共犯にもなり得ないとする見解を採用した場合には、それを説明するのもこの理論の役割となる。

[3] 惹起説と「違法の連帯性」

ドイツにおいて「共犯の処罰根拠」をめぐる議論を喚起したリューダーセンは、**「純粋惹起説」**と呼ばれる見解を主張した[27]。文字通りこれは**「惹起説」**（Verursachungstheorie）の純粋型なので、まず、その見解からみてみよう。

リューダーセンは、「惹起説とは、共犯者（Teilnehmer——狭義の共犯）はその固有の不法と責任に対して罪責を負う、という結論に帰着する見解である。」と述べている。その上で、共犯の不法（＝構成要件に該当する違法）を正犯の不法から引き出すという考え方は、この考え方と相容れないと主張する[28]。具体的には、何者かが自己の所有物であることを秘して窃盗を教唆して実行させた場合や自己の殺害を教唆して実行させた場合のように、教唆者からみて「他人の」財物の窃取や「他人の」殺害という構成要件該当結果が志向されていない場合には、教唆犯の成立が否定される。言い換えれば、**共犯が成立するのは、共犯者に対して保護されている法益の侵害が志向される場合に限られる**のである。この事情は、ドイツ刑法における犯人庇護や被拘禁者解放のような司法作用に対する罪の場合も同じである。なぜなら、**刑事訴**

---

26) 弁護士法72条は「弁護士又は弁護士法人でない者は、報酬を得る目的で訴訟事件、非訟事件及び審査請求、再調査の請求、再審査請求等行政庁に対する不服申立事件その他一般の法律事件に関して鑑定、代理、仲裁若しくは和解その他の法律事務を取り扱い、又はこれらの周旋をすることを業とすることができない。ただし、この法律又は他の法律に別段の定めがある場合は、この限りでない。」と定め、その違反に2年以下の懲役または300万円以下の罰金を定めている（同法77条3号）。

27) K. Lüderssen, Zum Strafgrund der Teilnahme, 1967. 本書の紹介として、相内信「クラウス・リューダーセン著『共犯の処罰根拠について』（1967年）」金沢法学19巻1＝2号（1976）100頁がある。

28) Lüderssen, a.a.O., [Anm. 27] S.25.

追や刑の執行に関する国家の請求権は、犯人や被拘禁者に対しては保護されていないからである[29]。

　他方、「純粋」惹起説では、侵害される法益が共犯者に対してのみ保護されている場合、正犯は犯罪とならず共犯のみが処罰されることがあり得る。たとえば、自傷行為に対する教唆・幇助である。この場合、自傷行為者は「他人を傷害した」（204条）ものではないがゆえに犯罪とならないが、背後者は、まさに自傷行為者を通じて「他人を傷害した」のであり、それが正当化できなければ傷害罪の共犯としての罪責を負う。同じことは、犯人に彼自身の刑事事件に関する証拠の隠滅を教唆した者にも当てはまる。隠滅される証拠は犯人にとっては「自己の刑事事件に関する証拠」であっても、教唆者にとっては「他人の刑事事件に関する証拠」（104条）だからである[30]。

　もちろん、このような**「正犯なき共犯」**を認める考え方は、激しい批判を浴びることとなった。共犯が正犯を前提とする派生的なものである以上、正犯の不法は共犯の必要条件でなければならないとするのである。したがって、「純粋惹起説」は多くの支持を得ることができず、学説の多くは次の**「混合惹起説」**に向かうことになる。

[4]　身分犯の共犯

　しかし、この点を度外視すれば、**「惹起説」**の最大の特徴は、（真正＝構成的）**身分犯に対する非身分者による共犯を説明できない**ところにある。なぜなら、

---

29) *Lüderssen*, a.a.O., ［Anm. 27］ S.169. ここでは、「期待可能性」による説明が用いられていないことに注意が必要である。そもそも司法作用という法益が犯人や被拘禁者に対しては保護されていないのであれば、「期待可能性」は論じる余地がない。そして、驚くべきことに、わが国でも、大判明治45・1・15刑録18輯1頁では、弁護人が「犯人自身による証拠隠滅の教唆は自己の事件に関する証拠の間接的な隠滅であるから、他人の刑事事件に関する証拠の隠滅を要求する刑法104条の対象とならない」という趣旨の主張を展開していた。そして、大審院は正犯に証拠隠滅罪が成立していることと共犯の従属性（＝連帯性）を根拠としてこれに反論し、犯人による教唆の成立を認めたのである。この事件での弁護人の主張はまさに惹起説に依拠したものであり、大審院の考え方は後述する不法ないし責任共犯説に依拠したものである。

30) 自殺関与規定のないドイツにおいて自殺関与者を他殺の共犯として処罰することは、リューダーセンが「純粋惹起説」を唱えた狙いの一つでもあった。*Lüderssen*, a.a.O., ［Anm. 27］ S.168.

第11章　狭義の共犯　211

公務員でない者は、公務員を通じてであったとしても、公務員の職務の対価である「賄賂」（197条以下）を収受することはできないからである。ゆえに、彼には収賄罪の構成要件該当結果を間接的にでも惹起することはできない。

しかし、リューダーセンによれば、この困難は純粋事実的な性質のものにすぎない。身分犯にとって身分者は結果に至る鍵ではあるけれども、身分者を介して行う攻撃に対しては、その法益は非身分者に対してもなお保護されているというのである[31]。

もっとも、これに対しては逆に、同じ純粋惹起説支持者のシュミットホイザーは、非身分者は自ら法益を侵害し得ないという関係は間接的であっても同じであるから、ここでは共犯に固有の不法は認められず、**身分犯に対する非身分者による共犯は、一般の共犯とは異なる独立の共犯形式を定めたものだ**と解していることに注意しなければならない[32]。とくに、ここでは、「通常の犯罪なら、正犯が機械に置きかわれば、背後者は正犯にかわるのに、構成的身分犯の場合は構成要件実現自体がなくなってしまう[33]」という、身分犯の共犯の特殊性に着目しなければならない。たとえば、収賄罪を教唆するかわりに、「情を知らない公務員を利用する収賄の間接正犯」というものを想像してみたら明らかなように、賄賂であることを知らせずに公務員に金を受け取らせても、賄賂性は供与者と収受者の取り決めによって決まるので、「賄賂の収受」自体が成立し得ない。ゆえに、単純な物理的因果性では、このような共犯の可罰性は説明できない。そこでは、構成的身分犯に対する共犯は、「身分者の義務違反を誘発・助長して身分犯を既遂に至らせる」という内容の、規範の名宛人を拡大する特別の共犯者用構成要件に該当すると見られる。その限りで、一般犯罪に対する「共犯の処罰根拠」としての「混合惹起説」は、ここでは妥当しない[34]。

もっとも、いずれにしても、**「混合惹起説」では、正犯が不法であっても共犯は不法でないことがあり得る**のであり、その限りで共犯者間の違法性は相対化するのである。しかし、その逆、すなわち**正犯が不法でなくても共犯は**

---

31) *Lüderssen*, a.a.O., ［Anm. 27］ S.135ff.

32) *Eb. Schmidhäuser*, Strafrecht Allgemeiner Teil, 1970, 14/57ff., 85.

33) *G. Jakobs*, Strafrecht Allgemeiner Teil, 2. Aufl., 1991, 22/7.

34) これを説明する理論に「結果関係的不法共犯説」というものがある。Vgl., *Jakobs*, a.a.O., ［Anm. 33］ 22/6ff.

不法であるという事態はあり得ない。正犯の不法はあくまで必要条件であり、かつ十分条件ではないからである。

[5] 不法・責任共犯説

このような「惹起説」に対して、共犯は正犯を誘発・助長したことにその処罰根拠があるとする**責任共犯説**ないし**不法共犯説**という考え方がある。前者は正犯を――未遂を含む――罪責に陥れる事態をもたらしたことに共犯の処罰根拠を認め、後者は正犯に――未遂を含む――不法を実現させた点にその処罰根拠を認める。

この考え方によれば、「未遂の教唆」は本来可罰的となる。また、嘱託殺人の嘱託者や自己の蔵匿ないし刑事事件に関する証拠の隠滅を依頼した人物は、犯人蔵匿・証拠隠滅罪の教唆犯となる。現に、自己の刑事事件の証拠隠滅を教唆した人物を同罪の教唆犯とする大判明治45・1・15刑録18輯1頁以来の判例は、正犯に証拠隠滅罪が成立しているという責任共犯説的根拠を挙げて、これを**「防御の濫用」**と呼んでいる[35]。身分犯に関与した非身分者についても、身分者を罪責に陥れまたは不法を実現させた点に共犯としての処罰根拠が見出される。ここには、一方で嘱託殺人の嘱託者は教唆犯として処罰されることはないのに、他方で自己の蔵匿ないし刑事事件に関する証拠の隠滅を依頼した人物はそうでないという矛盾をどのように説明するかという問題がある。

もっとも、不法ないし責任共犯説を採用しても、未遂の教唆者や嘱託殺人の嘱託者、自己の蔵匿ないし刑事事件に関する証拠の隠滅を依頼した人物が共犯として処罰されるという結論は、必然的ではない。「未遂の教唆」については教唆者が法益に対する危険を除去している場合には刑事政策的な理由によって処罰が放棄されるとする説明が可能であるし[36]、「被害者は共犯たり得ない」とか「正犯として期待不可能な場合は共犯としても期待不可能」といった外在的な理由を用いて片面的対向犯の不可罰性を説明することも可

---

35) もっとも、犯人蔵匿罪に関しては、有罪とされるのは身代わり犯人や偽のアリバイ供述を依頼して積極的に捜査を攪乱した事案に限られ、単純な蔵匿では、これを依頼したはずの犯人の罪責は問われない傾向にある。

36) Vgl., *H. H. Jescheck / T. Weigend*, Lehrbuch des Strafrechts AT, 5. Aufl. 1996, S. 688.

第11章 狭義の共犯 213

能である[37]。つまり、**不法ないし責任共犯説は固有の「共犯の処罰根拠」論だ**けでは不可罰性を説明できないというだけであって、別の外在的な根拠を持ち出して不可罰を導くことを妨げるものではないのである。言い換えれば、「被害者だから」とか「期待可能性がないから」といった理由で共犯としての不処罰を説明する方法は、「惹起説」に依拠するものではない。

[6] 犯人による蔵匿・隠滅教唆

　もっとも、**不法ないし責任共犯説に依拠しないで自己の蔵匿ないし刑事事件**に関する証拠の隠滅を依頼した人物を共犯（教唆犯）として処罰することはできない。この点につき、他人を巻き込むことは「法の放任する防御の範囲を逸脱する」のであって、「犯人以外の者が関与することにより司法作用の侵害が類型的に大きくなる」ことを理由に、——「惹起説」と同義と解されている——「因果的共犯論」からも犯人の教唆犯処罰が認められるとする見解がある[38]。

　しかし、証拠隠滅罪を例に取れば、犯人が事情を知らないので同罪の故意のない部下などを多数動員して自己の刑事事件の証拠を隠滅させるほうが、事情を話して証拠隠滅への協力を要請するよりも迅速かつ広範囲に証拠を隠滅でき、ゆえに「司法作用の侵害が類型的に大きくなる」であろう。この場合は、犯人は単独で間接的に「自己の刑事事件に関する証拠の隠滅」をしたのにすぎないので、同罪もその共犯も成立しない。司法作用の罪の本質は犯人を孤立させてその処罰を他人に妨害させないところにあるのであって、隠滅できる証拠の量にあるのではない。ゆえに、**教唆犯を認める見解は、不法ないし責任共犯説を「裏口からこっそり引き入れる」**ものである[39]。

---

37) Vgl., *H. Welzel*, Das Lehrbuch des deutschen Strafrechts, 11. Aufl. 1969, S. 123, 115. しかも、犯人自身が他人を身代わりに立てて自己に対する訴追と処罰を妨害する場合、その行為自体をしないように期待する可能性が全くないわけではない。というのも、仮に犯人隠避罪（104条）の教唆では処罰されないとしても、そのような行為は、軽犯罪法の虚偽犯罪申告罪（軽犯罪法1条16号）の教唆では処罰可能だからである。

38) たとえば、前田雅英『刑法各論講義〔第6版〕』（東京大学出版会、2015年）466頁。

39) 現に、自己の刑事事件に関する証拠の偽造につき、証拠隠滅罪の教唆を認めた札幌高判平成10・11・6判時1659号154頁は、「新たに友人らを巻き込む」犯行であった点を重視している。

第12章

間接正犯および共犯論の諸問題

1 | 間接正犯

[1] 間接正犯の意味

　本章では、共犯に関わる諸問題を扱うが、その前提として、共犯との関係が問題となる**間接正犯**の意味を簡単に確認しておこう。

　間接正犯とは、犯罪を実現するために、まるで犬を飼いならして他人を襲わせ殺害する場合のように、人間を自由で理性的な犯罪主体としてではなく犯罪の「道具」として利用する場合をいう。規範的にみれば、犯罪実現までに、自由で理性的な犯罪主体ではない生き物を使うという点で、飼い犬を用いる殺人の**直接正犯**と異なるところはないのであるが、一応、途中に人間が介在するので「間接」正犯と呼ぶ。現象面からみれば、それは正犯の背後にいる共犯に類似するので、共犯との関係が問われるのである。

　以上の説明から明らかなように、間接正犯において「道具」として利用される人間は、自由で理性的な犯罪主体であってはならない。ここにいう「自由で理性的な犯罪主体」とは、一般に、責任能力があり、実現する犯罪についての事実の認識があって、かつ、強制などによって意思決定の自由を失っていない自然人をいう。ゆえに、間接正犯の「道具」となり得るのは、①心神喪失ないし14歳未満のために責任能力のない者、②当該犯罪の故意のない者[1]、または③当該犯罪の実行について強制などにより意思決定の自由を失っている者ということになる。間接正犯が認められるのは、人間が、このような意味での「道具」として犯罪に利用された場合である（**「道具理論」**）。

---

　1)　したがって、通説によれば、過失行為者を利用する間接正犯はあり得る。

[2] 間接正犯と広義の共犯との関係

　もっとも、学説の一部は、①につき、たとえば12歳程度の少年（少女を含む）は、たいていの犯罪についてそれが悪いことであることは知っているので「是非弁別能力」はあるから、強制されたといった事情が加わらない限り、これを犯罪に利用した者は間接正犯ではなく共犯になると解している。たしかに、**制限従属形式**に依拠すれば、実行者に責任能力がなくても、違法な構成要件該当行為さえあれば、共犯の成立は可能である。しかし、「自由で理性的な犯罪主体」というのは刑法が罪責を負い得る者と規定した規範的な概念であるから、12歳程度の少年に事実として行為の「是非弁別能力」があったとしても、それは背後者を間接正犯とすることの妨げとなるものではない[2]。

　この点につき、最決昭和58・9・21刑集37巻7号1070頁は、12歳の養女に窃盗を——必ずしも意思抑圧とまでは言えない程度に——強要していた被告人につき、「自己の意のままに従わせていた」ことを強調して間接正犯を認め、他方、最決平成13・10・25刑集55巻6号519頁は、12歳の息子に強盗を指示した母親に共同正犯を認めている。第11章でも述べたように、**「要素従属性」**とは、**「誇張従属形式」**を除き、共犯の処罰のために必要とされる、**正犯が実行する「犯罪」に備わるべき要素を意味する。そこでは、「犯罪」という言葉の意味が問題なのであるから、同じことは60条に規定されている「犯罪」にも当てはまる。つまり、共同正犯として共同する必要のある「犯罪」**についても、それをａ）正犯が構成要件を充足したことを意味するとするか、ｂ）正犯が構成要件を違法に充足したことを意味するとするか、ｃ）正犯が構成要件を違法かつ有責に充足したことを意味するとするかの争いがあり得るのである。

---

2) このように、間接正犯の支配力は、規範的な意味で「自由で理性的な犯罪主体」でない者を積極的に利用するところにある。ゆえに、そこにいう支配は「規範的な」ものである。これに対し、高橋・総論436頁以下は、間接正犯の支配を「事実的な」ものと解している。しかし、それでは、後述する最決昭和58・9・21刑集37巻7号1070頁が、12歳の被利用者の意思が完全に抑圧されてはいない事案につき、背後者に間接正犯を認めたことは説明できないであろう。なぜなら、「事実的な」支配のみが重要であるなら、12歳とはいえ、意思を完全に抑圧されていない被利用者を利用する背後者は、共謀共同正犯を最優先に成立させる論者の立場からは、被利用者との共謀共同正犯とされるべきことになるからである。

この点につき、最決平成13・10・25の結論は、 c ）では説明できないこと
は明らかである。また、第10章で説明したように、正当防衛としての暴行の
共同意思を仲間の過剰な暴行に対する共謀だと解さなかった最判平成 6 ・
12・ 6 刑集48巻 8 号509頁の結論は、 a ）では説明できない。
　問題は、最決昭和58・ 9 ・21の理解である。というのも、**単独正犯として
の間接「正犯」は――共同正犯を含む――共犯に優先して成立するため**[3]、そ
の結論はa ） b ） c ）のいずれによっても説明可能だからである。そこで、
それ以後に出た最判平成 6 ・12・ 6 および最決平成13・10・25と整合するよ
うに読むなら、判例はb ）の考え方を採用しているが、最決昭和58・ 9 ・21
では、被利用者が12歳であることと意思に圧力をかける強要があったことと
から、背後の被告人に間接正犯の実体である被利用者に対する支配が認めら
れ、他方、最決平成13・10・25ではそこまでの支配は認められなかったので
共同正犯になったと理解することができよう。

[3]「正犯の背後の正犯」

　もっとも、学説の中には、被利用者が上記の意味での「道具」でない場合
でも、間接正犯を認めるべきだとするものもある[4]。背後者が被利用者の客
体ないし動機の錯誤を利用して犯罪を実行させた場合や、組織の上位者が部
下に拘束力ある命令を出して犯罪を実行させた場合がこれに当たる。この場
合、客体ないし動機の錯誤や組織の命令というだけでは直接行為者の罪責は
否定されないので、直接行為者は直接正犯、背後者は間接正犯というふうに、
正犯の背後に正犯が成立することになる。これを**「正犯の背後の正犯」**と呼
ぶ。
　しかし、前述のように、間接正犯の根拠は――刑法が定める約束事という
意味での――「規範的な」支配に求めるべきであるから、これは妥当でない。
直接行為者が「自由で理性的な犯罪主体」である限り、たとえ客体ないし動
機の錯誤に陥って、または組織からの命令で殺人に及んだとしても、刑法は

---

3)　もっとも、間接正犯が共同正犯形態で実現される場合もある。複数の人物が共同して、責
　　任無能力者や故意のない者、強制されている者を利用して犯罪を実現することはあり得る
　　からである。
4)　高橋・総論437頁、442頁以下参照。ドイツのクラウス・ロクシンなどが、このようなタイ
　　プの「正犯の背後の正犯」を認める。

それを思い止まらなかった直接行為者に一人前の罪責を負わせるのであり、これを「道具」とみるものではない。

[4]「規範的障害」のある「道具」？

　間接正犯には、このほか、④適法行為を利用する場合[5]、⑤目的犯において「目的」のない者を利用する場合[6]、⑥身分犯において「身分」のない者を利用する場合[7]、さらに⑦単純な故意ある道具を利用する場合[8]などが挙げられる。もっとも、このうち、④と⑤は、刑法からみて直接行為者に行為を思い止まるべき動機、つまり行為に出る際の「規範的な障害」がないため、①②③と同じ考え方で間接正犯を説明できるが、⑥については、責任能力や──共犯としての──故意は備わっており、強制されているわけでもない者を、単に身分がないというだけで「規範的障害」のない「道具」と解することはできない。このような「規範的障害」のある「道具」（一般に「**故意ある道具**」と呼ばれる）を利用する間接正犯を認めるべきであろうか。

---

5) たとえば、他人の家に向けて崖の上から岩を落とすことにより、その他人に隣家への緊急避難を余儀なくさせる場合には、緊急避難による住居侵入（130条）や器物損壊（261条）につき、間接正犯の余地がある。襲撃が予想される場所に他人を誘導して正当防衛としての殺人や傷害を余儀なくさせる場合も、考え方によっては、殺人や傷害の間接正犯の余地がある。

6) 通貨偽造罪（148条1項）において、紙幣作りの名人を「行使するつもりはない」と騙して偽の紙幣を作らせる場合が考えられる。もっとも、ドイツ刑法において問題となったのは、次の身分のない道具を利用する場合と同じく、自己が領得する目的がある場合にしか成立しない窃盗罪（1998年改正で他人に領得させる目的も含まれるようになったが）において、他人に領得させるために財物に関する被害者の占有を排除した者と、その背後でこれを依頼した人物の罪責であった。ここでは、直接行為者には「自己領得の目的」がないため窃盗罪の正犯が成立せず、ゆえに、「自己領得の目的」のある背後者を──直接行為者には「規範的障害」があるように思われるにもかかわらず──間接正犯とできるかどうかが議論されたのである。この問題は、「他人に領得させる目的」でも「不法領得の意思」は認められると法改正ないし解釈することで、解決すべきものである。

7) たとえば、公務員が非公務員である秘書や配偶者に指示して、業者からの賄賂を受け取りに行かせたという場合がこれに当たる。直接行為者には身分がないので賄賂収受罪（197条1項）は成立しないため、背後の公務員を──直接行為者には「規範的障害」があるように思われるにもかかわらず──間接正犯とできるかどうかが問題となる。

8) たとえば、当時の食糧管理法に違反するコメの運搬を使用人にさせた会社の代表取締役を、同法違反の間接正犯とすることが考えられる。

この問題は、後述するように、身分犯における実行、たとえば「収受」を、物理的に金銭を手にすることではなく、利益が——民法的という意味で——規範的に誰に帰属したのかを考えて、背後の身分者を「収受」の直接行為者と解することで解決される[9]。ゆえに、「規範的障害」のある「道具」を認める必要はない。

[5]「限縮的正犯概念」と間接正犯

かつて、間接正犯については、一方において**「限縮的正犯概念」**によると自らの手で犯罪を実行した者だけが正犯となるはずであり、他方において共犯が成立するためには直接行為者が構成要件に該当し違法で有責な行為という意味での「犯罪」を実行することが必要なので、自らの手で犯罪を実行せず責任能力のない者を利用したりした人物などは「正犯」としても「共犯」としても処罰されなくなるという「処罰の間隙」を埋めるための「弥縫策」であるといわれたことがあった。しかし、「限縮的正犯概念」というのは総則の「（狭義の）共犯」規定をして各則から処罰範囲を一般的に拡張するものであるとする考え方（**「共犯は刑罰拡張事由」**）をいうのであり、「（狭義の）共犯」規定を本来は正犯であって処罰範囲を縮小するものだとする**「拡張的正犯概念」**と対立するものにすぎない。ゆえに、**「道具理論」によって「正犯」であることが証明される間接正犯は、決して「処罰の間隙を埋める弥縫策」ではない。**

しかし、上記の⑥のような**「身分なき故意ある道具」を利用する「間接正犯」**を認めることは、「限縮的正犯概念」を前提とし「道具理論」に依拠する場合には、不可能である。実は、「弥縫策」という批判は、⑥のようなものをも「間接正犯」とする見解に対して、「拡張的正犯概念」の側から加えられた批判[10]なのである[11]。

---

9) 現に、受託収賄罪に関する東京地判昭和58・10・12判時1103号3頁は秘書に現金を受け取らせた事案について「間接正犯」という文言を用いておらず、また、食糧管理法に違反したコメの運搬に関して最判昭和25・7・6刑集4巻7号1178頁は、使用人にコメを運ばせた代表取締役を、使用人を「自己の手足として判示米を自ら運搬輸送」した「実行正犯」であると評している。ここにいう「運搬」は、取引の主体として、民法にいう「法律行為」に似た規範的概念として理解されているのである。

10) Vgl., *Eb. Schmidt*, Die mittelbare Täterschaft, Frank-Festgabe, 1930, S.106ff.

しかし、この問題は、上記のように構成要件該当行為を法律行為的に把握して直接正犯と解したり、あるいは「目的」を他者に目的があることを認識しつつそれを実現させようとするものでも足りると解したりすることなどにより解決可能であるし、また、そのようにして解決されるべきである。そうでないと、たとえば公務員の私設秘書が業者から秘書としての仕事の対価として金銭を収受することを当該公務員が了承しただけで、金銭を我が物としていないこの公務員に賄賂収受罪が成立することになってしまう。つまり、身分のある背後者が身分のない者に、一見すると真正身分犯の実行のような行為をさせただけで、真正身分犯の間接正犯が成立することになってしまうのである。

[6]「自手犯」

もっとも、犯罪の中には自らの手で実行しないと正犯になれない**「自手犯」**というものもある。無免許運転のような「運転」それ自体を正犯の不可欠の要素とする犯罪がそれにあたる。自動二輪の無免許運転をしていることを認識していない者にこれを運転させた人物の間接正犯を否定した裁判例として、岡山簡判昭和44・3・25刑月1巻3号310頁がある[12]。

危険運転致死傷罪（「自動車の運転により人を死傷させる行為等の処罰に関する法律」2条以下）もまた、「自手犯」である。現に、最決平成30・10・23裁時1710号9頁は複数の自動車で意を通じて赤信号を共に無視して運転した被告人らに同罪の共同正犯を認めており、他方、最決平成25・4・15刑集67巻4号437頁は酩酊運転の車にそれを了解して同乗した人物には同罪の幇助し

---

11) この経過を明らかにするものとして、市川啓「間接正犯論の歴史的考察（3）」立命館法学368号（2016年）1066頁。

12) その判決理由では、「間接正犯とは、他人を道具に使って自己の犯罪を実行することをいうものであるところ、自動車または原動機付自転車の運転については、道路における危険防止と、交通の安全および円滑を図るため、道路交通法第64条、第84条第1項、第85条等により、自動車または原動機付自転車を運転しようとする者は、その運転しようとする車輛の種類に応じ、公安委員会の運転免許を受けなければならない旨を規定しているが、これは右の危険等を伴う車輛の運転行為の特質上、車輛の種類に応じた運転免許の有無を基準として、それに応じた免許を有しない者が、当該車輛を運転したときは、その運転行為を直接に実行した者自体の直接正犯行為として評価され、他人を道具として利用する間接正犯の形態においては犯されないものと解するを相当とする。」と判示されている。

か認めていない。

2 │ 共犯と身分

[1] 身分犯の定義

　身分犯とは、犯罪の主体が特定の地位等の一身的な事情つまり**身分**を有する者に限定されている犯罪をいう[13]。その中には、**行為が犯人に身分があることによって初めて犯罪**[14]**として処罰されるもの**である**構成的身分犯**ないし**真正身分犯**（65条1項）と、身分の有無にかかわらずその行為は犯罪として処罰されるが、身分の有無によって法定刑に軽重がある**加減的身分犯**ないし**不真正身分犯**（65条2項）がある。収賄行為が「公務員」という身分があることによって初めて処罰されることになる収賄罪（197条以下）は真正身分犯であり[15]、医師等の身分があることによって不同意堕胎行為の法定刑が不同意堕胎罪（213条）より重くなる業務上堕胎罪（214条）は不真正身分犯である。

　これらの身分犯に身分のない者が共犯として関与した場合、刑法は、真正身分犯については「身分のない者であっても、共犯とする。」（65条1項）と定め、不真正身分犯については「身分のない者には通常の刑を科する。」（65条2項）と規定する[16]。真正身分犯に関与した非身分者の刑については、何も述べられていないため、一般にこれは、身分者に対して定められた法定刑で処断するものと解されている。その結果、たとえば単純収賄罪（197条1項前段）を公務員に教唆した非身分者は収賄した公務員と同じ5年以下の懲役で処断されるが、業務上堕胎罪を医師に教唆した非身分者は、3月以上5年以下の懲役ではなく、2年以下の懲役で処断される。

---

13) ゆえに、一般の理解に反し、**横領罪（252条）は、明文では行為主体を限定されていないので身分犯ではない**。したがって、横領罪と遺失物等横領罪（254条）とは、どちらも他人の物の横領をその行為とするが、委託物と遺失物等という行為客体を異にする罪であり、「身分によって特に刑の軽重がある」という関係にはないのである。

14) 沿革上、**「違警罪」**と呼ばれ「犯罪」と区別されていた**「軽犯罪」**（軽犯罪法1条）は、ここにいう「犯罪」には含まれない。

15) もっとも、様々な特別法により、収賄行為は公務員以外についても犯罪とされている。たとえば、仲裁法50条以下は仲裁人に公務員と同じように様々な収賄罪を規定しており、また、競馬法32条の2も、「調教師、騎手又は競走馬の飼養若しくは調教を補助する者」につき、賄賂の収受、要求、約束を犯罪としている。

第12章　間接正犯および共犯論の諸問題　221

[2] 刑法65条の矛盾

　ここでちょっと考えてほしい。ということは、法定刑の上限は同じ5年の懲役なのに、身分のない者でも処罰される不同意堕胎行為に関わった非身分者の方が、身分のない者は処罰されない収賄罪に関わった非身分者より処断刑が軽くなるのである。言い換えれば、**身分のない者に対しては犯罪とされない行為に関わった方が重く処罰される**ということである。これは、何か変ではないだろうか。しかも、そもそも贈賄者から収賄をもちかけても、収賄罪（刑の上限は単純収賄、事前収賄、事後収賄、第三者供賄、あっせん収賄で5年、受託収賄で7年、加重収賄では20年の懲役）より刑の軽い贈賄罪（刑の上限はどの収賄に対しても3年の懲役）にとどまるのである。なぜ、**収賄側の共犯者は贈賄者より不利に扱われなければならないのであろうか。**

　また、そもそも、公務員に収賄が禁止されるのは、「全体の奉仕者」（憲法15条2項）としての公務員の職責を理由とするはずである。それなのになぜ、非公務員による共犯は公務員と同じ法定刑で処断されるのであろうか。

　これに対しては、**真正身分犯に関与した非身分者については、減軽規定を設けるべきである**という考え方もある[17]。現に、ドイツ刑法はこれについて必要的減軽規定を置いている（ドイツ刑法28条1項）。しかし、必ず減軽すべきではない場合もあるかもしれない。任意的減軽でよいであろう。また、後述するように、**刑法62条2項の拡張ないし類推適用の余地を認めるべきである。**

[3]「身分によって構成すべき犯罪」か「身分によって構成すべき犯罪行為」か？

　65条1項は**「犯人の身分によって構成すべき犯罪行為」**と述べている。こ

---

16) 65条1項を行為の違法性に関する身分（**「違法身分」**）の連帯作用を定めたもので同条2項は行為者の責任に関する身分（**「責任身分」**）の個別作用を定めたものであるから、一見すると加減的身分犯であるようにみえる特別公務員職権乱用罪（194条）と監禁罪（220条）についても、65条2項ではなく同条1項を適用すべきだとする見解がある（西田・総論436頁以下）。特別公務員職権乱用罪では「公務員」という身分は同罪の国家的法益に対する罪という性格を決定するものだからである。しかし、**そのような解釈は65条の文言を超えて行為者に不利益な類推となるばかりでなく、そもそも「制限従属形式」にいう「違法性の連帯」は共犯の処罰には正犯行為に違法性が必要だという意味での「必要条件」を意味するにすぎないことを看過した論理的なミスである。**

17) 佐伯千仞『共犯理論の源流』（成文堂、1987年）33頁、168頁。

の言葉は、上述のように、**「犯人に身分があることによって初めて犯罪として処罰される行為」**という意味である。そうでなく「身分によって構成すべき犯罪」つまり「身分があることで初めて成立する犯罪」という意味だとすると、不真正身分犯であるはずの業務上堕胎罪も、医師等の身分があることで初めて成立する犯罪なので、真正身分犯ということになってしまう。これは条文の読み違いである[18]。

このような読み違いが議論を混乱させているものに、事後強盗罪がある。大阪高判昭和62・7・17判時1253号141頁は、この罪につき、「<u>事後強盗罪は、暴行罪、脅迫罪に窃盗犯人たる身分が加わって刑が加重される罪ではなく</u>、窃盗犯人たる身分を有する者が、刑法238条所定の目的をもって、人の反抗を抑圧するに足りる暴行、脅迫を行うことによってはじめて成立するものであるから、真正身分犯であって、不真正身分犯と解すべきではない。」（下線筆者）と述べている。

この論法を用いるなら、「<u>業務上堕胎罪は、同意堕胎罪に医師たる身分等が加わって刑が加重される罪ではなく</u>、医師たる身分等を有する者が、女子の嘱託を受け、又はその承諾を得て堕胎させる行為を行うことによってはじめて成立するものであるから、真正身分犯であって、不真正身分犯と解すべきではない。」ということになろう。正しくは、「<u>暴行・脅迫は、窃盗犯人たる身分が加わって初めて犯罪となる行為ではなく</u>、窃盗犯人たる身分を有する者が、刑法238条所定の目的をもって、人の反抗を抑圧するに足りる暴行、脅迫を行うことによって暴行罪、脅迫罪よりも刑が加重されるものであるから、事後強盗罪は不真正身分犯であって、真正身分犯と解すべきではない。」と述べるべきであった。つまり、<u>問題は「犯罪」ではなくて「行為」なのである</u>[19]。

[4] 身分のない者と真正身分犯の共同正犯

ところで、65条1項は、**「加功したとき」**と述べている。これは、現行刑

---

18) 不真正身分犯にも65条1項が適用され、同条2項は科刑のみを定めたものだとする学説（団藤・総論420頁、大塚・総論331頁、福田・総論293頁）では、やはり「身分によって構成すべき犯罪行為」を「身分によって構成すべき犯罪」と読むことになろう。しかし、旧刑法以来の沿革を有する65条2項を、現行刑法になって初めて設けられた同条1項を前提にした単なる科刑規定だと読むことには無理がある。

第12章　間接正犯および共犯論の諸問題　223

法の立案過程において、「身分のある者に依って構成する罪であるから、身分の無い者が共に犯すと云う筈はない」という理由で、原案の「犯人の身分により構成すべき罪を共に犯したるとき」という表現を修正したものであった[20]。つまり、身分のない者は身分犯を実行することはできないので、「共に犯したるとき」という表現は適当でないというのが、その理由だったのである。単純収賄を例に取れば、公務員でない者は、公務員の職務を手伝う仕事はしていても、そもそも公務員としての職務はないのであるから、その職務の対価としての賄賂を収受することなど——公務員と共同してであっても——できないのである。できるのは、公務員が行う収賄を手伝ったりそれを唆したりすることだけである。

　しかも、第10章で述べたように、現行法の立案段階では、共謀のみの者の共同正犯は認めない趣旨であったので、真正身分犯については実行共同正犯も共謀共同正犯もあり得ないことになる。ゆえに、結局、**「犯罪行為に加功したとき」という文言は共同正犯を含まないことになる**。

　しかし、大審院は、一方で、共謀のみによる共同正犯を認め、他方で、非身分者も共謀することは可能であると解することで、現行刑法成立直後から、非身分者も構成的身分犯の共同正犯になりうると述べていた（大判大正3・6・24刑録20輯1329頁、大判昭和7・5・11刑集21巻614頁）。なお、物理的意味での文書の作成が可能な虚偽公文書作成罪では、すでに大判明治44・4・17刑録17輯605頁、大判明治44・4・27刑録17輯687頁が、非身分者による共同正犯を認めていた。

　大審院が、このように、立法の初期から立案当局者の考え方を無視していた理由は、それ自体、興味深い出来事であるが、いずれにせよ、実行の共同があり得ない真正身分犯については、実行共同正犯に匹敵するような意味での**「自己の犯罪」はあり得ない**であろう[21]。なぜなら、収賄罪では、公務員

---

19) しかも、この大阪高判昭和62・7・17は、事後強盗としての暴行を行った窃盗犯人が量刑不当を理由に控訴してきた事案に関するものであって、暴行のみに関与した人物に関するものではない。ゆえに、引用した判示部分は全くの**傍論**なのである。**事後強盗罪の法的性格を正面から論じた最高裁判例は未だ存在せず、ゆえに何が判例なのかは未定というべきであろう。**

20) 倉富勇三郎ほか監修、松尾浩也増補解題『増補刑法沿革綜覧』（信山社、1990年）944頁以下参照。

でない者は「その職務に関し、賄賂を収受」することはあり得ないのである
から[22]。

[5] 65条2項の拡張と類推

反対に、65条2項については、たとえば贈賄者は公務員に賄賂収受を教唆
しても3年以下の懲役でしか処罰されないのであるから、**いっそのこと、賄
賂を収受した──またはその要求もしくは約束をした──公務員本人以外の共
犯者は、すべて贈賄罪の法定刑で処断すべきことにしたほうが合理的である。**
なぜなら、これにより贈賄側と収賄側を仲介した人物の処断に困ることがな
くなるし、そもそも、仲介者が公務員であっても自らは「賄賂を収受しては
ならない」という規範を破っていない以上、その者自身には公務員としての
職務規律違反はないからである。つまり、ここでは、収賄側の法定刑と贈賄
側の法定刑を65条2項の関係にあるとみて、贈賄側の法定刑を──自らは賄
賂を収受しない公務員を含む──共犯者全体に適用できるとするべきなので
ある。

同じことは、公務員たる医師が公務所に提出すべき虚偽の診断書を作成し
た場合の虚偽公文書作成罪（156条）と虚偽診断書作成罪（160条）、「生存に
必要な保護をしなかったとき」に関する保護責任者遺棄罪（218条）と遺棄
罪（217条）との関係にも当てはまる。もっとも、その理由は異なる。前者
については、同じ「公務所に提出すべき診断書、検案書又は死亡証書に虚偽
の記載をした」（160条）**行為**が「身分によって特に刑の軽重があるとき」（65
条2項）に当てはまることを理由とする。これに対し、後者については、
「老年、幼年、身体障害又は疾病のために扶助を必要とする者を遺棄」（217
条）する**行為**が保護責任者という「身分によって特に刑の軽重があるとき」
に当てはまるので「身分のない者には通常の刑を科する」（65条2項）こと

---

21) なお、最決昭和40・3・30刑集19巻2号125頁では身分犯とされた旧強姦罪（177条：現強
制性交等の罪）は、行為主体を男性に限定しておらず女性でも手段たる暴行・脅迫は可能
であるから真の身分犯ではなく**擬似身分犯**である（同旨、団藤・総論422頁、山口・総論
37頁、346頁）。

22) このような問題があるにも関わらず、裁判所職員研修『刑法総論講義案〔四訂版〕』（司法
協会、2016年）77頁等は、真正身分犯を例外とすることなく、正犯を「自ら犯罪を実行し
た者」「自己の犯罪を行った者」と定義する。

第12章　間接正犯および共犯論の諸問題　225

になるのに、「その生存に必要な保護をしな」（218条）いという行為のみを
「犯人の身分によって構成すべき犯罪行為」（65条1項）として保護責任者で
ない者を重く処罰するのは——いっそ遺棄しておいた方が刑が軽かったとい
う——アンバランスを生むからである[23]。

[6] 補論：特別法上の身分犯に関する注意事項

　特別法上の身分犯については、特に注意を払う必要がある。普段、あまり刑
事事件にならないのでこれに不慣れな実務家が多いためである。第1章で指
摘した**破産法上の虚偽説明罪**に関して、同罪の身分のない被告人が、身分者
と共謀の上で実行した虚偽説明に同罪を認めた最決平成29・6・7 LEX/
DB25546821は痛恨のミスであるが、これは、いわば業者が私設秘書つまり
非公務員に贈り物をするというので公務員が秘書に受け取りを勧めた場合に、
この私設秘書に収賄罪を認めるようなものである。

　前述のように、非身分者を仲介させた真正身分犯については、間接正犯に
よるのではなく、身分者自身が当該規範の意味で直接正犯となるか——収賄
では彼が賄賂を「収受」したか——否かを検討すべきである。これを曖昧に
したまま身分者と非身分者の共謀共同正犯という構成に逃げると、身分者が
実行したという点が曖昧になる。

　また、虚偽説明罪については、破産法40条1項に定める説明は、説明義務
者が「口頭ですることを要し、説明請求権者が応諾しない限り書面等により
報告することは許されない[24]」とする解説がある。これは、破産管財人の質
問に対する説明が審尋の形態を取ることを理由とするようである。ゆえに、
破産者でなくその代理人に破産者からの回答を得て書面で説明をさせるとい
うのも、同罪の予定する説明ではないであろう[25]。

---

23) これに対して、アンバランスを回避するために、「遺棄」の場合でも保護責任者遺棄罪は
　　真正身分犯だとする見解もある（たとえば西田・各論35頁）。しかし、それは罪刑法定原
　　則に反する行為者に不利益な解釈である。他方で、不保護への関与を不可罰とする見解
　　（山口厚『刑法各論〔第2版〕』〔有斐閣、2010年〕37頁以下）も、「身分者に身分犯を実現
　　させる」という真正身分犯に関する共犯の処罰根拠からみて妥当でない。

24) 竹下守夫編集代表『大コンメンタール破産法』（青林書院、2007年）157頁〔菅家忠行〕は、
　　破産法40条1項に定める説明は、説明義務者が「口頭ですることを要し、説明請求権者が
　　応諾しない限り書面等により報告することは許されない。」と述べている。

さらに、行為規範を先に規定し、罰則を末尾にまとめてある行政刑法では、主体を異にする複数の身分犯が一つの条にまとめられていることがある。たとえば**雇用保険法**85条柱書は「<u>被保険者、受給資格者等、教育訓練給付対象者又は未支給の失業等給付の支給を請求する者その他の関係者</u>が次の各号のいずれかに該当するときは、6箇月以下の懲役又は20万円以下の罰金に処する。」（下線筆者）と規定しているが、その1号では「被保険者」を主体とする罪が、2号では「被保険者、受給資格者等、教育訓練給付対象者又は未支給の失業等給付の支給を請求する者」を主体とする罪が、3号では「その他の関係者」を主体とする罪が、それぞれ規定されている。そのため、ある事件において検察官は被告人を「その他の関係者」でありながら同条1号の罪で起訴し、第1審判決もこれに有罪を言い渡すというミスを犯した。幸い大阪高判平成11・12・10判タ1064号287頁がこのミスに気づき、「雇用保険法85条1号は、処罰対象者が日雇労働被保険者に限定される身分犯であると解釈するのが正当である。」と述べて原判決を破棄した。しかし、控訴しなかった人物は救われていないのである。

3 ｜ 承継的共犯

[1]「タイムマシン理論」？

　承継的共犯とは、すでに犯罪の実行を開始している者（先行者）に対して途中から加担し、同様の犯罪を行った場合に、途中加担者にも実現された犯罪の共犯が成立する場合をいう。一見すると、加担前に先行者によって開始された犯罪を「承継」しているように思えることから、「承継的」共犯と呼ばれる。このうち、途中加担者が共同正犯になる場合を、特に**承継的共同正犯**と呼ぶ。

　たとえば、a）甲が被害者に暴行を加えているところに出くわした乙が、甲と意を通じて、その後は一緒に暴行を加え、その結果、被害者が重傷を負った場合、乙もまた甲と共に、生じた傷害結果全体について承継的共同正犯となるとか、b）甲が強盗の意図で被害者に暴行を加えてこれを失神させた

25）にもかかわらず、東京地判平成30・3・16 LEX/DB25449443は、このような書面による間接的な説明について本罪の成立を認めている。

第12章　間接正犯および共犯論の諸問題　227

ところに乙がやってきて、甲と意を通じて被害者の着衣から財布や時計その他金目のものを盗んだ場合、乙もまた甲と共に、強盗罪について承継的共同正犯となるというふうに。

そこでは、一般に、**先行者が作り出した状態を認識しつつこれを自己の犯罪遂行の手段として積極的に利用した場合に承継的共同正犯が認められる**とされてきた[26]。

しかし、この世にはタイムマシンはなく、また、未来においてもそれが発明されたようには思われない。未来で発明されているなら、我々はすでにどこかで「未来人」に出会っているはずであるが、そのような話は聞いたことがないからである。ゆえに、途中加担者が影響を与えることのできない加担前の行為について罪責を負うなどということは、常識的に考えられないはずである。そこで、「承継的」共犯なるものはありえないとして、端的にその存在を否定する見解も多い[27]。a）では、乙が加担した後にどのような傷害が生じたか不明な場合には、乙は加担後の暴行罪の限度で甲と共同正犯になり、b）では、乙は加担後の財物の窃取についてのみ、窃盗罪の限度で甲と共同正犯になるというのである。

たしかに、この世にはタイムマシンはないのであるから、加担前の出来事も遡って途中加担者に帰責されるというのは非常識である。そこで、最決平成24・11・6刑集66巻11号1281頁は、a）タイプの事案に関して「被告人は、共謀加担前にＡらが既に生じさせていた傷害結果については、被告人の共謀及びそれに基づく行為がこれと因果関係を有することはないから、傷害罪の共同正犯としての責任を負うことはなく、共謀加担後の傷害を引き起こすに足りる暴行によってＣらの傷害の発生に寄与したことについてのみ、傷害罪の共同正犯としての責任を負うと解するのが相当である。」と述べた。傷害罪に関しては、「タイムマシン理論」は否定されたのである。

---

26) 恐喝罪について、たとえば大阪高判昭和62・7・10高刑集40巻3号720頁。

27) 浅田・総論436頁等。他方、山口・総論373頁は、先行者の脅迫・欺罔などによって生じた状態を利用する途中加担者に「不作為による脅迫・欺罔」を認める。しかし、論者も認めるように（山口・総論376頁）、これでは被害者を殺害することによる強盗の先行者に、殺害後に途中加担した者は強盗罪の共犯とはなれず、他方で、先行者が立ち去った後にやってきて、脅迫・欺罔等の効果が残っている被害者から財物を得た人物に、不当にも、脅迫・欺罔等による強盗・恐喝・詐欺の罪が成立してしまう。

もっとも、ときおり、大判昭和13・11・18刑集17巻839頁が強盗致死罪の「承継」を認めたものとして挙げられることがある。しかし、それは、強盗罪の従犯しか認めなかった原判決に対して被告人側のみが上告したもので、原判決の宣告刑（懲役2年）を不利益変更できなかったために、原判決を破棄しつつも、同じ懲役2年を言い渡したものである。この宣告刑は、強盗致死罪の法定刑の下限（無期懲役）を従犯および酌量減軽しても届かないほど軽いものであった。つまり、被告人を強盗致死罪の従犯としたのは、本判決の結論から見れば「傍論」であって、先例的価値を持たないものだったのである。ゆえに、その後の下級審判例は、これに従っていない[28]。

[2] 何罪の共犯か？

もっとも、強盗罪のような、手段行為と目的行為が結合されたタイプの結合犯については、事情は異なる。この場合には、途中加担者は目的行為によって生じる「犯罪の結果について因果関係を持ち、犯罪が成立する場合があり得る[29]」ので、犯罪の結果発生に寄与したという意味で、当該犯罪の共犯となることは可能なのである[30]。ゆえに、この場合、**途中加担者は加担後の行為について共犯として罪責を負い得る**。

もっとも、**それは先行者と途中加担者との間に共犯関係がある限りにおいてである**。たとえば、先行者が強盗を単独で終了した後に、被害者が抗拒不能状態にあることを利用して財物を窃取する者は、先行者との間に共犯関係が成立しないので、窃盗の単独犯にとどまる。

残るのは、**加担後の行為を何罪の共犯として評価するか**という問題である。そして、強盗、恐喝、詐欺等の結合犯については、先行者が開始したこれらの罪を既遂にすることに、あるいは完成させることに寄与したとして、これ

---

28) 結果的加重犯において傷害結果の「承継」を否定したものに、東京高判平成16・6・22東高刑時報55巻1～12号50頁、東京高判平成17・11・1東高刑時報56巻1～12号75頁、東京高判平成21・3・10東高時報60巻1～12号35頁等がある。

29) 最決平成24・11・6刑集66巻11号1281頁に付された千葉勝美裁判官の補足意見。

30) 注意すべきは、強盗致死傷罪のように、死傷結果の有無によって既遂か否かが左右される結果的加重犯においても、加重結果の発生後に加担した者については、基本犯である強盗罪の既遂結果発生に寄与したことを理由に、加担後の行為について同罪の共犯となることである。

らの罪の共犯として評価してもよいであろう。しかし、それは、「すでに発生し終わった結果についても責任を負うかどうかとは、別の問題[31]」なのである。

[3] 「自己の犯罪」は「承継」の要件か？

その際、承継的共同正犯の要件として「自己の犯罪遂行の手段として積極的に利用した」ことが重視される。しかし、この「積極的利用」は、「承継」の要件ではなかろう。というのも、「積極的利用」なく、ただ命令されて仕方なく途中から手伝ったとしても、途中加担者は従犯にはなるからである。ゆえに、**「自己の犯罪遂行の手段として積極的に利用した」という要件は、「承継」的共犯の要件ではなく、承継的「共同正犯」の要件と考えるべきであろう**。その点では、**承継的共同正犯と承継的従犯の区別は、一般的な共同正犯と従犯の区別問題の応用にすぎない。ゆえに、共同正犯については「承継」を否定しつつ従犯については認めるという区別をする必要もない**[32]。

[4] 「だまされたふり作戦」と「受け子」

このようにしてようやく克服されたかにみえた「タイムマシン理論」であるが、第9章で述べたように、最決平成29・12・11刑集71巻10号535頁は、加担行為に結果発生ないしその促進の危険があるか否かを検討せずに、「だまされたふり作戦の開始いかんにかかわらず、被告人は、その加功前の本件欺罔行為の点も含めた本件詐欺につき、詐欺未遂罪の共同正犯としての責任を負うと解するのが相当である。」と述べ、加担後の行為の危険性ではなく、加担前の「欺罔行為と一体のものとして予定されていた本件受領行為に関与

---

31) 平野・総論Ⅱ383頁。

32) したがって、「積極的な利用意思に基づき自己の犯罪遂行の手段として利用したということが、<u>過去に他人が生じさせた事実につき刑事責任を負わせる根拠にはなりえない</u>」（井田・総論520頁。下線筆者）として承継的共同正犯を否定しながら、先行者甲が「すでにその犯行を抑圧した時点ではじめて乙が介入し、財物奪取のみを助けたというケースにおいて、<u>正犯意思が欠けるときであれば、共同正犯ではなく……、幇助犯の成否が問題となる。</u>」（井田・前掲546頁。下線筆者）として承継的共犯を肯定するという矛盾した態度を取る必要はない。そもそも後者の事例において正犯意思があったときはどうするのであろうか。

している」ことを、つまり「承継」理由に、詐欺未遂罪に対する「受け子」の共同正犯を認めてしまった。これは理論的な後退を意味するのではないかと懸念されるところである。すでに述べたように、**この決定の先例的意義は、「具体的危険説」に依拠して加担後の行為に危険があることを理由に「受け子」の罪責を認めた原審の結論を是認した事例判例という程度にとどめておいたほうがよいであろう。**

4 │ 共犯と錯誤

[1]「共犯と錯誤」の意味

「共犯と錯誤」とは、共犯者間に実行する予定の犯罪の認識について食い違いがあったり、自己の関与形式を根拠づける事実について錯誤があったりする場合をいう。たとえば、暴行の共同者のうちの一部が殺意を持っており、激しい暴行によって被害者が死亡した場合には、殺意を持っていた者の殺人罪と殺意のなかった者の傷害致死罪が、傷害致死罪の限度で共同正犯となる（最決昭和54・4・13刑集33巻3号179頁）。また、教唆者が窃盗を教唆したのに正犯が強盗をした場合は、教唆者には窃盗罪の教唆が認められる（最判昭和25・7・11刑集4巻7号1261頁[33]）。

このように**共犯に錯誤がある場合の処理は、基本的には単独犯の場合と異ならない。**それも、厳密には、共犯者間に実行する予定の犯罪の認識について食い違いがある場合、**認識された行為と実行された行為に共通する最も重い犯罪が成立するのであって、「構成要件の重なり合う限度で成立する犯罪」が成立するのではない。**たとえば依頼者甲はライバル会社の管理職乙に、その管理する機密情報の記録された資料の持ち出しという意味で業務上横領を期待したのに、乙はその間に別の部署に異動をしたので、結局当該機密資料を窃取したという場合[34]には、業務上横領罪と窃盗罪との「構成要件の重なり合い」では刑法上の財産犯は成立しない。「自己のみが占有する物」と「他

---

33) もっとも、この判決は、正犯が教唆された被害者宅への侵入をあきらめた後、新たに別の被害者宅に侵入して強盗を実行した事案につき、教唆と実行との間の因果関係が疑わしいとして、住居侵入窃盗の教唆を認めた原判決を破棄したものである。**この判断は、共謀共同正犯における「共謀の射程」を考える上でも参考になるものである。**

34) これは、2015（平成27）年度の司法試験論文式刑事系第1問の事案である。

第12章　間接正犯および共犯論の諸問題　231

人の占有する物」との間には重なり合いはないからである。もちろん、「横領」（＝「不法領得」）と「不法領得の意思での窃取」も重ならない。

　そうではなくて、認識された行為と実行された行為に共通する犯罪を探すべきである。この事例では、乙が管理する機密資料の持ち出しと乙が務める会社にある機密資料の窃取は、会社に対する財産擁護義務を負う事務処理者としての任務の違背という点で、いずれも背任罪に当てはまる行為である[35]。ゆえに、甲は、背任罪の限度で乙と共犯になる。ここでも、**決定的なのは、「構成要件の重なり合い」ではなく「認識された行為と実行された行為に共通するもの」**である。

［2］ 正犯者の客体の錯誤

　さらに争われるのは、**正犯が客体の錯誤を犯した場合に、背後の共犯にとってもこれは客体の錯誤なのか、それとも方法の錯誤なのか**という点である。たとえば、教唆者はＡという人物を殺せと言ったのに、正犯はＡによく似たＢをＡと思い込んで殺してしまったという場合である。**（抽象的）法定的符合説**を採用する場合には結論に違いはないが、いずれの錯誤かで結論の異なる**具体的（法定）符合説**では重大問題である。しかし、教唆者の心理を基準に考えれば、素直に方法の錯誤とみるべきであろう。

　もっとも、教唆者は正犯がよく似た人物をまちがえて殺すリスクも負うべきだと考えれば、正犯の場合とは異なる基準で符合を認めることも考えられないではない。学説には、教唆者が指示した容貌の者を殺した場合には、教唆者にとっても客体の錯誤だとする見解もある[36]。しかし、ここで異なる基準を持ち出すことはあまり説得的でなく、**よく似た人物が殺される可能性についての未必の故意がない限り、通常の方法の錯誤の処理に従うべきであろう。**

［3］ 間接正犯と共犯とにまたがる錯誤

　これについては、第11章において、正犯の故意の有無に関する教唆と間接正犯とにまたがる錯誤において軽い教唆犯を認めることは、故意を構成要件

35）窃盗一般が背任ともなるのではなく、たまたま本問では、従業員の窃盗が会社に対して背任行為となるがゆえに、背任罪の限度で共犯が成立するのである。

36）平野・総論Ⅱ387頁。

の要素とする体系と論理的に矛盾することを指摘している。

そもそも、「要素従属性」における制限従属形式への従属性の緩和は、正犯が責任能力者であると誤想して幇助した者に従犯の成立を認めるためのものであった[37]。なぜなら、正犯の要素は共犯処罰の必要条件だからである。

5 | 共犯の中止

[1]「実行」しない共犯者と中止未遂規定

43条は「犯罪の実行に着手してこれを遂げなかった者は、その刑を減軽することができる。ただし、自己の意思により犯罪を中止したときは、その刑を減軽し、又は免除する。」と規定する。これは、「ただし」以下の中止の主体も「犯罪の実行に着手してこれを遂げなかった者」であるという意味であろう。つまり、「遂げなかった」原因が「自己の意思」にあるときに、刑の必要的減免が認められるのである。

そこで、**自らは「犯罪の実行に着手」しない共犯者が「自己の意思」によって、すでに着手している実行正犯者の既遂を阻止した場合には、その者には43条但書は適用されうるのであろうか**という問題が浮上する[38]。これが、**共犯の中止**と呼ばれる問題なのである。

この問題は、第9章で述べたように、本来は立法的に解決されるべきものである。現に、ドイツ刑法はその24条に「共犯の中止」に関する特別規定を置いている。解釈では被告人に有利な類推をするしかないが[39]、日本でも法改正を考えたほうがよいであろう。

[2]「共犯関係解消」後の中止未遂の適用

共犯者のうちの一部の者が実行の着手後に犯罪を中止しようとして他の共

---

37) この点につき、松宮孝明『刑事立法と犯罪体系』（成文堂、2003年）223頁以下および *M. E. Mayer, Aschrott = Liszt* (hrsg.), Die Reform des Reichsstrafgesetzbuchs, 910, S.355ff. 参照。

38) ここで、共犯にも43条にいう「実行」があるのだと解してしまうと共犯自体に未遂が認められることになり、**実行従属性**が否定されてしまう。このように解する見解が、「**共犯独立性説**」である。

39) 平野・総論Ⅱ384頁のように、中止犯の規定を「正犯に準じて」適用するしかない。

第12章　間接正犯および共犯論の諸問題　233

犯者と仲間割れ状態になった場合には、第10章で述べたように、「**共犯関係の解消**」が認められる余地がある。そして、その結果離脱者が未遂の罪責しか負わない場合には、これは「自己の意思により犯罪を中止した」(43条但書) 結果であるから、離脱者には中止未遂を理由とする刑の必要的減免が認められるであろう[40]。

　しかし、「共犯関係の解消」はあくまで解消以後の出来事については罪責を負わないというにとどまるうえ、監禁罪のような**継続犯**の途中での解消や、恐喝行為による財物の交付がまだ途中であるときの解消もあり得るので、中止未遂による刑の必要的減免は、「共犯関係の解消」とは独立して検討される必要がある。この場合には、「自己の意思により犯罪を中止した」とは、「自己の意思により共犯関係を解消した結果として未遂となった」ことを意味する。それ以外は、通常の中止未遂の要件を充たせばよいであろう。

---

6 ｜ 必要的共犯

[1]「必要的共犯」の定義と種類

　構成要件上単独では実行できない犯罪を**必要的共犯**という。たとえば内乱罪 (77条) や騒乱罪 (106条) は、一緒になって暴動や暴行・脅迫を行ってくれる仲間がいなければ成立しないし、収賄罪 (197条以下) は贈賄者 (198条参照) がいないと成り立たない。単独で実行可能な犯罪の場合の**任意的共犯**と区別される。そのうち、とくに皆が同じような行為を一緒になって行う必要のあるものを**集団犯**または**多衆犯**といい、贈賄と収賄のように対になる行為が必要なものを**対向犯**という。このほか、談合罪 (96条の6第2項) や凶器準備集合罪 (208条1項) のように、対向的関係でなく集団といえるほどの多数も要しない**会合犯**というタイプがあるとする見解もある[41]。

---

40) 大塚・総論348頁は「離脱者は当該共同正犯を中止させるにいたったわけではないので、中止犯とならないことは当然である。」として、中止未遂規定の適用を認める論者は「中止犯の適用を不当に拡張するもの」と評する。しかし、着手後に自己の意思によって共犯関係を解消するためには自己の犯行寄与を打ち消すだけの犯行阻止の措置が要求されるのであり、その結果として「自己の意思」により未遂にとどまるのであるから、そのような措置を奨励するために刑を必要的に減免することは、解釈論としても無理はなく、かつ刑事政策的にみても合理的である。

[2] 総則共犯規定の適否

必要的共犯には、そこに入らない外部者に、さらに総則の任意的共犯の規定が適用可能かどうかという問題がある。内乱罪や騒乱罪の規定にはすでに首謀者や付和随行者といった共犯形式の区別があるため、それ以外の者に総則の共犯規定の適用があるか否かが争われる。また、対向犯では、販売形態でのわいせつ物頒布罪（175条）におけるわいせつ物の買い手のように、その行為が当然予想されるのにあえて刑法に処罰規定が置かれなかった場合に（これを**片面的対向犯**と呼ぶ）、それを教唆犯や従犯として処罰することが許されるかどうかが争われる。法が処罰規定を置かなかった以上、常に不処罰だという見解と、必要以上の働きかけをした場合には教唆・幇助として処罰されるという見解が対立するのである[42]。

[3] 片面的対向犯における対向行為の不処罰根拠

片面的対向犯における対向行為の不処罰根拠については、これを「不可欠な行為はあえて不処罰としたのだ」という立法者意思で説明する立場（「**立法者意思説**」）と、より実質的な不処罰根拠を探究する立場（「**実質説**」）がある。前者の立場からは、わいせつ物の販売に関しては、「売ってくれ」と積極的に頼む行為はわいせつ物頒布罪にとって「不可欠な行為」とまではいえないので、本罪の教唆として処罰可能だとする結論が可能である。

後者の立場からは、たとえば同意殺人罪（202条後段）では、殺害の嘱託や承諾をした被殺者が本罪の共犯とならないのは、同罪の保護法益が被殺者の生命であって、被殺者は同罪の**被害者的な立場**にあるからだとされる。もちろん、その前提には、被害者はその犯罪に関与しても共犯とはならないという考え方がある[43]。また、犯人蔵匿罪（103条）では、自ら逃げ隠れすることは適法行為の**期待可能性**がないとして本罪から除外されているのであるから、他人にかくまってくれと依頼することにも期待可能性がなく共犯とならないとするのも、「実質説」の考え方である。もっとも、この「実質説」の考え

41）大塚・総論275頁。

42）最決昭和52・3・16刑集31巻2号80頁における団藤判事の補足意見。なお、最高裁は、弁護士法違反事件に関して、弁護士でない者に法律事務を依頼した者の処罰規定がないことを理由に、これを無罪としている。最判昭和43・12・24刑集22巻13号1625頁。

43）平野・総論Ⅱ379頁以下参照。

第12章　間接正犯および共犯論の諸問題　235

方からは、他人に蔵匿を依頼して犯罪に巻き込むことまでは、それをしないように期待する可能性がないとはいえないという考え方も可能である。

　しかし、「実質説」の意義は、本来、「不可欠な行為」さらには必要的共犯の範囲を越えて、被害者的な立場にある者や期待可能性のない者には共犯は成立しないとするところにあったのであろう[44]。ゆえに、わいせつ物頒布罪における頒布の相手方は必ずしも本罪の被害者的立場にはないけれども、個別にわいせつ物を受け取る行為ではなく、広く不特定・多数のものにわいせつ物を頒布する行為に可罰的価値があるというのが立法者の判断だと解して、対向行為の不処罰を説明することも可能である。このように **「周辺的な関与行為」は正犯と同じ質の不法を惹起するものではない** という新たな理由から、対向行為の不処罰を根拠づけることも、「実質説」の考え方である[45]。

　また、それとは別に、「惹起説」により、**犯人自身は「他人の蔵匿」（103条）や「他人の刑事事件に関する証拠の隠滅」（104条）という構成要件該当結果を間接的にでも惹起できない** と考えて共犯の成立を否定することが可能であることは、第11章で指摘した。つまり、反対説に立つ判例は、——結果関係的でない——「不法・責任共犯説」に依拠しているのである。

[4] 必要とされる対向行為

　さらに、賄賂の供与罪（198条）と収受罪（197条以下）のように、対向行為の双方が処罰されている場合に、何らかの理由で一方の行為が存在しないときには、他方も成立しない。これは、贈賄の相手方が提供された利益を「賄賂」、つまり公務員としての職務の対価と認識していない場合にもそうである（大判昭和7・7・1刑集11巻999頁）。この場合には、賄賂の収受罪ばかりでなく供与罪も成立しない。せいぜい、賄賂供与の申込罪が成立するのみである（最判昭和37・4・13集刑141号789頁）。

　もっとも、公選法上の **「寄附罪」** に関しては、少し事情が異なる。最決平成9・4・7刑集51巻4号363頁は「公職選挙法199条の2第1項、249条の2第1項の罪が成立するためには、寄附を受ける者において当該寄附が公職の候補者等により行われたことや当該選挙に関して行われたことの認識は必

44）佐伯千仭『共犯理論の源流』（成文堂、1987年）296頁以下参照。

45）豊田兼彦『共犯の処罰根拠と客観的帰属』（成文堂、2009年）87頁以下参照。

要としないと解すべきである」と述べている。この罪では、寄附の相手方に「公職の候補者等から寄附を受けた」という認識がなくても、寄附した側に本罪が成立するのである。

この相違は、必要とされる対向行為の相違によるものであろう。贈賄罪や公選法上の「買収および利害誘導罪」は、相手方が「利益の賄賂性」や「利益供与の趣旨」を認識していないと成立しない（「買収および利害誘導罪」に関して最決昭和30・12・21刑集9巻14号2937頁）。つまり、「賄賂を供与した」といえるためには相手方に「賄賂を収受させた」ことが必要であり、かつ、単なる利益ではなく「賄賂を収受した」といえるためには、相手方が利益を「賄賂」として、つまり贈与される利益に「職務の対価」としての意味を認めて収受しなければならない（大判昭和7・7・1刑集11巻999頁参照）。「買収および利害誘導罪」でも、「買収した」といえるためには相手方が「投票約束の対価として利益を受け取った」という意味のある行為が必要である。ゆえに、これらの罪では、相手方に利益の意味の認識がない場合には、利益供与者に「賄賂を供与した」とか「買収した」といった行為が認められなくなるのである。このような意味の認識を伴う外部的行為が必要だという点で、これらの罪は**「傾向犯」**である。

他方、「寄附罪」の場合には、当該寄附が公職の候補者等により行われた等の事情があれば、本罪の構成要件該当行為は認められる。相手方に必要なのは、客観的に、そういった人物から選挙に関して「寄附を受けた」という行為でよい。同様の事情は、わいせつ物の頒布罪や重婚罪（184条）にも認められる。そこでは、相手方が故意に客体を受け取る行為や婚姻する行為は必要であるが、客体が「わいせつ物」であることや配偶者が「重ねて婚姻をした」ものであることなどの認識は不要である[46]。

---

7 │ 「中立的行為」と共犯

[1]「Winny 事件」最高裁決定

事実としては犯罪の実現に因果関係を有する行為であっても、その社会的

---

46) 詳細については、松宮孝明『刑事立法と犯罪体系』（成文堂、2003年）300頁以下を参照されたい。

第12章　間接正犯および共犯論の諸問題　237

意味が犯罪促進的ではないとして、共犯あるいは特別法上の独立共犯とならない行為がある。これを**「中立的行為」**という。

「中立的行為」による幇助という考え方の萌芽は、まず、ピンクチラシを印刷した業者が**売春周旋罪の従犯**とされたケースにおいて、弁護人から主張された。そこでは、「印刷のような正当業務行為について特別刑法犯の幇助が認められるのは、正犯の犯行に深く関与し、相当利益を得ている場合に限られるのであって、右関与の度合いが低く、正犯の営業による利得にもあずかっていない被告人両名を売春周旋の幇助罪に問擬することはできない」と主張されたのである。

これに対しては、東京高裁は、「幇助犯としての要件をすべて満たしている以上、印刷が一般的に正当業務行為であるからといって、売春の周旋に関して特別の利益を得ていないなど、所論指摘のような理由でその責任を問い得ないとは考えられない」として、この考え方に理解を示さなかった[47]。

もっとも、**個室付浴場業者への金融機関による融資**を売春防止法上の独立共犯である資金提供罪に当たるとした大阪高判平成7・7・7判時1563号147頁は、公衆浴場として本件個室付き浴場を許可した県知事も幇助になってしまうという被告人側の批判に対して、売春が行われていることについての具体的な認識を要求した。つまり、他人の犯罪に利用される「未必の故意」では足りないとしたのである。

さらに、名古屋高判平成17・10・28高刑速（平17）号285頁は、**背任罪の相手方**に関し、経済取引上の交渉事として社会的に容認される限度を超えない限り背任罪の共犯は成立しないと述べた。

そのような中で最決平成23・12・19刑集65巻9号1380頁は、第3章で述べたように、「Winny 2」の開発・提供による著作権侵害の従犯に関し、「Winnyは、1、2審判決が価値中立ソフトと称するように、適法な用途にも、著作権侵害という違法な用途にも利用できるソフトであり、これを著作権侵害に利用するか、その他の用途に利用するかは、あくまで個々の利用者の判断に委ねられている。また、被告人がしたように、開発途上のソフトをインターネット上で不特定多数の者に対して無償で公開、提供し、利用者の意見を聴取しながら当該ソフトの開発を進めるという方法は、ソフトの開発

47）東京高判平成2・12・10判タ752号246頁。

方法として特異なものではなく、合理的なものと受け止められている。新た
に開発されるソフトには社会的に幅広い評価があり得る一方で、その開発に
は迅速性が要求されることも考慮すれば、かかるソフトの開発行為に対する
過度の萎縮効果を生じさせないためにも、単に他人の著作権侵害に利用され
る一般的可能性があり、それを提供者において認識、認容しつつ当該ソフト
の公開、提供をし、それを用いて著作権侵害が行われたというだけで、直ち
に著作権侵害の幇助行為に当たると解すべきではない。<u>かかるソフトの提供
行為について、幇助犯が成立するためには、一般的可能性を超える具体的な
侵害利用状況が必要であり、また、そのことを提供者においても認識、認容
していることを要する</u>というべきである。」（下線筆者）と判示した。

　この一般論によって本決定は、**幇助成立の客観的なハードルを上げ、それに
伴って、その認識を要件とする幇助の故意のハードルも上げた**といえる。ゆえ
に、本決定は、一方において、「被告人による本件 Winny の公開、提供行為
は、客観的に見て、例外的とはいえない範囲の者がそれを著作権侵害に利用
する蓋然性が高い状況の下での公開、提供行為であったことは否定できな
い。」としつつ、他方において、「いまだ、被告人において、Winny を著作
権侵害のために利用する者が例外的とはいえない範囲の者にまで広がってお
り、本件 Winny を公開、提供した場合に、例外的とはいえない範囲の者が
それを著作権侵害に利用する蓋然性が高いことを認識、認容していたとまで
認めるに足りる証拠はない。」として、幇助の故意を否定することができた
のである[48]。

　このように、「中立的行為」では、幇助成立の客観的要件のハードルが上
がることによって、幇助の故意が否定されることがある。

48）「幇助の故意が犯罪の成否を決する」（西田・総論〔第 2 版〕343 頁等）とする見解もある。
　　しかし、本決定の論理が、まず、「中立的行為」であることによって幇助の客観的要件の
　　ハードルを上げたうえで、それを対象とする故意を否定したことからみて、主観的要件の
　　みで共犯の成否を決することはできないであろう。ゆえに、西田・総論 370 頁は、「幇助行
　　為の客観面として具体的危険性を要求する以上、幇助犯の故意の内容としても、これに対
　　応して、具体的危険性を基礎付ける事実の認識・認容が要求される」と述べて、この理を
　　認めるに至った。大事なのは、その行為が「犯罪促進的」か否かに関する一般的・社会的
　　な評価なのである。

第12章　間接正犯および共犯論の諸問題　239

[2]「軽油引取税事件」熊本地裁判決

　他方、「一般的可能性を超える具体的な侵害利用状況」の認識があっても、なお、共犯の成立が否定されることがある。たとえば、熊本地判平成6・3・15判時1514号169頁は、**軽油引取税不納付**の手助けになることを知りながら軽油を安く買う行為を、「こうした被告人の行為は、結局のところ、売買の当事者たる地位を超えるものではな」く、正犯の犯行の実現は「被告人が自己の利益を追及する目的のもとに取引活動をしたことの結果に過ぎない」という理由で、不納付罪の共同正犯はおろかその幇助にもならないとした。つまり、日常的な取引活動は、たまたま相手方の犯行を促進することが──しかも確定的に──認識されたとしても、それだけではまだ、共犯にはならないというのである。

　このように、確定的な認識があっても「共犯」の成立が否定される場合があることは、第3章で触れたように、管理売春の幇助に関して、売春宿へのパンの定期的納入なら、パンは誰でも食べるのだから幇助にならないが、客に提供する高級なワインの定期的納入は幇助に当たるとした1906年のドイツ帝国裁判所の判例（RGSt 39, 44）が示唆していた。

　このように、「中立的行為」の中には、行為者の認識いかんにかかわらず、中立的な地位を超えるものでないがゆえに、共犯にならないものもあるのである。

[3]　内縁と不法残留罪の幇助

　これに関し、東京地判平成30・10・19（公刊物未登載）は、不法残留（ロングステイ）状態に至った者と同居するなどしていた内縁の妻に対し、不法残留罪（出入国管理及び難民認定法70条1項5号）の幇助を認めてしまった。

　しかし、法務省入国管理局の「在留特別許可に係るガイドライン」（平成18年10月、平成21年7月改定[49]）にある人道的な配慮等による在留特別許可が、「夫婦として相当期間共同生活をし、相互に協力して扶助していること」や「婚姻が安定かつ成熟していること」を、許可を考慮する積極要素の「1　特に考慮する積極要素」の（3）に挙げていることや、下級審のいくつかの裁判例が、このガイドラインを超えて、法律婚ばかりでなく内縁などの事実

---

49) http://www.moj.go.jp/content/000007321.pdf（2019年1月16日参照）。

婚の場合にも、退去強制令書発付処分を違法とする判断を下していること[50]を考慮すれば、居住場所や食事を提供するなどして不法残留者の生活を事実として支えることが、そのことのみで不法残留という「犯罪を幇助した」に当たるとは考えられない。

先の東京地判平成30・10・19は、この点につき、「その実態を捨象して婚姻ないし内縁関係そのものに出入国管理行政の適正な運用の確保という法益に優越する保護利益を肯定しているとみる余地はな」いと評価している[51]。**しかし、これは、「中立的行為」による幇助は、具体的な利益衡量による違法性阻却の問題ではなく、共犯の「類型該当性」（正犯においては「構成要件該当性」と評されるもの）を否定するものであることを看過したものである。**

加えて、在留特別許可の判断が具体的な利益衡量を要するとしても、その前提として、法務省が、――内縁を含む――婚姻等の関係にある者には、隠れるのではなく、積極的に許可を申請してほしいという政策を取っている以上、申請が却下されれば同時に婚姻等の関係にあって不法滞在者の生活を支えていた者――それどころか、不法滞在者の生活を援助しているボランティア等――もまた不法残留罪の幇助として処罰される虞があるというのでは、申請を呼びかける政策が台無しになってしまうであろう。裁判所には、より広い視野から、国家機関として矛盾のない態度を取ることが要請される（その後、この判決は、東京高判令和1・7・12（平成30年（う）第2076号）によって破棄され、被告人は無罪とされた。そこでは、被告人の行為は「正犯行為を促進する危険性を備えたものと評価することは困難」とされている）。

50）名古屋高判平成28・3・2 LEX/DB25447984など。この判決は、退去強制令書発付処分の裁決につき、「本件裁決は、控訴人の生活実態や不法残留状態に至った経緯を十分に踏まえることなく、むしろその実情に反してまで控訴人の悪性のみを殊更強く問題視する一方で、退去強制手続に踏み切るより以前に控訴人とDとの日本における安定かつ成熟した婚姻関係が成立していたことや、控訴人を中国へ帰国させることによる控訴人やDの不利益を無視ないしは著しく軽視することによってなされたものというほかなく、その判断の基礎となる事実に対する評価において明白に合理性を欠くことにより、その判断が社会通念に照らし著しく妥当性を欠くことは明らかであるというべきであるから、裁量権の範囲を逸脱又は濫用した違法なものというほかはない。」と判示する。なお、この判決の解説として、亘理格「退去強制の違法性」法学教室435号（2016年）57頁がある。

51）しかも、本判決は、被告人が不法滞在者と同居し仕事を提供してその世話をしたという事実以上の具体的な「犯罪幇助の実態」を指摘していない。

第12章　間接正犯および共犯論の諸問題　241

第13章

罪数論と刑罰論

1 │ 罪数論と刑罰論の重要性

[1] 刑事裁判の対象を決める罪数論

本書最終の第13章では、とりわけ裁判実務にとって重要な**罪数論**と、そして刑法の存在意義にかかわる**刑罰論**を扱う。

「**罪数**」には、①一罪の成立で賄えるのはどこまでかという「**成立上の一罪**」の範囲をめぐる問題と、②複数の罪が成立した場合、併合罪における刑加重の意味を含めて、それらから生ずる刑罰請求権の競合をどのように処理すべきかという「**刑罰権の競合**」の問題が含まれる。さらに、刑事訴訟における「訴因」の数や「一事不再理効の範囲」、競合する犯罪の公訴時効の起算点といった問題も、「罪数」を基礎にして決まるといえる。

[2] 犯罪論ひいては刑法の存在意義を決める刑罰論

死刑、無期および有期の懲役・禁錮、罰金、拘留、科料、付加刑としての没収からなる刑罰（9条）――さらに没収に代わる処分としての追徴（19条の2）――の意義および目的を扱う刑罰論は、その要件論である犯罪論の意義、ひいては刑法そのものの存在意義に関わる部分である。そこでは、「刑」法は法効果として刑罰のみを扱うのか、それともドイツにあるような「**改善・保安処分**」（以下、「処分」と記す）をもその法効果とすべきかという「**刑罰一元主義**」と「**二元主義**」をめぐる問題がある。主として自由刑をめぐっては、刑罰として強制できるものに矯正・社会復帰のための処遇が含まれるのかという問題もあり、これは、現在、法制審議会において「**自由刑の単一化**」というテーマで検討されている。

242

2 │ 「一罪」を決めるものは何か？

[1] 途中から過剰になった防衛

> 甲は、Aに突然の暴行を受け、これを避けるためにやむを得ずAの顔面
> を軽く殴打したところ、Aはバランスを崩して後ろ向きに倒れ後頭部を激
> しく地面に打ち付けた。それでもAは、ふらふらしながらなお甲に殴り掛
> かってきたので、甲は防衛の意思ではあったが憤激して、必要以上にAの
> 腹部を激しく殴打した。Aは、後頭部を激しく打ったことで生じた硬膜下
> 出血により、数時間後に死亡した。

　「成立上の一罪」については、防衛行為としての暴行が途中から過剰にな
った場合の「一罪」の範囲を考えることが、犯罪体系論を反省する上で重要
である。とりわけ、上記の事例のように、被害者が正当防衛としての暴行に
よって致命傷を負った後、防衛としては行き過ぎた暴行が加えられたが、そ
れは死亡結果に影響しなかったという場合が問題である。

　第10章や第12章などで触れた**最判平成6・12・6刑集48巻8号509頁**は、複
数人で防衛行為を行ったうちの一部の者が過剰な行為に及んだ場合、暴行自
体は連続していても、これを侵害現在時と侵害終了後に分けて考察し、侵害
現在時の暴行が正当防衛に当たるときは、侵害終了後の過剰な暴行に関与し
なかった者は無罪であるとした。また、**最決平成20・6・25刑集62巻6号
1859頁**は、侵害現在時に正当防衛としての暴行によって致命傷を与えた後、
まだ生きているがもはや動かなくなった被害者にさらなる暴行を加えてこれ
を負傷させた被告人に、全体として傷害致死罪で過剰防衛とするのではなく、
連続した暴行を分けて考察した上、侵害終了後の傷害についてのみ有罪とし
た。

　しかし、問題は、致命傷を受けつつもなお攻撃をしようとする被害者に行
き過ぎた暴行をした場合にある。この場合には、厳密には上記の二つの裁判
例の射程は及ばない。なぜなら、いずれの判例も、侵害終了後の暴行に関す
るものだからである。

　加えて、**最決平成21・2・24刑集63巻2号1頁**は、正当防衛としての暴行

によって被害者を負傷させた後、なおも攻撃しようとする被害者に防衛の程度を超えた暴行をした被告人を、連続した暴行を総合して傷害罪の過剰防衛とした。つまり、傷害結果は適法な暴行によってしか発生していないのに、これをも含めて全体を「一罪」としてしまったのである。もちろん弁護人は二つの暴行を分けて考察すべきであると主張したが、最決平成21・2・24はこれを「有利な情状として考慮すれば足りる」として斥けた。

　そこで、このような考え方が上記の傷害致死罪の事案でも妥当するのかどうかが問題となる。この点につき、最決平成21・2・24の調査官解説は、「本決定は、第1暴行により傷害を負わせ、第2暴行では（傷害を伴わない）暴行を加えたという事案に関する事例判断であり、それを離れて、事例Ⅰ（第1暴行によって侵害者を死亡させたという事例——筆者注）につき傷害致死罪が成立すると解すべきか否かについては触れられていないことに、まず留意する必要がある。[1]」と述べている。ゆえに、上記のような傷害致死罪の事案には、最決平成21・2・24の射程は及ばない。

　もっとも、同解説は、「刑罰権の存否及び範囲は、1個の行為につき、①構成要件該当性、②違法性、③有責性の順序に従って判断されるのであるから、まず、構成要件該当性を考えるべきであって、本件のように複数の暴行を加えた事案でも、その全体が1個の傷害罪の構成要件に当たるのであれば、その該当性を認めた上、次の違法性の判断の段階で、その全体が正当防衛に当たるか、過剰防衛に当たるか等を判断するのが論理的に一貫している[2]」とも述べる。つまり、1個の構成要件によって包括できる連続した暴行は、そのうちの適法な部分も含めて、全体として正当防衛となるか過剰かを判断すべきであって、ゆえに、過剰となる前の暴行から致命傷が生じた場合でも被告人は傷害致死罪になるのだとするのである。

[2]「構成要件標準説」

　このような主張の背後には、**「一罪」**（＝「成立上の一罪」）を決めるのは1個の構成要件該当性だとする考え方がある。これを、罪数における**構成要件標準説**と呼ぶ。それは、ある事実が「一つの構成要件によって一回的に

　1）　松田俊哉「判解」『最高裁判所調査官解説刑事篇〔平成21年度〕』（法曹会、2013年）13頁。
　2）　松田・前掲注1）9頁。

評価されるものであるときは一罪である[3]」とするものである。

　注意すべきは、事案を1個の構成要件で評価できるかどうかが基準なので、他人を1発でも殴ったら暴行罪の構成要件に該当するのだから10発殴ったら10個の罪が成立するというものではないということである[4]。そうではなくて、連続した10個の殴打は一般に1個の暴行罪の構成要件で包括できるので、「一罪」にしかならないのである[5]。

[3]「犯罪とは構成要件に該当し違法で有責な行為である」

　もっとも、同説は、「ある事実が……構成要件を充足し、かつ違法性・責任の要件を具備するとき、犯罪が成立する[6]」ことを条件にしていることに注意が必要である。決して、違法性・責任の要件を具備しない動作までもが「一罪」に含まれるわけではない。

　したがって、**構成要件に該当するが違法でない行為ないし動作は、「一罪」に含めてはならない**。このことは、現代に至る構成要件論の創始者とされるドイツのベーリンクも述べていることである。すなわち、彼は、包括して一個の類型となる複数の構成要件該当的行為は一罪となるが、「それは、これらの行為のいずれもが違法でもあった場合に限られる[7]」と明言している。なぜなら、犯罪は違法な行為でなければならないので、「一罪」となる行為もまた、「違法性を充たしていない行為を混入することによって汚染されてはならないからである」というのである。たとえば、Aという人物がBの料

3）　団藤・総論437頁。

4）　この点では、連続した速度違反が都道府県警の管轄を異にする場合に「一罪」とならないことを前提として、後の速度違反に対する先の速度違反による略式命令の一事不再理効を否定した最決平成5・10・29刑集47巻8号98頁には問題がある。極端にいえば、100メートルを速度違反で走行した場合でも、取締カメラを10メートルおきに据え付けておけば、10回罰金が徴収できることになってしまうからである。そんな「解釈」をするぐらいなら、連続した速度違反については、道交法に、都道府県警の管轄が異なれば別罪となるとする特則でも設けたほうがよかったように思われる。

5）　それにもかかわらず、平野・総論Ⅱ408頁は、構成要件標準説を「構成要件を一回充足すれば一罪であり、二回充足すれば二罪である」と説明する。これは、ややもすれば、10発の殴打は10罪になるのだとする誤解を誘発しかねない説明である。

6）　団藤・総論435頁。

7）　*E. Beling*, Die Lehre vom Verbrechen, 1906, 351.

第13章　罪数論と刑罰論　　245

理にこっそり毒を入れ、次いでBがAに違法な攻撃を加え、Aが正当防衛として これを殺害した場合、Aの二つの動作は構成要件的には包括される可能性はあるが、第二の動作は正当防衛として適法であるからすべて除外しておかなければならず、その結果、Aは第一の動作による殺人未遂の罪責だけを負うという[8]。

「一罪」決定に関する「構成要件標準説」もまた、このベーリンクの構成要件論に由来する。つまり、ここにいう「構成要件」は、本書第2章で述べたように、「特別構成要件を含んだ刑罰効果発生要件という意味での一般構成要件」なのである。違法性・責任の要件を具備しない動作も含めて、一個の構成要件で評価できるものはすべて「一罪」を構成するというのは、「構成要件標準説」に対する短絡的な誤解にすぎない。

もっとも、この点は、「構成要件」「違法性」「責任」という段階を積み上げる**段階的体系の落し穴**なのかもしれない。むしろ、「構成要件」を刑罰効果発生要件の総体と捉え、その中に違法性や責任の判断も含めてしまうヘーゲル学派流の**「全構成要件論」**のほうが、このような落し穴を回避できるであろう[9]。そうでない体系でも、少なくとも「一罪」を決定する「構成要件」は、刑罰効果発生要件の総体であろう。なぜなら、違法性や責任のない行為には、罪数を論じる意味はないからである。

[4] 「罪を犯す意思」

それでも正当防衛となる暴行を含めた全体評価にこだわる方には、先の設例において、過剰となる前の防衛行為に**「罪を犯す意思」**（38条1項）はあるのかと尋ねてよいであろう。というのも、誤想防衛の場合には——責任としての？——故意を否定する通説や判例によるなら[10]、暴行が過剰となる前の時点で過剰な暴行をするつもりのなかった甲には、故意は認められないはずだからである。それにもかかわらず、故意のない暴行を含めて——結果的加重犯を含む——故意犯の「一罪」とすることは、およそ説明できない。ゆえ

---

8) *Beling*, a. a. O., 〔Anm. 7〕S. 352.

9) ロシアや中国の「四要件体系」は、この考え方である。

10) 誤想防衛の主張は「犯罪の成立を妨げる理由となる事実」の主張でなく、「罪となるべき事実」の一つである故意の不存在の主張とするものとして、大判大正13・3・18刑集3巻223頁、最判昭和24・5・17刑集3巻6号729頁、同昭和25・6・27刑集4巻6号1076頁。

に、連続した暴行であっても、「一罪」を構成するのは過剰な暴行のみである。

このようにみてくると、最決平成21・2・24が「罪を犯す意思」のないことが明らかな第1暴行によって生じた傷害を理由として傷害罪の成立を認めてしまったことは、理論的には何とも正当化できないことになる。せいぜい、懲役4月だった原判決を破棄して、傷害罪を暴行罪にするまでのことはない事案であったと考えるしかない。

3 │ 「包括一罪」の性格

[1] 成立上の一罪か科刑上の一罪か？

「成立上の一罪」である法条競合と**「成立上の数罪」**である科刑上一罪との中間に、**「包括一罪」**と呼ばれるものがある。これは、法条競合のように、1つの構成要件に複数の犯罪が論理的に吸収されるわけではないが、科刑上一罪のような「成立上の数罪」ではなく、社会的にみて、1個の罰条のみを適用することが妥当な場合をいう。その意味で、これは本来、成立上の一罪である。

「包括一罪」は、さらに、**吸収一罪**と**狭義の包括一罪**に分かれる。吸収一罪とは、殺人の際の着衣の損傷が殺人罪に吸収され、別に器物損壊罪を構成しないような場合をいう。狭義の包括一罪には、さらに、**集合犯、罰条による一罪**とも呼ぶべきもの、および**接続犯**がある。

[2] 「混合的包括一罪」

「狭義の包括一罪」の典型例は、個々の窃盗行為が常習累犯窃盗罪（盗犯等ノ防止及処分ニ関スル法律＝盗犯防止法2条）に包括される場合（集合犯）、被害者を逮捕し引き続き監禁した行為が逮捕監禁罪（220条）に包括される場合（罰条による一罪）および一夜のうちに連続して複数回同じ被害者の蔵に侵入し財物を窃取した行為が一個の窃盗罪に包括される場合（接続犯）である。いずれも、同一ないし同種の罪質をもった行為が1個の構成要件に包括される。

しかし、場合によっては、罪質の異なる行為が1個の構成要件に包括されることがある。以下の場合を考えてみよう。

第13章 罪数論と刑罰論 247

甲は、Aに対する暴行の途中で財物奪取の意思を生じ、暴行を続行してAから財布を奪ったところ、Aは加療1ヵ月の打撲傷を負ったが、それが甲のどの時点の暴行によって生じたかは不明であった。

　この場合に、この連続した犯行を強盗罪一罪で包括する処理を、俗に「混合的包括一罪」と呼ぶ。なぜなら、Aの負傷は、強盗の手段としての暴行から生じたか不明なため強盗致傷罪（240条前段）は成立せず、他方、強取の意思が生じる前の暴行によって生じたかも不明なため傷害罪も成立しないからである。

　もっとも、これに対しては、傷害罪と強盗罪との併合罪とすることはできるとする意見もある。しかし、同じ事例で、傷害が生じなかった場合を考えてみてほしい。この場合に暴行罪と強盗罪の併合罪を認めると、最初から計画的に財物奪取の目的で暴行を加えていた場合と比べて、併合罪加重（45条以下）される分だけ不利益になる。一般に、犯情（＝犯罪の行為責任）は突発的な犯行よりも計画的なそれのほうが重いのに、併合罪加重をすると計画的でないほうが、処断刑では重くなってしまうのである。

　このようにして、暴行途中に強取意思を生じた場合を強盗一罪とせざるを得ないなら、それに傷害結果がついてきたとしても、奪取意思発生後の暴行が原因と証明されない限り、やはり強盗一罪で処理せざるを得ない。もっとも、傷害結果の原因はこの連続した暴行にあることに違いはないので、傷害発生という事情は、強盗罪の法定刑の枠内で、量刑において考慮される。

　現に、仙台高判昭和34・2・26高刑集12巻2号77頁は、「傷害が、強盗の犯意を生じた時期を境として、その前後二群の暴行のいずれによって生じたか不明の場合を考えれば、傷害が強盗の犯意を生じた後の暴行に基因することの証明がない限り犯人を強盗傷人罪に問擬することは許されないから、前後の暴行は強盗傷人にはならないけれども、前後の暴行は一体として観察されるから、結局単純傷害の責を犯人が負わねばならないのであって、傷害と強盗との混合した包括一罪である」（下線筆者）と述べている。名古屋高金沢支判平成3・7・18判時1403号125頁は、第1暴行が「反抗を抑圧するに足りる程度のもの」でなかったが、事後強盗に当たる第2暴行が傷害の原因とは特定できない事案について、類似の処理を行っている。

　さらに、最決昭和61・11・18刑集40巻7号523頁は、詐欺または窃盗と2項

強盗殺人未遂の包括一罪を認めている。本件での殺人は、詐欺または窃盗の客体とされた財物の返却ないし代金支払いを免れるために行われたがゆえに、２項強盗殺人（未遂）によって実質的に同じ財産的利益の侵害が評価されるからである。もっとも、詐欺・窃盗と２項強盗とはいずれも財産犯であるから、あえて「混合的」と呼ぶほどのことはないのかもしれない[11]。

[3] 科刑上の一罪としての「包括一罪」

　もっとも、**東京高判平成7・3・14高刑集48巻1号15頁**は、詐欺罪における欺罔の手段としての偽造文書の行使が被害者からの財物交付よりも後になった事案についても、「元々（偽造）質権設定承諾書の交付は、融資金の入金（騙取）につき必要不可欠なものとして、これと同時的、一体的に行われることが予想されているのであって、両者の先後関係は必ずしも重要とは思われない」という理由で、包括一罪としてしまった。ここでは、包括の理由は、偽造文書行使罪と詐欺罪とは通常、手段と目的という牽連犯（54条後段）の関係にあることに求められている。

　しかし、牽連犯は「成立上の一罪」ではなく**「科刑上の一罪」**であるから、ここにいう「包括一罪」は「科刑上の一罪」である。つまり、実務における「包括一罪」には、例外的に「科刑上の一罪」としてのそれもあるということである[12]。

[4] 不可罰的または共罰的事後行為ないし事前行為

> 　甲は、Bから預けられた古伊万里の壺を勝手に質に入れて借金をし、その返済ができなくなるや、質屋に置いてあったこの壺を質屋に売って、債務の返済に充てた。

---

11) 「混合的包括一罪」に関する先駆的業績として、虫明満「いわゆる混合的包括一罪について」香川法学14巻3＝4号（1995年）603頁、的場純男「実務における罪数論の意義」刑法雑誌37巻1号（1997年）87頁がある。

12) しかし、54条の科刑上一罪は、もともと併合罪の例外的処理であるから、立法者がそれを「観念的競合」と「牽連犯」に限定して認めていることを考えれば、それ以外の「科刑上の一罪」を解釈によって認めることには問題があろう。むしろ、このような「包括一罪」には、「観念的競合」を拡張して適用すべきではないかと思われる。

自分の借金の担保のために委託された物を勝手に質に入れることは、横領罪（252条）に当たる。また、委託された物を勝手に売却することも同罪に該当する。それでは、上記の事例において甲に二つの横領罪が成立するのであろうか。

　他人の不動産を勝手に抵当に入れ、その後に売却してしまった事例に関するものであるが、大判明治43・10・25刑録16輯1745頁は、この場合に二つの横領罪は成立しないとし、抵当に入れた行為のみで1個の横領罪としている。この場合、後の売却行為は最初の横領罪からみて「**不可罰的事後行為**」となる。反対に、後の売却行為のみが起訴された場合には、最大判平成15・4・23刑集57巻4号467頁は、これにつき（業務上）横領罪が成立するとしている[13]。ゆえに、**すでに横領状態にある財物に対し、横領状態を解消しないまま再度横領した場合、つまり不法領得した場合には二つの横領罪は成立しないが、先の行為ばかりでなく後の行為を起訴しても横領罪での有罪判決は可能という**ことである。ゆえに、この場合、先行する横領行為は「**不可罰的事前行為**」となる。

　ここで、ちょっと考えてほしい。ということは、先の横領が起訴されて有罪とされたときでも、後の行為は「不可罰」となるのではなく、すでに成立した横領罪に吸収されるということである。反対に、後の横領が起訴されて有罪となった場合には、先の横領行為は後で成立した横領罪に吸収される。この意味で、これらの事後行為ないし事前行為は、「不可罰」なのではなく、1個の罰条で共に評価される「共罰的」なものだということである[14]。

　それが明らかになるのは、次のような事例である。

---

13) なお、**最判昭和31・6・26刑集10巻6号874頁**は、債務の代物弁済として、すでに勝手に抵当に入れた不動産を譲渡する場合、代物弁済のために一日先に抵当権の登記を抹消したからといって、それにより横領状態が解消するわけではないと述べている（この部分は、現在でも判例である）。

14) 平野・総論Ⅱ414頁以下参照。なお、この場合、先行する行為が犯罪となることによって事後の行為が真に「不可罰」となるのであれば、裁判所はその成否を審判すべきことになるであろう。なぜなら、それは公訴事実が犯罪となるか否かを左右する事実だからである。したがって、「犯罪の成否を決するに当たり、売却に先立って横領罪を構成する抵当権設定行為があったかどうかというような訴因外の事情に立ち入って審理判断すべきものではない。」（最大判平成15・4・23）という判示は、事後の行為が「不可罰」でないことを前提としてのみ理解可能である。

甲は、8年前にAから盗んだ古九谷の壺を自宅に飾っておいたが、Aに発見されて取り返されそうになったので、取り返されるくらいなら自分で壊そうと思って壺を破壊した。

　ここでは、先行する窃盗罪には、すでに公訴時効（刑訴法250条）が完成している。そうなると、後の器物損壊行為は、「共罰的」事後行為とみれば、これを共に評価してくれる窃盗罪での処罰がないのであるから、独立して器物損壊罪（261条）で処罰されることになる[15]。

　もっとも、盗んだ物を自分のものとして使っている場合も不法領得行為であるから遺失物等横領罪（254条）にはなるとすると、窃盗犯人が盗品を毎日使っていれば同罪での公訴時効は永遠に完成しないことになってしまう。この場合は、本当に「不可罰」なのだと解するしかないであろう[16]。

　なお、共罰的事前・事後行為は複数の罰条相互の論理的関係からみて、一罪しか成立しないものであり、その点で**法条競合**の一種である**吸収関係**の特殊事例と解してよいであろう。

---

4 ｜ 科刑上一罪と併合罪

[1] 科刑上一罪は併合罪の特殊事例

　確定裁判を経ていない2個以上の罪が成立する場合は、**併合罪**となる。ある罪について禁錮以上の刑に処する確定裁判があったときは、その罪とその裁判が確定する前に犯した罪とにかぎり、併合罪とされる（45条）。

　併合罪の場合は、それらの罪に対する刑を併せて科したり、加重したり、場合によっては吸収したりする（詳しくは、46条以下を参照）。その意味で、併合罪の場合は、複数の罰条が、現実に競合して適用される（これを「**実在**

---

15) 付言すれば、**物の損壊であれ売却であれ、事後に行われる財物の所有権侵害が窃盗罪で共罰的に評価可能なのは、窃盗罪の保護法益が財物の所有権を含んでいるからである。**純粋な所持説では、こうはいかない。

16) 平野・総論Ⅱ414頁は、盗品（贓物）を使用すること自体は遺失物等横領罪にはならないとする。しかし、所有者としての他人の物の経済的利用は、まさに不法領得（＝横領）そのものではなかろうか。

第13章　罪数論と刑罰論　251

的競合」という）。これに対し、同じ刑法第1編第9章「併合罪」の中にある
54条1項では、「一個の行為が二個以上の罪名に触れ、又は犯罪の手段若し
くは結果である行為が他の罪名に触れるときは、その最も重い刑により処断
する。」とされる。「一個の行為が二個以上の罪名に触れ」る場合を**「観念的
競合」**と呼び、「犯罪の手段若しくは結果である行為が他の罪名に触れると
き」を**「牽連犯」**と呼ぶ。これら二つは、まとめて**「科刑上一罪」**と呼ばれ
る。つまり、**「科刑上一罪」**は、併合罪の特殊事例なのである。その証拠に、
この場合でも「二個以上の没収は、併科する。」（49条2項）ものとされる
（54条2項）。

[2]「一個の行為」

「観念的競合」にいう**「一個の行為」**は、「法的評価をはなれ構成要件的観
点を捨象した自然的観察のもとで、行為者の動態が社会的見解上1個のもの
との評価をうける場合をいう」（最大判昭和49・5・29刑集28巻4号114頁）と
解されている。しかし、ひき逃げの際の不作為犯である救護義務違反（道交
法72条1項前段）と報告義務違反（同項後段）では、複数の作為義務違反があ
っても、2つの義務違反は「社会生活上、しばしば、ひき逃げというひとつ
の社会的出来事として認められている」（最大判昭和51・9・22刑集30巻8号
1640頁）という理由で、「観念的競合」が認められている。自然的観察のみ
では、救護と事故報告は別の作為であるから、社会的評価抜きでは「一個の
行為」は決められないのである。

　もっとも、有機水銀を含む工場廃水を流し続けて次々と人々を死傷させた
水俣病刑事裁判で観念的競合が認められて、公訴事実にあるすべての被害者
につき最後の被害者が死亡した時点から公訴時効が進行するとされたこと
（最決昭和63・2・29刑集42巻2号314頁）は、上の基準からみても疑問である。
というのも、これは、酒に酔って次々と人をはねた場合と同じだからである。
解決方法は、廃水の排出を止めるべき義務を怠ったという「一個の不作為
犯」と構成することかもしれない。

[3] 併合罪加重の趣旨と「新潟監禁事件」

　いわゆる**「新潟監禁事件」**において、最判平成15・7・10刑集57巻7号
903頁は、刑法47条につき、「同条が定めるところに従って併合罪を構成する

各罪全体に対する統一刑を処断刑として形成し、修正された法定刑ともいうべきこの処断刑の範囲内で、併合罪を構成する各罪全体に対する具体的な刑を決することとした規定であり、処断刑の範囲内で具体的な刑を決するに当たり、併合罪の構成単位である各罪についてあらかじめ個別的な量刑判断を行った上これを合算するようなことは、法律上予定されていないものと解するのが相当である。」（下線筆者）と判示して、刑の上限が懲役10年であった当時の監禁致傷罪に、万引きによる窃盗を併合して14年の懲役を認めた。

　しかし、「その最も重い罪について定めた刑の長期にその二分の一を加えたものを長期とする。」という刑法47条の提案理由は、もともと、「有期の懲役に付き各罪毎に一の刑を科すとすれば遂には其刑期数十年の長きに至る虞あるを以て此場合にも例外として制限併科の主義を採りたり[17]」（下線筆者）というものであった。さらに、「それぞれの罪について定めた刑の長期の合計を超えることはできない。」とする本条但書きも、「此の如く規定せざれば却て制限併科の趣旨に反し純粋に各刑を併科したるより一層不利益なる効果を犯人に及ぼすに至る[18]」ことを理由としていた。

　この但書きの趣旨につき、「併合罪を構成する各罪について先ず個別に刑を試算し、それらを合算して処断刑を導く」という併科主義を採るとすれば「それぞれの罪について定めた刑の長期の合計を超えること」は論理上生じ得ないから、加重された「処断刑の範囲内で、併合罪を構成する各罪全体に対する具体的な刑を決する」べきだとする見解がある[19]。しかし、これは47条本文の**加重主義**による行き過ぎを併科主義で修正したものであり、本文と但書きを併せて**制限併科主義**となるという立法趣旨を誤解したものであろう。

　つまり、**本条の体裁は、加重主義の行き過ぎを併科主義で是正するものであるが、その趣旨は、併科主義から出発して、その行き過ぎを加重主義で是正するものであり**、まさに「あらかじめ個別的な量刑判断を行った上これを合算するようなこと」が予定されていたのである。

　いずれにしても、併合罪関係にある軽微な万引きが偶然みつかったことに

17）倉富勇三郎ほか監修、松尾浩也増補解題『増補刑法沿革綜攬』（信山社、1990年）2149頁。表記は現代風に改めた。

18）倉富ほか監修・前掲注17）2150頁。

19）永井敏雄「判解」『最高裁判所調査官解説刑事篇〔平成15年度〕』（法曹会、2006年）393頁。

よって4年も加算するような量刑は、その万引きがすでに確定判決を得ていた場合に想定される量刑とのバランスを考えればわかるように、正当化できるものではない。

5 ｜ 罪数と刑訴法

[1] 罪数と訴因

起訴状に書くべき「訴因」（刑訴法256条3項）は、「罪数」を基礎とする（「一罪一訴因の原則」）。ここにいう「一罪」は「成立上の一罪」のことである。一部には「科刑上の一罪」を含むとする見解もあるが、起訴後、窃盗罪に住居侵入罪の事実を加えるときには「訴因の追加」（刑訴法312条）というように、「科刑上の一罪」を構成する複数の罪は別個の「訴因」とされている。

もっとも、一個の過失によって100人の死傷者が出たという「観念的競合」の場合には、起訴状でも判決でも100個の「訴因」をかき分けるという無駄なことは避け、1個の過失行為によって100人が死傷したことを、末尾の別表で示すことが通例である。しかしこれは、「訴因」が1個であるという意味ではなくて、100個の「訴因」だが重複して判断できるのでそうしているにすぎないと解すべきであろう。

[2] 「一罪」と量刑

この「一罪」＝「一訴因」の範囲では、被告人の行為は包括的に評価される。そこで、街頭募金詐欺に関する**最決平成22・3・17刑集64巻2号111頁**は、個々の詐欺行為が証明されていないものを含めて、「寄付金が被告人らの個人的用途に費消されることなく難病の子供たちへの支援金に充てられるものと誤信した多数の通行人に、それぞれ1円から1万円までの現金を寄付させて、<u>多数の通行人から総額約2480万円の現金をだまし取った</u>」という事実をもとに、被告人を懲役5年および罰金200万円に処した1審判決を是認する原判決を是認した。

この事件では、個々の詐欺については少数の被害者についてしか立証がなされず、その被害総額もせいぜい数万円であったようである。被告人は初犯であり、かつ、詐欺事件で実刑か執行猶予かを分ける要因としては被害金額が重視されるため、この事件では、数名の被害者に対する詐欺罪を併合罪加

重するより、2480万円の募金総額を被害金額として詐欺罪の包括一罪を認めるほうが、実刑を言い渡しやすいという事情があった。そのため、通常は個々の被害者ごとに「一罪」となると解されている詐欺罪[20]が、この事件では包括一罪とされたのである。

しかし、従来の下級審は、投資詐欺などの事件では、多数の被害者から金員を詐取した場合を常に併合罪としてきた。「財経事件」に関する**名古屋高判昭和34・4・22高刑集12巻6号565頁**や「投資ジャーナル事件」に関する**東京高判昭和63・11・17判時1295号43頁**が、これに当たる。さらに、出資詐欺に似た事案に関して、被害法益が被害者個々独立であることを指摘して、犯意が継続していても——刑法旧55条の——連続犯ではなく併合罪であるとし、原判決を破棄した**大判明治44・10・26刑録17輯1769頁**もある。まさに、「本件詐欺罪は、犯意の継続性、行為の前記構成要件充足性は認められるが、全犯罪事実について被害法益の同一性または単一性を認めることはできないから（財産的被害法益でその数は多数であるが、同一被害者に対する数個の行為に限り被害法益の同一性ありとしてこれを包括一罪と認むべきである。）本件を包括一罪として処断することは許されないものといわなければならない。[21]」（下線筆者）のである。加えて、街頭募金詐欺事件では、一日のノルマが達成できないと被告人がアルバイト料を払わないという事情があったため、募金を集めるアルバイターが、不足分をポケットマネーから支払うという事情もあった。つまり、2480万円の中には、明らかに詐欺の被害金でないものが含まれていたのである。

これに対して最決平成22・3・17が包括一罪処理の根拠としたのは、①「不特定多数の通行人一般に対し、一括して、適宜の日、場所において、連日のように、同一内容の定型的な働き掛けを行って寄付を募るという態様のもの」であったこと、②「被告人の1個の意思、企図に基づき継続して行われた活動であった」こと、③「被害者は、比較的少額の現金を募金箱に投入

---

20) 団藤・総論439頁は、「一身専属的な法益については包括的評価は許されず、侵害された法益の数だけの犯罪が成立する、というのが普通の考え方である。」と述べる。しかし、厳密にいえば、常習累犯窃盗罪のような集合犯では、保護法益が一身専属的であっても包括評価がなされる。決定的なのは、当該構成要件が「集合犯的」なものであるか否かであろう。その点では、通常の詐欺罪（246条）は、これに当たらないのである。

21) 名古屋高判昭和34・4・22高刑集12巻6号565頁（616頁）。

すると、そのまま名前も告げずに立ち去ってしまうのが通例」であったこと、
④「募金箱に投入された現金は直ちに他の被害者が投入したものと混和して
特定性を失うもの」であったことのみである。このうち、①と②は、従来の
下級審が包括一罪処理の理由とはならないとして斥けてきたものであった。
ゆえに、本決定に対する千葉裁判官による補足意見は、——被害法益の個数
は「包括一罪としてとらえることができるか否かを判断するための重要な考
慮要素」にすぎないと述べた上で——③と④のみを挙げ、「被害者は、通常
は、その出資金額（多くの場合、多額に及ぶものであろう。）を認識しており、
その点で、被害者を一人一人特定してとらえ、一つ一つの犯罪の成立を認め
て全体を併合罪として処理することが可能であるし、そうすべきものであ
る。」と述べている。

　しかし、その点こそが本決定の先例的意義を不明確とするものである。い
**ったい個々の被害者がいくらくらいの被害を蒙れば併合罪処理に切り替わるの
であろうか。**下手をすれば、被害者が多数名乗り出て個々の被害金額も明ら
かになった場合には併合罪処理で、そうでない場合は立証を容易にし被害金
額を大きくして刑を重くするために包括一罪処理をすることになり、罪数判
断が捜査の便宜によって左右されるという本末転倒した事態が生じかねない。

[3]　集合犯と一事不再理

　常習窃盗ないし常習賭博罪のような常習犯や無免許医業のような営業犯と
いった集合犯では、確定裁判までに実行された複数の犯罪は、すべて成立上
の一罪となる。そのため、そのうちのひとつの行為について確定判決がある
と、他の行為に関しても一事不再理効が生じ処罰ができなくなる。たとえば、
常習窃盗を構成する行為のひとつが窃盗罪または常習窃盗の罪で有罪判決を
受け、それが確定すると、他の常習窃盗行為も一事不再理となるのである[22]。

　しかし、**最決平成15・10・7刑集57巻9号1002頁**は、先の有罪判決が刑法
235条の単純な窃盗罪であった場合には、常習特殊窃盗（盗犯防止法2条）を
構成する別の窃盗行為を刑法235条で処罰できるとした。つまり、「前訴及び
後訴の訴因が共に単純窃盗罪であって、両訴因を通じて常習性の発露という
面は全く訴因として訴訟手続に上程されておらず、両訴因の相互関係を検討

22）いずれかの訴因が常習窃盗であった場合につき、最判昭和43・3・29刑集22巻3号153頁。

するに当たり、常習性の発露という要素を考慮すべき契機は存在しないのであるから、ここに常習特殊窃盗罪による一罪という観点を持ち込むことは、相当でないというべきである」と述べたのである。

しかし、それでは、余罪の疑いが残るときには検察官は安全策を採って常習窃盗で起訴しなくなるので、常習犯加重類型を置いた意味がなくなってしまう。それでよいのであろうか。

6 │ 刑罰の目的と社会復帰

[1] 応報、一般予防、特別予防

最後に、刑罰論について簡単に触れよう。ここでは、刑罰ないし刑法が何のために存在するのかが問題である。

一般には、刑罰は、①犯罪に対する報いとしての意味（**「応報」**）と、②社会一般の人々が罪を犯さないようにするため（**「一般予防」**）、および③犯罪の行為者本人が罪を繰り返さないようにするため（**「特別予防」**）といった意味ないし目的があるとされる。②と③は、一般に**「目的刑論」**と呼ばれる。

そして、その方法には、**罪責に見合った害悪の賦課**、刑罰での**威嚇・社会教育**、**規範の維持・確証**、**改善・教育**（＝矯正）、拘禁等による**無害化**などがある。同じ「特別予防」でも、行為者に職業訓練ないし教育を施して合法的な生計の能力を得させることと、長期にわたって拘禁したり死刑に処したりしてその人物から生じる害悪を除去することとでは、その人道的意味は正反対になる。同じく、「一般予防」でも、人々を愚かな群れとみなして威嚇ないし社会教育によって犯罪から遠ざけること（**「消極的一般予防」**）、人々の市民的常識ないし規範意識を信頼しつつそれが維持されるに必要な限度で犯罪者の罪責に応じた処罰をすること（**「積極的一般予防」**）とでは、前提とされる市民像が正反対となる。

[2] 量刑と責任主義

ところで、「この世の役に立たない害悪の賦課は正当化されるか」という観点からみれば、観念的・形而上学的な意味のみでの刑罰の正当化は妥当でない。その意味で、**純粋な応報刑論は斥けられるべきである**。しかし、問題は、**「犯罪者の行動統制」**という意味での**「目的刑論」**もまた、短絡的ではな

第13章　罪数論と刑罰論　257

いかということである。というのも、もともと罰金などの財産刑に、一部の経済犯罪を除いて、犯罪予防効果があるかどうかは疑わしいし、窃盗の常習者となってしまった人物の窃盗行動を本気で止めようとするなら、すでに高齢で合法的な生計を営む可能性が得られないという場合、**終身刑化した無期刑等による無害化**しか方法がないということになるからである。しかし、軽微な窃盗に対する無期刑は、それ自体、わが社会の正義に反するであろう。他方で、虐待被害者が加害者を不意打ち的に殺害した場合に、再犯の危険がないことを理由に極めて軽い刑で済ませることも、妥当ではあるまい。

　他方で、特殊詐欺や児童虐待が多発してきたことを理由に、これらの罪については一般市民をもっと強く威嚇すべきであるとして、従来よりも重い量刑を正当化することも疑問である。過去の犯罪者に対して現在の犯罪者を不利益に扱うことになるからである。反対に、総理大臣の収賄などを、その地位に就く者がわずかであることを理由に一般予防の必要性が乏しいとして軽くするわけにもいかないであろう。これでは、国を指導する者の汚職が軽視されることになって、汚職禁止規範の妥当性が疑問に晒されるからである。**「罪刑の均衡」ないし「責任に応じた刑罰」**という意味での責任主義もまた、近代刑法の基本原則であり、守るべき規範なのである。

[3] 特別予防と執行猶予

　もっとも、現行刑法は、とくに**執行猶予**に関して、「**特別予防**」を考慮している。とはいえ、それは刑を軽くする方向で、かつ、とりわけ懲役などの自由刑の執行による弊害を除去する方向で考慮されているのである。第1章で示したように、執行猶予制度採用に関する現行刑法の提案理由をみると「報復主義を採る刑法は既に数世紀前の遺物」とされている。しかも、そこにいう目的は、「社会団体の秩序を維持する」こととされており、それゆえに、「秩序維持に必要なる限度以外に犯人に痛苦を与えんとするに在らず……秩序の維持上罰せざる可からざる犯人のみを罰する」としているのである。おそらく、ここにいう秩序維持は、現実に犯人や社会の人々の犯行を防止するという意味ではなく、当該社会において「罪を犯してはならない」とする行為規範が大筋で維持できていることをいうのであろう。

　その上で、提案理由では、初犯の短期囚は「一時の欲情に誘惑せられて」罪を犯すものであり、短期の自由刑を執行しても秩序維持に何等の効果もな

く、かえって犯行を為す習性を助長するだけであり、また常習犯から犯行の手口の指導を受けることによって犯行が巧妙になると述べている[23]。つまり、「短期自由刑の弊害」の回避が、執行猶予制度導入の主たる目的なのである。それは「**刑を執行しないことによる犯罪予防**」といってもよいであろう。

7 │ 「自由刑の単一化」

[1] 矯正の強制？

　刑罰内容にない「矯正」を自由刑の受刑者に強制できるかという問題がある。というのも、懲役にも禁錮にも、社会復帰のための矯正処遇を受けることは、受刑者の刑罰内容とはされていないからである。

　この点につき、現在、法制審議会少年法・刑事法部会において議論されている「自由刑の単一化」が、矯正を強制することができるとするのかどうか注目される。それは、刑事施設内で行われる改善指導や教科指導を拒んだ場合に、これが懲戒事由となるかどうかという問題として現れる（「刑事収容施設及び被収容者等の処遇に関する法律」＝刑事収容施設法74条2項9号および150条1項の解釈問題）。

　これについては、「懲役・禁錮の目的に対象者の改善更生による社会復帰ということが含まれるという理解のもとに、矯正処遇を行う」以上、「矯正処遇の目的を達成するためには、それに必要な範囲で受験者の権利を制限することも可能」であり、「権利を制限するのではなく、対象者の改善更生という目的の達成のために、受刑者に一定の義務を課すことも可能」という見解がある[24]。

[2] 「社会復帰」は刑罰の目的か行刑の目的か？

　しかし、先にみたように、現行法にある「懲役・禁錮の目的に対象者の改善更生による社会復帰ということが含まれる」という理解そのものが、すでに怪しい。**責任に応じた刑罰を求める責任主義は、社会復帰を含む「犯罪者の**

---

23) 倉富ほか監修・前掲注17)「刑法改正政府提案理由書」2135頁参照。

24) 川出敏裕「自由刑の単一化」高橋則夫ほか編『日高義博先生古稀祝賀論文集 下巻』（成文堂、2018年）469頁以下参照。

第13章　罪数論と刑罰論　259

行動統制」という意味での「目的刑論」とは相容れない側面があるからである。その意味で、強制が可能なのは、あくまで刑罰の内容に含まれる権利制限に限られる。あとは、「国連被拘禁者処遇最低基準規則[25]」が認めるような、刑事施設維持のための権利制限しかない。

それどころか、「国連被拘禁者処遇最低基準規則」によれば、国家は、受刑者に対して社会復帰のための条件・機会を提供する義務ないし責務を負う。つまり、**受刑者の側には刑罰内容や施設維持の必要を超えて権利を制限され義務づけをされる理由はなく**[26]、かつ、**国家には社会復帰の機会を提供する義務がある**のである。それは、刑罰目的とは別の、憲法25条に掲げられた「生存権」保障に由来する**行刑の目的**であると考えるべきであろう。ゆえに、刑事施設内で行われる改善指導や教科指導を拒んだことを懲戒事由とするのは、正義に反する[27]。

[3] 刑罰（≒強制）は規範確証を阻害しない限度で「社会復帰」を考慮する

以上からわかるように、**刑罰とくに自由刑は受刑者の社会復帰を目的としない**。そうではなくて、これは行刑の目的であって国家の側の義務なのであ

---

25) その規則3は、「犯罪者を外界から隔離する拘禁刑その他の処分は、自由の剥奪によって自主決定の権利を奪うものであり、正にこの事実の故に、犯罪者に苦痛を与えるものである。それゆえ、正当な分離または規律維持に付随する場合を除いては、拘禁制度は、右状態に固有の苦痛を増大させてはならない。」と定める。この規則と「矯正の強制」との関係については、松宮孝明「『『自由刑の単一化』と刑罰目的・行刑目的」法律時報89巻4号（2017年）79頁並びに中村悠人「刑罰論と自由刑の単一化」佐伯仁志他編『刑事法の理論と実務①』（成文堂、2019年）219頁を参照されたい。

26) 川出・前掲注24）478頁は、国家に義務があることと受刑者への義務づけになじむものを受刑者に義務づけることは矛盾しないとする。しかし、問題の焦点は、受刑者への義務づけの根拠がないということにある。その点では、川出・前掲注24）479頁がいみじくも語っているように、イギリスやドイツなどの諸国が教育や職業訓練については同意を要するとしていることの意味が、熟慮されるべきである。

27) 佐伯仁志「アメリカ合衆国の刑務所における義務教育的プログラム」吉開多一他編『刑事政策の新たな潮流―石川正興先生古希祝賀論文集―』（成文堂、2019年）219頁は、アメリカの義務的教育プログラム制度をして、参加を拒否すれば懲罰の対象となるものとする。しかし、その中心は、善時制などによる利益を与えないといったものであり、文字通り懲罰の対象となることを認める裁判例として紹介されているのは、1974年の連邦地方裁判所のものしかない（Rutherford v. Hutto, 377 F. Supp. 268）。

る。ゆえに、社会復帰は強制されてはならない。

　そして、**刑罰は、その目的である規範の維持・確証を阻害しない限度で、「社会復帰」を考慮する**。ゆえに、残念ながら、いかに再犯の可能性はないとしても、3年を超える懲役・禁錮にはその可能性がないように（25条参照）、重大犯罪では執行猶予の可能性は小さくなるのである。

◆事項索引

アルファベット

actus reus‥‥‥‥‥‥‥‥‥‥ 017
defense ‥‥‥‥‥‥‥‥‥‥‥ 017
mens rea ‥‥‥‥‥‥‥‥‥‥ 017

あ

明石砂浜陥没事故‥‥‥‥‥‥ 134, 132
アスパック伊東事件‥‥‥‥‥‥ 182
雨傘事例‥‥‥‥‥‥‥‥‥‥‥ 105

い

威嚇刑論‥‥‥‥‥‥‥‥‥‥‥ 011
違警罪‥‥‥‥‥‥‥‥‥‥‥‥ 221
生駒トンネル火災事故事件‥‥‥ 145
意思責任‥‥‥‥‥‥‥‥‥‥‥ 126
意思説‥‥‥‥‥‥‥‥‥‥‥‥ 110
一元的違法性阻却事由‥‥‥‥‥ 096
一罪一訴因の原則‥‥‥‥‥‥‥ 254
一事不再理効‥‥‥‥‥‥‥‥‥ 256
一連の暴行‥‥‥‥‥‥‥‥‥‥ 188
一個の行為‥‥‥‥‥‥‥‥‥‥ 252
一身的刑罰阻却事由‥‥‥‥‥‥ 202
一般構成要件‥‥‥‥‥‥ 029, 189, 246
一般予防‥‥‥‥‥‥‥‥‥‥‥ 257
意図‥‥‥‥‥‥‥‥‥‥‥‥‥ 109
違法一元論‥‥‥‥‥‥‥‥‥‥ 064
違法減少説‥‥‥‥‥‥‥‥‥‥ 169
違法性‥‥‥‥‥‥‥‥‥‥‥‥ 054
違法性推定機能‥‥‥‥‥‥‥‥ 033
違法性阻却事由‥‥‥‥‥‥‥‥ 054
　　――としての緊急避難‥‥‥ 095
違法性の意識‥‥‥‥‥‥‥‥‥ 123
違法性の錯誤‥‥‥‥‥‥‥‥‥ 123
違法・責任減少説‥‥‥‥‥‥‥ 169
違法相対性論‥‥‥‥‥‥‥‥‥ 068
違法多元論‥‥‥‥‥‥‥‥‥‥ 068
違法の連帯性‥‥‥‥‥‥‥‥‥ 208
違法身分‥‥‥‥‥‥‥‥‥‥‥ 222

医療観察制度‥‥‥‥‥‥‥‥‥ 002
因果関係‥‥‥‥‥‥‥‥‥‥‥ 038
　　――の錯誤‥‥‥‥‥‥‥‥ 166
因果主義‥‥‥‥‥‥‥‥‥‥‥ 038
因果性の遮断‥‥‥‥‥‥‥‥‥ 193
因果的共犯論‥‥‥‥‥‥‥‥‥ 214
因果的行為論‥‥‥‥‥‥‥‥‥ 024
印象説‥‥‥‥‥‥‥‥‥‥‥‥ 165
陰謀‥‥‥‥‥‥‥‥‥‥‥‥‥ 153

う

Winny 事件‥‥‥‥‥‥‥‥ 051, 237
受け皿構成要件‥‥‥‥‥‥‥‥ 118

え

営業上重要な事実‥‥‥‥‥‥‥ 049
英米法‥‥‥‥‥‥‥‥‥‥‥‥ 017

お

応報‥‥‥‥‥‥‥‥‥‥‥‥‥ 257
応報刑論‥‥‥‥‥‥‥‥‥‥‥ 011
大阪南港事件決定‥‥‥‥‥‥ 040, 041
桶川ストーカー殺人事件‥‥‥‥ 076
「俺帰る」事件‥‥‥‥‥‥‥‥‥ 187

か

概括的故意‥‥‥‥‥‥‥‥‥‥ 109
概括的予見可能性‥‥‥‥‥‥‥ 139
会合犯‥‥‥‥‥‥‥‥‥‥‥‥ 234
改善更生‥‥‥‥‥‥‥‥‥‥‥ 011
蓋然性説‥‥‥‥‥‥‥‥‥‥‥ 110
改善・保安処分‥‥‥‥‥‥‥‥ 242
改造鋲打ち銃事件‥‥‥‥‥‥‥ 122
街頭募金詐欺‥‥‥‥‥‥‥‥‥ 254
害の均衡‥‥‥‥‥‥‥‥‥ 096, 106
害の衡量‥‥‥‥‥‥‥‥‥‥‥ 096
害の相対的均衡‥‥‥‥‥‥‥‥ 082
科学的一般人‥‥‥‥‥‥‥‥‥ 165
書かれざる構成要件要素‥‥‥‥ 119

事項索引　263

書かれた非構成要件要素・・・・・・・・・・・・・・・ 118	犠牲になる義務・・・・・・・・・・・・・・・・・・・・・・・・ 095
学説・・・・・・・・・・・・・・・・・・・・・・・・・・・・・・・・・・・ 002	起訴前鑑定・・・・・・・・・・・・・・・・・・・・・・・・・・・・・ 002
確知・・・・・・・・・・・・・・・・・・・・・・・・・・・・・・・・・・・ 109	期待可能性・・・・・・・・・・・・・・・・・・・・・・・・・・・・・ 235
拡張的共犯論・・・・・・・・・・・・・・・・・・・・・・・・・・ 204	——の標準・・・・・・・・・・・・・・・・・・・・・ 104,106
拡張的正犯概念・・・・・・・・・・・・・・・・・ 025,219	期待説・・・・・・・・・・・・・・・・・・・・・・・・・・・・・・・・ 023
確定的故意・・・・・・・・・・・・・・・・・・・・・・・・・・・・ 109	機能的統一的正犯体系・・・・・・・・・・・・・・・・ 196
確定的認識・・・・・・・・・・・・・・・・・・・・・・・・・・・・ 109	規範確証・・・・・・・・・・・・・・・・・・・・・・・・・・・・・・ 260
科刑上一罪・・・・・・・・・・・・・ 247,249,252	——論・・・・・・・・・・・・・・・・・・・・・・・・・・・・・・ 011
加減的身犯犯(＝不真正身分犯)・・・・・・ 203,221	規範主義・・・・・・・・・・・・・・・・・・・・・・・・・・・・・・ 038
過失・・・・・・・・・・・・・・・・・・・・・・・・・・・・・・・・・・ 126	規範的構成要件要素・・・・・・・・・・・・・・・・・・ 055
過失運転致死傷罪・・・・・・・・・・・・・・・・・・・・ 152	規範的な障害・・・・・・・・・・・・・・・・・・・・・・・・ 218
過失責任・・・・・・・・・・・・・・・・・・・・・・・・・・・・・ 127	規範的能力・・・・・・・・・・・・・・・・・・・・・・・・・・・ 147
過失の標準・・・・・・・・・・・・・・・・・・・ 147,148	規範的要素の認識・・・・・・・・・・・・・・・・・・・・ 123
加重主義・・・・・・・・・・・・・・・・・・・・・・・・・・・・・ 253	規範の名宛人・・・・・・・・・・・・・・・・・・・・・・・・ 196
過剰避難・・・・・・・・・・・・・・・・・・・・・・・・・・・・・ 106	基本的構成要件・・・・・・・・・・・・・・・・・・・・・・ 155
過剰防衛・・・・・・・・・・・・・・・・・・・・・・・・・・・・・ 186	客体・・・・・・・・・・・・・・・・・・・・・・・・・・・・・・・・・・・17
仮定的因果関係・・・・・・・・・・・・・・・・・・・・・・ 023	客体の錯誤・・・・・・・・・・・・・・・・・・・・ 116,232
可罰段階従属性・・・・・・・・・・・・・・・・・・・・・・ 202	客体の不能・・・・・・・・・・・・・・・・・・・・・・・・・・ 163
可罰的違法・・・・・・・・・・・・・・・・・・・ 067,098	客観主義・・・・・・・・・・・・・・・・・・・・・・・・・・・・・ 060
「ガラス玉事例」・・・・・・・・・・・・・・・・・・・・・・ 114	客観説・・・・・・・・・・・・・・・・・・・・・・・・・・・・・・・ 041
カルネアデスの板・・・・・・・・・・・・・・・・・・・ 100	客観的違法論・・・・・・・・・・・・・・・・・・・ 022,060
川治温泉火災事件・・・・・・・・・・・・・・・・・・・ 146	客観的危険説・・・・・・・・・・・・・・・・・・・ 163,164
官憲に救助を求める義務・・・・・・・・・・・・ 076	客観的帰属・・・・・・・・・・・・・・・・・・・・・ 038,128
間接正犯・・・・・・・・・・・・・ 014,215,219	客観的帰属論・・・・・・・・・・・・ 038,044,136
——と共犯とにまたがる錯誤・・・・・・ 034	客観的共犯論・・・・・・・・・・・・・・・・・・・・・・・・ 198
監督過失・・・・・・・・・・・・・・・・・・・・・・・・・・・・・ 133	客観的処罰条件・・・・・・・・・・・・・・・・・ 006,202
監督責任・・・・・・・・・・・・・・・・・・・・・・・・・・・・・ 179	客観的注意義務・・・・・・・・・・・・・・・・・ 128,135
観念的競合・・・・・・・・・・・・・・・・・・・・・・・・・・ 252	客観的要素・・・・・・・・・・・・・・・・・・・・・・・・・・・017
管理責任・・・・・・・・・・・・・・・・・・・・・・・・・・・・・ 131	旧刑法・・・・・・・・・・・・・・・・・・・・・・・・・・・・・・・ 002
	吸収一罪・・・・・・・・・・・・・・・・・・・・・・・・・・・・・ 247
	吸収関係・・・・・・・・・・・・・・・・・・・・・・・・・・・・・ 251
	急迫性・・・・・・・・・・・・・・・・・・・・・・・・・ 073,186

き

危惧感説・・・・・・・・・・・・・・・・・・・・・・・ 138,142	教義学・・・・・・・・・・・・・・・・・・・・・・・・・・・・・・・ 003
危険運転致死傷罪・・・・・・・・・・・・・・・・・・・ 220	狭義の共犯・・・・・・・・・・・・・・・・・・・・・・・・・・ 195
危険共同体・・・・・・・・・・・・・・・・・・・・・・・・・・ 095	狭義の相当性・・・・・・・・・・・・・・・・・・・・・・・・ 039
危険根拠の錯誤・・・・・・・・・・・・・・・・・・・・・ 166	行刑の目的・・・・・・・・・・・・・・・・・・・・・・・・・・ 260
危険責任・・・・・・・・・・・・・・・・・・・・・・・・・・・・・ 099	教唆と間接正犯とにまたがる錯誤・・・・・・・・・・・ 206
危険の実現・・・・・・・・・・・・・・・・・・・ 039,136	教唆と精神的幇助の区別・・・・・・・・・・・・・ 111
危険の消滅・・・・・・・・・・・・・・・・・・・・・・・・・・ 172	教唆犯・・・・・・・・・・・・・・・・・・・・・・・・・・・・・・・ 174
危険の創出・・・・・・・・・・・・・・・・・・・・・・・・・・ 039	矯正・・・・・・・・・・・・・・・・・・・・・・・・・・・・・・・・・ 259
危険の引受け・・・・・・・・・・・・・・・・・・・・・・・・ 048	強制執行妨害関係の罪・・・・・・・・・・・・・・・ 053
企行犯・・・・・・・・・・・・・・・・・・・・・・・・・・・・・・・ 153	強制処分・・・・・・・・・・・・・・・・・・・・・・・・・・・・・ 007
擬似身分犯・・・・・・・・・・・・・・・・・・・・・・・・・・ 225	強制による緊急避難・・・・・・・・・・・・ 100,103

共通ないし合成構成要件·····················117
共同正犯·····················174
——の処罰根拠·····················209
共同の義務の共同の違反·····················181
共同暴行の意思·····················182
共罰的事後行為·····················251
共罰的事前行為·····················251
共犯·····················174
——からの離脱·····················187,190
共犯関係の解消·····················187,190,234
共犯体系·····················195
共犯独立性説·····················233
共犯と錯誤·····················231
共犯と身分·····················221
共犯の従属対象·····················034
共犯の中止·····················170,233
京踏切事件·····················128
共謀共同正犯·····················176
共謀罪·····················005,172
共謀の射程·····················231
業務上過失·····················150
業務上失火罪·····················151
虚偽説明罪·····················015,226
極端従属形式·····················203
挙動による欺罔·····················049
挙動犯·····················038
緊急避難·····················091
——としての「相当性」·····················092
——に対する正当防衛·····················093
——の法的性質·····················91
「均衡性」要件·····················102
禁錮刑·····················011

く

偶然防衛·····················084
具体的の危険説·····················120,163,165,167
具体的(法定)符合説·····················121,232
具体的予見可能性説·····················138
久留米駅事件·····················064
クロロホルム事件·····················156,159

け

傾向犯·····················237
形式的違法性·····················066
形式的客観説·····················154,155,198
刑事政策説(奨励説)·····················171,169
刑事訴訟の目的·····················008
刑の減免の必要がない過剰防衛·····················86
刑罰一元主義·····················242
刑罰拡張事由·····················130,153,174,195,219
刑罰減少·消滅事由·····················170
刑罰権の競合·····················242
刑罰目的説·····················170,171
刑罰目的論·····················010
刑罰論·····················242,257
軽犯罪·····················221
刑法36条の趣旨·····················075
刑法総論·····················001
軽油引取税·····················051,240
結果責任·····················126
結合犯(＝二行為犯)·····················157,229
決闘罪·····················088
厳格責任説·····················033
厳格な証明·····················008
幻覚犯·····················163
喧嘩·····················088
現実的因果関係·····················023
限縮的正犯概念·····················025,027,130,219
限縮的正犯体系·····················195
限定主観説·····················171
現場共謀·····················182
牽連犯·····················249,252

こ

故意ある道具·····················218
故意規制機能·····················031
故意正犯の背後の過失正犯·····················26
行為·····················019
行為原理·····················019
行為自体の危険の実現·····················047
行為支配·····················198
公害罪法·····················131

事項索引　265

広義の相当性	039,136	自然権	072
公共企業体労働関係法	069	事前収賄罪	007
攻撃の緊急避難	062	事前判断説	081
公衆浴場無許可営業事件	123	実行行為をする従犯	183
構成的身分犯	221	実行従属性	201
構成要件	029	実行の着手	154,201
構成要件的故意	032,206	執行猶予	002,258
構成要件標準説	030,244,245	——制度	012
構成要件要素	006	実在的競合	251
公訴権濫用	002	実質説	235
神戸大学院生リンチ殺人事件	077	実質的違法性	066
国連被拘禁者処遇最低基準規則	012,260	実質的客観説	154,156,177,198
誤想防衛	031	実務	1
誇張従属形式	202,203	自手犯	220

自動車の運転により人を死傷させる行為等の
処罰に関する法律 ………………………… 152

ゴミ捨て場闘争事件	087	渋谷温泉爆発事故事件	140
雇用保険法	227	社会教育論	011
混合惹起説	211	社会的行為論	026
混合的包括一罪	248	社会的相当性	048,056
		社会復帰	011,259

さ

		社会連帯義務	083
財経事件	255	社会連帯の原理	096
罪刑の均衡	258	惹起説	210
最小従属形式	186,203,208	惹起犯	236
罪数論	242	自由刑の一本化(単一化)	010,259
裁判例	004	集合犯	247,256
詐欺破産罪	007	収受	014
錯誤	116	修正された構成要件	188
錯誤用構成要件	035	集団犯	234
三分説	096,099	従犯	174
三要素体系	061	従犯意思	197
		重要な役割	177,198

し

		主観主義	061
自救行為	078	主観的違法論	060
志向的行為論	027	主観的共犯論	197
事後強盗罪	223	主観的構成要件要素	031
自己の犯罪	198	主観的要素	017
自己保存本能	072	主体	017
時差式信号機事件	129	主体の不能	163
自首	010	手段の不能	163
自傷行為に対する教唆・幇助	211	シュライヤー事件	104
自招侵害	087	純粋惹起説	210

266

準備行為	005	正当業務行為	056
障害未遂	168	正当防衛	072
消極的の一般予防	011,257	正犯意思	178,197
消極的行為論	027	正犯概念	130
消極的構成要件要素	032	正犯行為	177
消極的認容	113	正犯なき共犯	211
承継的共同正犯	227	正犯の背後の正犯	217
承継的共犯	227	成立上の一罪	242,254
条件付故意	111	成立上の数罪	247
少年法	010	責任共犯説	213
情報収集義務	136,142	責任減少説	169
所持説	118	責任故意	032
処罰拡張事由	174	責任主義	258,259
白石中央病院火災事故	133	責任能力	022
人格責任	127	責任の個別化	205
人格的行為論	020	責任身分	222
進言義務	132	世田谷ケーブル火災事件	181
新構成要件論	033	積極的一般予防	011,257
真摯な努力	170	積極的加害意思	086,185
心情刑法	061	積極的認容	113
心神喪失	002	接続犯	247
心神喪失等の状態で重大な他害行為を行った		絶対的不能・相対的不能区別説	164
者の医療及び観察等に関する法律	002,21	折衷説	41
真正不作為犯	022	是非弁別能力	216
真正身分犯	221	全構成要件論	246
心的要素	017	占有説	118
信頼の原則	129,133,144		

す

数故意犯説	121
スワット事件	178

せ

制限従属性説	035
制限従属形式	189,203,216
制限的正犯概念	025,130
制限併科主義	253
政治資金規正法	124
清少納言火災事件	180
精神保健及び精神障害者福祉に関する法律	
	002

そ

訴因	254
相対的応報刑論	011
相当因果関係説	038,136
組織的犯罪処罰法	005
阻止行為	164,165
訴訟物（＝訴訟対象）	008
訴訟法的機能	056
措置入院	002

た

大規模火災事故	145
大逆罪	061,153
体系的思考	018

事項索引　267

対向犯	234		適法行為の期待可能性	092
大東水害訴訟	099		適法行為を利用する間接正犯	190
第2の黄色点滅信号事故事件	143		転轍手の事例	091
第2の「ブーメラン現象」	032			

第2の「ブーメラン現象」································· 032
退避義務·· 081
対物防衛·· 066,101
大洋デパート火災事件··································· 132
択一的の故意·· 109
他行為可能性·· 127
多衆犯·· 234
ダートトライアル事件································ 047,136
だまされたふり作戦······························· 167,230
段階的の犯罪体系··· 189
短期自由刑の弊害···································· 012,259

と

ドイツ民法第一草案····································· 102
同一構成要件内の錯誤··································· 121
統一的正犯概念····································· 025,130
同価値·· 023
動機説·· 115
東京中郵事件·· 069
道具·· 014,215
道具理論·· 219
投資ジャーナル事件····································· 255
同種だが複数の構成要件にまたがる錯誤····· 121
盗犯防止法·· 088
道具理論·· 215
特殊詐欺·· 158
特殊な取引条件··· 048
特別義務者条項··· 097
特別構成要件····································· 029,189
特別な知識·· 149
特別予防·· 011,257,258
ドグマーティク··· 003
途中から過剰になった防衛·························· 243
取引犯罪·· 184
トロッコ問題·· 090
トロリー問題·· 090

ち

知識・教育水準··· 147
中国刑法·· 017
中止行為·· 164
　　――の真摯性··· 171
　　――の任意性··· 171
中止未遂·· 168,234
中止未遂制度·· 009
抽象的危険説·· 162
抽象的事実の錯誤··· 116
(抽象的)法定的符合説······················· 121,138,232
中立的行為·· 050,137,238
　　――による幇助·································· 046,104
懲役刑·· 011
懲罰·· 011
「超法規的」違法性阻却·································· 066
直接正犯·· 215

な

仲間の過剰防衛事件································ 186,188
名古屋中郵事件··· 069

に

新潟監禁事件·· 252
二元主義·· 242
二元的正犯概念····································· 025,130
西船橋駅事件·· 080
西山記者事件·· 065
二分説·· 096

つ

通貨模造罪·· 123
罪となるべき事実····················· 008,030,035,207
罪を犯す意思·· 246

て

適法行為に基づく賠償責任····························· 098

日本アエロジル塩素ガス流失事件…………134
任意的共犯……………………………………234
認容説………………………………110, 113

ね

練馬事件………………………………………177
ネルソン・マンデラ・ルールズ……………012

の

能力区別説……………………………………148

は

廃棄物処理法違反事件………………………179
破産法…………………………………015, 226
罰条による一罪………………………………247
犯行計画………………………………………161
犯罪個別化機能………………………031, 207
犯罪体系…………………………………………17
犯罪論……………………………………………17
反対動機………………………………………115
判断時間………………………………………144
犯人による蔵匿・隠滅教唆…………………214
判例……………………………………………004
判例評釈………………………………………003
判例変更………………………………………004

ひ

被害者的な立場………………………………235
被害者の自己答責性…………046, 131, 136
必要最小限度の侵害…………………………081
必要的共犯……………………051, 174, 234
避難行為の相当性……………………………105
非法律説………………………………………169
百円札模造事件………………………………123

ふ

フィリピンパブ事件……………182, 185, 190
不確定的故意…………………………………109

不可欠幇助……………………………………199
不可罰的事後行為……………………………250
武器の対等……………………………………082
福島第一原発…………………………………141
福知山線脱線事故強制起訴事件……………141
不作為…………………………………………022
不作為の因果力………………………………023
不作為犯の共同正犯…………………………181
物的要素………………………………………017
物理的・生理的能力…………………………147
不能犯…………………………………………162
不能未遂………………………………………162
不法共犯説……………………………………213
不法残留………………………………053, 240
不法・責任共犯説……………………………236
不法類型………………………………………034
ブーメラン現象………………………………032
フランス刑法…………………………………017
分業……………………………………………175

へ

併科主義………………………………………253
併合罪…………………………………………251
米兵ひき逃げ事件決定………………………040
ヘーゲル学派…………………………………061
片面的対向犯…………………………210, 235

ほ

防衛の意思……………………………………084
法益放棄………………………………………071
法益衝突………………………………………105
妨害排除………………………………………060
法解釈論………………………………………003
法確証の原理…………………………071, 074
法確証の利益…………………………………074
包括一罪………………………………247, 255
忘却犯…………………………………………024
防御的緊急避難………………………062, 101
防御の濫用……………………………………213
法効果指示説…………………………………033
防止する措置…………………………………191

事項索引　269

法条競合…………………………247,251	免責的緊急避難…………………………094,106
褒賞説…………………………170,171	
幇助犯（＝従犯）………………174	
法秩序の統一性………………063,102	**も**
法秩序の防衛………………………074	目的刑論…………………………011,257,260
法定的符合説………121,138,232	目的説………………………………058
法的要素……………………………017	目的的行為論…………………019,025
方法の錯誤………………120,138	森永ヒ素ミルク事件……………142
法律説………………………………169	
傍論…………………………………05,043	**や**
母子共同正犯事件………………189	薬害エイズ厚生省ルート事件………134
補充性………………………………106	薬害エイズ帝京大ルート………148
保障人説……………………………023	
ホテル・ニュージャパン火災事件…………146	**ゆ**
歩道橋事故強制起訴事件………………181	優越的利益説…………………………059
	優越的利益擁護の原理………070,095
ま	Uターン事故事件…………………143
麻薬と覚せい剤の錯誤………119	許されない危険………128,136,137,147
み	**よ**
未完成犯罪………………………153	要素従属性………………189,201,202
未遂………………………………153	抑止刑論………………………………011
未遂の教唆………………………209	予見可能性……………………………136
みせかけの構成要件要素………118	予見のスパン…………………………140
密接な行為………………………156	予見の対象………………137,143
三菱自工車輪脱落事件………047,136	予備………………………………153
水俣病刑事裁判…………………252	予防刑論………………………………011
未必の故意………………………108	予備罪に対する共犯………………201
身分なき故意ある道具………014,219	予備罪の未遂…………………………154
身分犯……………………………221	四要件体系（四要素体系）………061,246
──の共犯………………014,211	
	り
む	利益説………………………………197
無害化論……………………………011	離隔犯………………………………175
無断同乗事故事件………………138	陸山会事件…………………………124
	立法者意思説………………………235
め	立法論………………………………003
名誉防衛……………………………088	量刑………………………………254
メタノール事件…………………180	利欲犯………………………………200

理論……………………………………002

る

類型化された免責的緊急避難…………100, 105

ろ

ロシア刑法…………………………………017
ロシアンルーレット事例……………………114
ロッキード事件………………………015, 185
論理関係説…………………………………023

事項索引　271

◆判例索引

大審院判例

大判明43・10・25刑録16-1745 ·················· 250
大判明44・1・18新聞集成明編年史14〔1940〕-359
·················· 153
大判明44・1・18大審院明43年特別第1- ········ 061
大判明44・4・17刑録17-605 ············· 197,224
大判明44・4・27刑録17-687 ············· 197,224
大判明44・10・26刑録17-1769 ·················· 255
大判明45・1・15刑録18-1 ··················· 211,213
大判大3・6・24刑録20-1329 ············· 197,224
大判大3・7・24刑録20-1546 ·················· 164
大判大3・10・2刑録20-1764 ·················· 098
大判大6・4・19刑録23-8-401············· 008,031
大判大6・9・10刑録23-998·················· 164,166
大判大7・11・16刑録24-1352·················· 176
大判大8・11・13刑録25-1081·················· 150
大判大13・3・18刑集3-223·················· 246
大判昭2・12・12刑集6-525············· 022,032
大判昭3・3・9刑集7-172·················· 027
大判昭3・6・19新聞2891-14 ·················· 082
大判昭4・4・11新聞3006-15 ·················· 128
大判昭5・9・27刑集9-691 ·················· 088
大判昭7・1・25刑集11-1 ·················· 088
大判昭7・5・11刑集21-614·················· 197,224
大判昭7・7・1刑集11-999 ············· 236,237
大判昭9・10・19刑集13-1473·················· 155,157
大判昭9・11・20刑集13-1514·················· 015
大判昭12・11・6大審院裁判例(11)刑87········ 067
大判昭13・4・7刑集17-244·················· 027
大判昭13・11・18刑集17-839·················· 229

最高裁判所判例

最判昭23・3・16刑集2-3-227·················· 115
最判昭23・6・22刑集2-7-694·················· 088
最大判昭23・7・7刑集2-8-793 ·················· 088
最判昭24・5・17刑集3-6-729 ·················· 246
最大判昭24・5・18刑集3-6-772·················· 092
最判昭24・5・21刑集3-6-858·················· 004
最判昭24・10・1刑集3-10-1629·················· 184

最判昭25・6・27刑集4-6-1076 ·················· 246
最判昭25・7・6刑集4-7-1178·············· 184,219
最判昭25・7・11刑集4-7-1261 ·················· 231
最判昭25・8・31刑集4-8-1593 ·················· 164
最判昭26・6・7刑集5-7-1236·················· 151
最判昭28・1・23刑集7-1-30 ·················· 180
最判昭28・12・25刑集7-13-1671 ·················· 107
最決昭29・3・2集刑93-59 ·················· 027
最判昭30・12・21刑集9-14-2937 ·················· 237
最判昭31・6・26刑集10-6-874 ·················· 250
最判昭32・1・22刑集11-1-31 ·················· 088
最判昭33・4・18刑集12-6-1090·················· 150
最大判昭33・5・28刑集12-8-1718·················· 177
最判昭35・2・4刑集7-13-2671 ·················· 107
最判昭37・3・23刑集16-3-305 ·················· 164
最判昭37・4・13集刑141-789 ·················· 236
最決昭37・11・8刑集16-11-1522 ·················· 201
最決昭40・3・9刑集19-2-69 ·················· 161
最決昭40・3・30刑集19-2-125 ·················· 225
最大判昭41・10・26刑集20-8-901 ·················· 069
最判昭41・12・20刑集20-10-1212·················· 129
最決昭42・5・26刑集21-4-710 ·················· 089
最判昭42・10・13刑集21-8-1097 ·················· 129
最判昭42・10・24刑集21-8-1116 ·················· 040
最判昭43・3・29刑集22-3-153 ·················· 256
最判昭43・12・24刑集22-13-1625·················· 235
最決昭44・7・25刑集23-8-1068·················· 119
最判昭44・12・4刑集23-12-1573·········· 071,073
最判昭45・7・28刑集24-7-585········ 157,158,161
最判昭46・6・17刑集25-4-567 ·················· 041
最判昭46・11・16刑集25-8-996
·················· 073,075,084,085
最大判昭48・4・25刑集27-3-418 ·················· 064
最判昭48・5・22刑集27-5-1077·················· 144
最大判昭49・5・29刑集28-4-114 ·················· 252
最決昭49・7・5刑集28-5-194·················· 041
最判昭50・11・28刑集29-10-983·········· 084,085
最大判昭51・9・22刑集30-8-1640·················· 252
最決昭52・3・16刑集31-2-80·················· 235
最大判昭52・5・4刑集31-3-182·················· 069
最決昭52・7・21刑集31-4-747········ 073,075,186
最決昭53・5・31刑集32-3-457 ·················· 065
最判昭53・7・28刑集32-5-1068·················· 122

判例索引　273

最決昭54・4・13刑集33-3-179 ···················· 231
最決昭54・11・19刑集33-7-728················· 140
最決昭55・4・18刑集34-3-149 ···················· 049
最決昭56・12・21刑集35-9-911············ 112,113
最決昭58・9・21刑集37-7-1070······ 216,216,217
最判昭59・1・26民集38-2-53···················· 099
最判昭59・3・6刑集38-5-1961 ·················· 112
最決昭60・10・21刑集39-6-362················· 150
最決昭61・6・9刑集40-4-269··················· 119
最決昭61・11・18刑集40-7-523············ 183,248
最決昭62・7・16刑集41-5-237 ·················· 123
最決昭62・9・22刑集41-6-255 ·················· 027
最決昭63・2・29刑集42-2-314 ·················· 252
最決昭63・5・11刑集42-5-807 ·················· 041
最判昭63・10・27刑集42-8-1109 ········· 131,134
最決平1・3・14刑集43-3-26····················· 138
最決平1・6・26刑集43-6-567··············· 187,191
最判平1・7・18刑集43-7-752··················· 123
最判平1・11・13刑集43-10-823················· 082
最決平2・2・9判時1341-157 ···················· 120
最決平2・11・16刑集44-8-744·················· 146
最決平2・11・20刑集44-8-837 ················· 040
最判平3・11・14刑集45-8-221·················· 131
最決平4・6・5刑集46-4-245 ··················· 182
最決平4・12・17刑集46-9-683··················· 042
最決平5・10・29刑集47-8-98··················· 245
最決平5・11・25刑集47-9-242·················· 146
最決平6・6・30刑集48-4-21 ···················· 089
最決平6・7・19刑集48-5-190 ··················· 004
最判平6・12・6刑集48-8-509 ········· 186,217,243
最判平8・11・18刑集50-10-745·················· 004
最決平9・4・7刑集51-4-363 ··················· 236
最決平12・12・20刑集54-9-1095 ··············· 145
最決平13・10・25刑集55-6-519
·························· 189,205,216,217
最決平15・1・24判時1806-157 ············ 128,143
最大判平15・4・23刑集57-4-467 ··············· 250
最判平15・5・1刑集57-5-507··················· 178
最判平15・7・10刑集57-7-903·················· 252
最判平15・7・16刑集57-7-950·················· 042
最決平15・10・7刑集57-9-1002················· 256
最決平16・2・17刑集58-2-169 ················· 042
最決平16・3・22刑集58-3-187 ············ 156,159

最決平16・7・13刑集58-5-360 ················· 129
最判平16・9・10刑集58-6-524 ················· 052
最決平16・10・19刑集58-7-645················· 042
最決平17・11・29LEX/DB25352559 ··········· 179
最判平18・1・19公刊物未登載 ·················· 077
最決平18・3・27刑集60-3-382 ················· 042
最決平18・8・30公刊物未登載 ·················· 077
最決平18・11・21刑集60-9-770················· 111
最決平19・11・14刑集61-8-757················· 133
最決平20・3・3刑集62-4-567··················· 134
最決平20・5・20刑集62-6-1786················· 087
最決平20・6・18刑集62-6-1812················· 022
最決平20・6・25刑集62-6-1859··········· 085,243
最決平21・2・24刑集63-2-1 ········· 243,244,246
最決平21・6・30刑集63-5-475 ················· 192
最判平21・10・19裁集刑297-489················ 179
最判平21・11・30刑集63-9-1765················ 056
最決平22・3・17刑集64-2-111 ················· 254
最決平22・5・31刑集64-4-447 ················· 132
最決平22・10・26刑集64-7-1019················ 042
最決平23・12・6判時2154-138 ················· 053
最決平23・12・19刑集65-9-1380····· 051,052,238
最決平24・2・8刑集66-4-200··············· 047,136
最決平24・11・6刑集66-11-1281····· 167,228,229
最決平25・3・5刑集67-3-267·················· 200
最決平25・4・15刑集67-4-437 ················· 220
最判平26・3・28刑集68-3-582 ················· 050
最判平26・3・28刑集68-3-582 ················· 050
最判平26・3・28集刑313-329··················· 050
最決平26・7・22刑集68-6-775 ················· 134
最決平27・3・3LEX/DB25506118 ·············· 179
最決平28・5・25刑集70-5-117 ················· 140
最決平28・7・12刑集70-4-411 ············ 133,181
最決平29・4・26刑集71-4-275 ············ 075,186
最決平29・6・7LEX/DB25546821 ········ 016,226
最決平29・6・12刑集71-5-315 ················· 141
最決平29・12・11刑集71-10-535 ········· 167,230
最判平30・3・22刑集72-1-82··················· 157
最決平30・10・23裁時1710-9·················· 220

高等裁判所裁判例

東京高判昭26・11・7判特25-31 ················ 180

仙台高判昭27・2・29判特22-106 ……………… 035
福岡高判昭28・1・12高刑集6-1-1 …………… 190
福岡高判昭28・11・10判時26-58 ……………… 168
福岡高宮崎支判昭33・9・9裁特5-9-33 ……… 139
仙台高判昭34・2・26高刑集12-2-77 ………… 248
名古屋高判昭34・4・22高刑集12-6-565 ……… 255
東京高判昭35・7・15下刑集2-7・8-989 ……… 117
東京高判昭35・12・12高刑集13-9-648 ……… 150
広島高判昭36・7・10高刑集14-5-310 ………… 168
大阪高判昭39・9・29公刊物未登載 ………… 020
高松高判昭41・3・31高刑集19-2-136 …… 138,142
大阪高判昭44・10・17判夕244-290 ………… 172
名古屋高判昭46・5・6刑月3-5-623 ………… 059
札幌高判昭51・3・18高刑集29-1-78 …… 138,148
大阪高判昭54・3・23刑月11-3-109 ………… 049
東京高判昭55・1・30判夕416-173 …………… 182
福岡高判昭55・7・24判時999-129 …………… 068
札幌高判昭56・1・22刑月13-1＝2-12 ……… 133
東京高判昭57・3・8判時1047-157 ……… 182,183
東京高判昭60・12・27刑集43-3-277 ………… 139
福岡高那覇支判決昭61・2・6判時1184-158
　　………………………………………… 129,138
福岡高判昭61・3・6高刑集39-1-1 …………… 171
名古屋高判昭61・9・30高刑集39-4-371 ……… 180
大阪高判昭62・7・10高刑集40-3-720 …… 192,228
大阪高判昭62・7・17判時1253-141 ………… 223
大阪高判昭63・9・6刑集44-8-864 ………… 043
東京高判昭63・11・17判時1295-43 ………… 255
東京高判平2・12・10判夕752-246 …………… 238
名古屋高金沢支判平3・7・18判時1403-125 …… 248
東京高判平7・3・14高刑集48-1-15 ………… 248
大阪高判平7・7・7判時1563-147 …………… 249
大阪高判平10・6・24高刑集51-2-116 ……… 107
札幌高判平10・11・6判時1659-154 ………… 214
大阪高判平11・12・10判夕1064-287 ………… 227
札幌高判平12・3・16判時1711-170 ………… 027
名古屋高判平14・8・29判時1831-158 ……… 192
札幌高判平16・3・29高刑速(平16)271 ……… 199
東京高判平16・6・22東高刑時報55-1〜12-50
　　……………………………………………… 229
東京高判平17・1・26判時1891-3 …………… 077
大阪高判平17・7・26LEX/DB28131286 ……… 077
名古屋高判平17・10・28高刑速(平17)-285

　　……………………………………… 051,238
東京高判平17・11・1東高刑時報56-1〜12-75
　　……………………………………………… 229
名古屋高判平17・11・7高刑速(平17)-292 …… 027
名古屋高判平19・2・16判夕1247-342 ……… 160
東京高判平19・12・10東高(刑)時報58-1〜12-119
　　……………………………………………… 056
東京高判平21・3・10東高時報60-1〜12-35 …… 229
福岡高判平22・9・16高刑速(平22)-236
　　……………………………………… 056,058
東京高判平24・11・12東高(刑)時報63-1〜12-234
　　……………………………………………… 124
東京高判平24・12・18判夕1408-284 ………… 103
東京高判平25・2・22高刑集66-1-3 ………… 110
東京高判平25・5・28高刑集66-2-1 ………… 198
名古屋高判平28・3・2LEX/DB25447984
　　……………………………………… 053,241
名古屋高判平28・11・9LEX/DB25544658 …… 167
大阪高判平28・12・13高刑集62-2-12 ……… 110
福岡高判平28・12・20判時2338-112 ………… 167
東京高判平29・2・2刑集72-1-134 ………… 158
高松高判平29・2・7LEX/DB25545029 ……… 016
大阪高判平29・5・24LEX/DB25448842 ……… 167
福岡高判平29・5・31刑集71-10-562 ………… 167
大阪高判平29・10・10公刊物未登載 ……… 168
東京高判令01・7・12(平成30年(う)2076)
　　……………………………………… 053,241

地方裁判所裁判例

大阪地判昭37・7・24下刑集4-7＝8-696 ……… 020
新潟地判昭38・11・27刑事裁判資料177-166
　　……………………………………………… 059
徳島地判昭48・11・28刑月5-11-1473 …… 138,142
松江地判昭51・11・2刑月8-11＝12-495 … 191,193
東京地判昭58・10・12判時1103-3 …… 015,185,219
福岡地判昭59・8・30判時1152-182 ………… 183
大阪地判昭60・6・19刑集44-8-847 ………… 043
千葉地判昭62・9・17判時1256-3 …………… 080
岐阜地判昭62・10・15判夕654-261 ………… 166
東京地判平4・1・23判時1419-133 ………… 181
神戸地判平5・9・13特殊過失刑事事件裁判例集
　(三)561 ……………………………… 131,146

判例索引　275

熊本地判平6・3・15判時1514-169………050,240
名古屋地判平7・6・6判時1541-144…………119
千葉地判平7・7・26判時1566-149……………128
千葉地判平7・12・13判時1565-144………047,136
東京地判平8・6・26判時1578-39……………013
大阪地堺支判平11・4・22判時1687-157………200
東京地判平13・3・28判時1763-17……………148
名古屋地判平15・1・21LEX/DB28085346……085
さいたま地判平15・2・26判時1819-85…………077
広島地判平16・4・7公刊物未登載……………027
神戸地判平16・12・22判時1893-83……………077
東京地判平18・8・28刑集63-9-1846………056,058
札幌地判平19・3・1LEX/DB28135165………049
松山地判平24・2・9判タ1378-251………035,207

大阪地判平24・3・16判タ1404-352……………086
横浜地判平25・9・30判タ1418-374……………200
名古屋地判平27・4・27LEX/DB25540401
………………………………………199,206
名古屋地岡崎支判平29・10・27公刊物未登載
………………………………………076
東京地判平30・3・16LEX/DB25449443………227
東京地判平30・10・19公刊物未登載
………………………………053,240,241

簡易裁判所裁判例

岡山簡判昭44・3・25刑月1-3-310……………220

《著者紹介》

松宮 孝明（まつみや たかあき） 立命館大学大学院法務研究科教授（専攻：刑法学）

● ―― 略歴

1958年　滋賀県生まれ
1980年　京都大学法学部卒業
1985年　京都大学大学院法学研究科博士課程学修退学
1985年　京都大学法学部助手、1987年南山大学非常勤講師、1990年立命館大学法学部助教授、1995年同教授を経て、2004年より現職。

● ―― 主要業績

『刑事過失論の研究』（成文堂、1989年、補正版2004年）、『刑事立法と犯罪体系』（成文堂、2003年）、『過失犯論の現代的課題』（成文堂、2004年）、『刑法総論講義』（成文堂、1997年、第5版補訂版2018年）、『刑法各論講義』（成文堂、2006年、第5版2018年）、『プチゼミ⑧刑法総論』（法学書院、2006年）

先端刑法 総論（せんたんけいほう そうろん）――**現代刑法の理論と実務**（げんだいけいほう りろん じつむ）

2019年9月30日　第1版第1刷発行

著　者――松宮孝明
発行所――株式会社　日本評論社
　　　　　〒170-8474 東京都豊島区南大塚3-12-4
　　　　　電話03-3987-8621（販売：FAX－8590）
　　　　　　　03-3987-8592（編集）
　　　　　https://www.nippyo.co.jp/　振替　00100-3-16
印刷所――精文堂印刷株式会社
製本所――株式会社松岳社
装　丁――図工ファイブ

JCOPY ＜(社)出版者著作権管理機構　委託出版物＞

本書の無断複写は著作権法上での例外を除き禁じられています。複写される場合は、そのつど事前に、(社)出版者著作権管理機構（電話03-5244-5088、FAX03-5244-5089、e-mail: info@jcopy.or.jp）の許諾を得てください。また、本書を代行業者等の第三者に依頼してスキャニング等の行為によりデジタル化することは、個人の家庭内の利用であっても、一切認められておりません。

検印省略　©2019　Takaaki Matsumiya
ISBN978-4-535-52454-5　　　　　　　　　　　　　Printed in Japan